종교와 군대

종교와 군대

군종, 황금어장의 신화는
어떻게 만들어졌나?

강인철 지음

현실문화

| 차례 |

한국인들이 군종장교를 처음 접한 때는 아마도 해방 직후 미군정 시기였을 것이다. 그 무렵부터 'military chaplain'이라는 낯선 단어를 '군종'(軍宗)이라는 한자어로 번역해 사용하기 시작했으리라고 추정된다. 그러다 한국전쟁 도중에 미국식 군종제도가 한국군에도 도입되었다. 그로부터 다시 상당한 세월이 흘러 군종은 이미 반세기 이상의 연륜을 지닌 성숙한 제도로 자리를 잡았다. 현재 한국의 4대 종교인 개신교, 천주교, 불교, 원불교가 군종에 참여하고 있다. 개신교의 경우엔 10개 이상의 교단들이 이 제도에 함께 참여하고 있다. 서구 국가들에 비해선 역사가 짧은 편이긴 해도, 제도의 활성화 정도나 역동성만 놓고 본다면 한국을 '군종 선진국'이라 불러도 손색이 없을 정도이다.

그런데 이 책의 마지막에 배치된 장의 제목처럼, 지금까지 한국에서 군종에 관한 연구는 '열광 대(對) 무관심'으로 양극화되어 있었다. 한편엔 전·현직 군종장교들과 신학자들이 잔뜩 운집해 있다. 거기엔 열띤 흥분이 넘쳐난다. 군종 활동과 관련된 세계 유일의 '학회'(한국군선교신학회)가 한국에 있을 정도이다. 이를 중심으로 심포지엄, 논문 공모, 출판 등이 활발하게 이루어지고 있다. 군선교학, 군목회학을 비롯하여 잘 짜인 커리큘럼에 따른 전문적인 교육도 착착 진행되고 있다.

풍족한 후원금이 이런 부지런한 열기를 든든히 뒷받침하고 있다. 각 군별·종교별·교단별 군종 역사에 관한 책들도 빠르게 쌓이고 있다. 그러나 다른 한편에는 거대한 무관심의 심연이 시커먼 입을 벌리고 있다. 아무도 관심을 두지 않고, 따라서 읽어볼 만한 연구 성과도 좀처럼 나오질 않는다. 그저 무관심한 채 먼지가 쌓이는 시간만 흘러가는 형국이다. 그런 세월이 수십 년이어서 이젠 괴괴한 느낌마저 풍긴다.

이처럼 한편으론 난감하기도 하고 한편으론 안타깝기도 한 상황에서 이 책이 태동했다. 그것도 아주 우연한 계기를 통해서 말이다. 2014년 4월경 현실문화 출판사의 편집자였던 이용석 선생이 내게 보내온 이메일 한 통이 발단이었다. 이 선생은 그 자신이 양심적 병역거부로 옥고를 치른 평화운동가이기도 했다. 그는 이메일에서 한국 군종 제도가 안고 있는 여러 문제들에도 불구하고 그에 관한 공론화나 논쟁이 전무한 실정이라면서 그에 관한 책 한 권 정도는 꼭 필요하지 않으냐, 이참에 이런 책을 좀 집필해줄 수 없겠느냐고 다그치듯 물었다. 정중한 논조에도 불구하고 그 저변엔 연구자들의 나태함, 무책임함에 대한 질책 내지 항의가 깔려 있다고 느꼈다.

필자 역시 한국 군종을 심층적으로 비판적으로 분석하는 단행본 분량 정도의 연구가 필요하다는 데 전적으로 공감했다. 중립적이고 객관적인 사회과학적-인문학적 군종 연구가 시급히 활성화되어야 한다는 문제의식도 강렬했다. 그 직전인 2012~2013년에 필자는 다섯 권짜리 '한국의 종교정치' 시리즈를 출간한 바 있는데, 거기서 군종 주제를 단편적으로만 언급했을 뿐 독립적으로 다루지 못했다는 진한 아쉬움이 남아 있기도 했다. 이 기회에 한번 제대로 만회해보자는 개인적인 욕심도 꿈틀거렸다.

　다만 당시에는 필자가 다른 주제의 책을 준비 중이어서 군종 저작 집필에 전념할 수 있는 여건이 못 되었다. 결국 종교학자 한 분과 부담을 나누기로 하고 군종 연구에 착수하게 되었다. 그러다 중간에 그분께 불가피한 사정이 생겨 다시 필자의 단독 작업이 되고 말았다. 이로 인해 애초 예상했던 작업 시간이 크게 늘어날 수밖에 없었다. 더구나 군대를 대상으로 삼는 연구, 특히 군대에 비판적으로 접근하려는 연구들이 대개 그렇듯이 관련 자료와 문헌을 구하는 데도 평소보다 두세 배의 시간과 발품을 팔아야 했다. 그렇게 시간과 발품을 팔고도 원하는 자료와 문헌을 구할 수 없는 경우도 많았다. 그것 없이는 책을 마무리할 수 없는 몇 가지 필수적인 텍스트들이 집필 막바지까지 군대 담장 안에 꼭꼭 숨어 필자의 애간장을 태우기도 했다. 이런 곡절을 겪다 보니 출판사와 애초 약속했던 기한을 2년가량 넘겨서야 겨우 원고를 완성할 수 있었다.

　이 책의 내용 일부는 논문 형태로 먼저 발표된 바 있다. 「압축성장과 무성찰성: 비교의 맥락에서 본 한국 군종의 특성」(『종교문화연구』 25호, 2015), 「한국의 군종 연구에 대한 비판적 성찰」(『종교연구』 75집 4호, 2015), 「한국 군종 제도와 활동에 대한 비판적 성찰」(『종교연구』 76집 4호, 2016) 등이다. 물론 이 책에는 앞서 발표한 논문들을 대폭 확장하고 수정한 내용이 실려 있다.

　예정보다 많이 늦어졌음에도 뚝심 있게 기다려준 출판사의 친절과 따뜻한 배려에 감사드린다. 4년 전 책 집필을 강권해준 이용석 선생, 편집과 교정을 맡아주었을 뿐 아니라 여러 가지 귀중한 조언을 해준

구준모 선생께도 감사의 마음을 전하고 싶다. 이 책이 생산적인 자극으로 작용하여 우리 학계와 군종 관계자들 사이에 좀 더 많은 토론과 연구가 이어지길 소망한다.

1장

서장
군종의 역사성과 보편성

군종은 1600년 이상의 장구한 역사를 지닌 제도이자 활동이다. '군대 사제'(military priest, army priest)라고 부를 수 있는 이들이 3세기부터 시리아, 불가리아, 이집트, 페르시아 등지에서 광범위하게 발견된다.[1] 유럽에서는 8세기에 이르러 군종이 군대조직 내부의 공식적인 '직책'으로 명확히 인정받았다. 또 십자군전쟁을 거쳐 13세기 중반에 이르면, 군종이 역대 교황과 각 지역 주교들의 확고한 법적 뒷받침을 받으면서 완숙하게 발달된 형태로 존재하게 되었다.[2] 종교개혁 이후 유럽에서 진행된 장기간의 종교전쟁들 역시 군종제도의 발전을 가속화하는 촉매로 작용했다.

그리스도교가 아닌 다른 종교 문명권에서도 군종이라고 이름붙일 만한 활동들이 일찍부터 널리 행해져왔다. 독자적인 군종 요원은 존재하지 않았을지라도, 근대 이전의 중국과 조선에서도 정기적으로 혹은 출병이나 군사훈련 때에 맞춰 군신(軍神) 내지 군대·전쟁의 신을 대상으로 전승을 기원하는 국가의례들이 행해지곤 했다. 마제(禡祭)나 독제(纛祭)가 대표적인 사례였다. 다음은 이욱의 설명이다.

마제(禡祭)는 중국 역대 사전에서 군례(軍禮)에 속한 정기제가 아닌 출병 시에 거행하는 고제류(告祭類)의 제사였다. 그 대상은 당이나 송대 초기까지만 하더라도 처음으로 병기를 만든 자로 여겨진 황제(黃帝) 또는 치우(蚩尤)였다. 그러나 송대 함평(咸平) 4년(1001)에 마제의(禡祭儀)를 만들면서 제사 대상이 군아(軍牙)와 육독(六纛)이라는 군기(軍旗)의 신으로 대체된다. 그리고 명대에 들어와 이들을 모신 사당을 만들어 기독묘(旗纛廟)라 하였다. 독제(纛祭)는 이 기독신(旗纛神)을 모시는 정기제를 가리키는 것이다.

고려시대 이미 마제와 독제가 있었으며, 이들 모두 군기에 대한 제사로 간주하였다. 그리고 이들 제사는 태청관이 주관하였기 때문에 도교적인 성격이 강했다. 조선시대에 들어와 태조 2년에 홍색과 흑색의 독기(纛旗)가 만들어지자 독신(纛神)에 대한 제사를 거행하였다. 그러나 의례가 유교식으로 정비된 것은 세종대이다. 세종 3년(1421) 독제를 소사(小祀)의 예에 따라 정비하고, 세종 22년(1440)에 독제의주(纛祭儀註)가 제정된다.

마제에 관한 기사는 세종 4년에 제관의 문제와 관련하여 처음으로 나온다. 그리고 세종 6년(1424)에 예조에서 『통전』(通典)의 예를 들어 군대가 출정할 때에는 황제(黃帝)와 치우(蚩尤), 강무장(講武場)에서의 마제는 치우에게만 제사하도록 정한다. 이와 같이 조선시대 마제는 독기(纛旗)가 아닌 황제와 치우를 모시는 것으로 여겼으며, 전쟁만이 아니라 강무 시에도 거행하였다.[3]

천 년 이상의 오랜 역사를 거치는 가운데 군인들을 상대로 행해지는 종교 활동의 내용, 기능, 목적, 주체 등은 변화를 거듭했다. 조지 모스는 전쟁 역사에서 프랑스 혁명전쟁과 (나폴레옹을 상대로 한) 독일 해방전쟁이 지닌 중요성을 강조한 바 있다. 모스에 따르면 "그 전까지 전쟁은 대의와는 거의 무관한 용병대에 의해 치러졌던 반면, 프랑스 혁명전쟁은 시민군이 싸움에 나선 최초의 전쟁이었다. 초창기의 시민군은 대의와 국가에 헌신하여 자원입대한 의용병을 중심으로 구성되었다."[4] 특히 18세기 이후 상비군 제도의 등장, 19세기 이후 징병제의 도입과 확산, 그에 따른 용병군에서 국민군으로의 상비군 성격 변화는 군종제도가 전시만이 아니라 평시에도 필요한 상설조직으로 서서히 자리 잡도록 만들었다.

군종제도가 전쟁을 자양분으로 성장했음은 부인할 수 없는 역사적 사실이다. 특히 십자군 원정이나 종교개혁 이후의 일련의 전쟁처럼 '종교전쟁'의 성격을 강하게 띤 전쟁들에선 더더욱 그러했다. 이런 종교전쟁들은 군종 역할의 중요성과 가치를 최대한 끌어올리면서, 군종에 대한 사회적·군사적 수요를 폭증시키곤 했다. 강렬한 민족주의에 추동된 '민족국가들의 전쟁'도 군종제도의 확산에 결정적으로 기여했다. 민족주의 전쟁들의 정점에 위치했던 제1차 세계대전을 전후하여 군종은 적어도 유럽에서는 사실상 '보편적인' 제도가 되었다. 특히 20세기의 두 차례 세계대전을 겪으면서 서구 국가들의 군종제도는 조직의 위상, 제도화, 양적 팽창, 관료화 등의 측면에서 전성기를 구가하게 된다.

2차 대전 이후 공산화된 동유럽 국가들에서는 군종제도가 속속 폐지되었지만, 같은 시기에 많은 비서구 신생국들은 서구의 군종제도를 모방한 자신들만의 군종제도를 발전시켰다. 중동을 포함한 아시아권으로만 한정하더라도 우리는 유교 문화권인 한국을 비롯하여, 유대교

문화권인 이스라엘, 힌두교 문화권인 네팔, 불교 문화권인 타이와 스리랑카·베트남(공산화 이전의 남베트남), 이슬람 문화권인 인도네시아나 사우디아라비아·이란, 그리스도교 문화권인 필리핀 등지에서 군종제도를 운용해왔음을 확인할 수 있다.[5] 불교 문화권인 남베트남에서는 1964년 11월부터 군종제도가 시행되었다. 남베트남 군종단은 불교·천주교·개신교 등 세 종교의 현역 군종장교들로 구성되었고, 각 종교별로 군종감을 두었으며, 종교별 인구 비율에 따라 군종장교 인원이 결정되었다. 그러나 공산화 이후에는 제도 자체가 폐지되었다. 남베트남과는 대조적으로, 이웃한 불교 문화권인 타이에서는 처음부터 불교 군종장교만을 두고 있다.[6] 이슬람교 문화권인 인도네시아에서는 인구의 압도적 다수가 무슬림임에도 불구하고 이슬람교 군종과 그리스도교 군종을 함께 두고 있다. 2016년 6월 현재 전 세계 39개국에 천주교 군종교구가 존재하는데, 여기에는 인도네시아와 우간다 등도 포함되어 있다.[7]

　오늘날 얼마나 많은 나라들이 군종제도를 운용하고 있을까? 2003년에 이종인과 최광현은 전 세계 82개 국가를 대상으로 해당 국가에 군종제도가 존재하는지, 군종제도가 존재하지 않을 경우 군대 내부의 종교 활동을 허용하는지에 따라 범주화하는 작업을 수행한 바 있다. 〈표 1−1〉에 그 결과가 요약되어 있다.

　〈표 1−1〉은 매우 유용한 정보들을 담고 있지만, 지금 시점에서 보면 충분치 못할 뿐 아니라 다소 부정확하기도 하다. 필자는 2009년에 열린 '제1회 국제 군종감대회'에 참가한 40개 국가의 명단, 2010년 6월 13~18일 로마에서 열린 '나토 공군 군종회의'에 참가한 10개 국가 명

표 1-1 군종제도 채택/불채택 국가들의 분류(1): 82개 국가[8]

구분		주요 국가
군종제도가 있는 나라 (45개국)	아시아·태평양 (10개국)	네팔, 뉴질랜드, 스리랑카, 오스트레일리아, 이란, 이스라엘, 타이, 파키스탄, 필리핀, 한국
	유럽 (17개국)	그리스, 네덜란드, 노르웨이, 덴마크, 독일, 몰타, 벨기에, 스웨덴, 스위스, 스페인, 영국, 오스트리아, 이탈리아, 포르투갈, 폴란드, 프랑스, 핀란드
	아메리카 (11개국)	미국, 브라질, 아르헨티나, 에콰도르, 엘살바도르, 칠레, 캐나다, 콜롬비아, 트리니다드토바고, 파라과이, 페루
	아프리카 (7개국)	남아프리카공화국, 마다가스카르, 부룬디, 시에라리온, 잠비아, 중앙아프리카공화국, 케냐
군종제도가 없는 나라 (37개국)	군내 종교 활동 허용 (17개국)	인도네시아, 방글라데시, 쿠웨이트, 바레인, 오만, 카타르, 사우디아라비아, 아랍에미리트연합, 예멘, 이집트, 모로코, 베냉, 르완다, 카메룬, 부르키나파소, 볼리비아, 도미니카공화국
	군내 종교 활동 금지 (20개국)	중국, 대만, 일본, 인도, 아이슬란드, 터키, 레바논, 알제리, 튀니지, 앙골라, 가봉, 기니, 기니비사우, 아이보리코스트, 토고, 세네갈, 탄자니아, 우간다, 쿠바, 파나마

단을 참조하여 새로운 표를 작성해보았다(〈표 1-2〉 참조). 그 결과 〈표 1-1〉에서 인도네시아, 인도, 터키, 사우디아라비아, 부르키나파소, 가봉, 우간다 등 7개국을 '군종제도가 없는 나라'에서 '군종제도가 있는 나라'로 범주를 이동시켰다. 이종인과 최광현의 보고서에는 인도네시아·사우디아라비아·부르키나파소가 '군종제도가 없지만 군대 내 종교 활동을 허용하는 나라'로, 터키·가봉·인도·우간다는 '군종제도가 없고 군대 내 종교 활동도 금지하는 나라'로 분류되어 있었다. 2009년의 제1회 국제 군종감대회 참가국 명단을 확인하여, 아프리카 11개국(보츠와나, 부르키나파소, 콩고공화국[브라자빌콩고], 코트디부아르, 가봉, 가나, 말라위, 나미비아, 세이셸공화국, 스와질란드, 짐바브웨), 아시아·태평양 지역 3개국(요르단, 인도, 말레이시아), 유럽 5개국(보스니아헤르체고비나, 키프로스, 체코, 에스토니아, 우크라이나)을 군종제도 도입 국가 목록에

추가시켰다.[9] 또 2010년 6월의 '나토 공군 군종회의' 참가국 명단을 확인하여 유럽 지역에서 리투아니아를 군종 운용 국가군에 추가했다.[10] 이런 작업을 거쳐 작성된 〈표 1-2〉에는 군종제도가 있는 나라 69개국, 군종제도가 없는 나라 31개국 등 모두 100개 국가들이 포함되었다.

〈표 1-2〉에는 아시아·태평양 지역 15개국, 유럽 24개국, 아메리카 대륙 11개국, 아프리카 19개국 등 군종제도를 채택하고 있는 69개국이 소개되어 있다. 여기서도 확인할 수 있듯이 군종제도는 유럽과 아메리카 대륙의 그리스도교 문명권에서 강세를 보이고 있다. 아시아·태평양 지역의 필리핀·오스트레일리아·뉴질랜드, 아프리카의 남아프리카공화국·케냐·잠비아·부룬디 등도 그리스도교가 강세를 보이는

표 1-2 **군종제도 채택/불채택 국가들의 분류(2): 100개 국가**

구분		주요 국가
군종제도가 있는 나라 (69개국)	아시아·태평양 (15개국)	네팔, 뉴질랜드, 말레이시아, 사우디아라비아, 스리랑카, 오스트레일리아, 요르단, 이란, 이스라엘, 인도, 인도네시아, 타이, 파키스탄, 필리핀, 한국
	유럽 (24개국)	그리스, 네덜란드, 노르웨이, 덴마크, 독일, 리투아니아, 몰타, 벨기에, 보스니아헤르체고비나, 스웨덴, 스위스, 스페인, 에스토니아, 영국, 오스트리아, 우크라이나, 이탈리아, 체코, 키프로스, 터키, 포르투갈, 폴란드, 프랑스, 핀란드
	아메리카 (11개국)	미국, 브라질, 아르헨티나, 에콰도르, 엘살바도르, 칠레, 캐나다, 콜롬비아, 트리니다드토바고, 파라과이, 페루
	아프리카 (19개국)	가나, 가봉, 나미비아, 남아프리카공화국, 마다가스카르, 말라위, 보츠와나, 부룬디, 부르키나파소, 세이셸공화국, 스와질란드, 시에라리온, 우간다, 잠비아, 중앙아프리카공화국, 짐바브웨, 케냐, 코트디부아르, 콩고공화국(브라자빌콩고)
군종제도가 없는 나라 (31개국)	군내 종교 활동 허용 (14개국)	방글라데시, 쿠웨이트, 바레인, 오만, 카타르, 아랍에미리트연합, 예멘, 이집트, 모로코, 베냉, 르완다, 카메룬, 볼리비아, 도미니카공화국
	군내 종교 활동 금지 (17개국)	중국, 대만, 일본, 북한, 아이슬란드, 레바논, 알제리, 튀니지, 앙골라, 기니, 기니비사우, 아이보리코스트, 토고, 세네갈, 탄자니아, 쿠바, 파나마

나라들이다. 적지 않은 이슬람 국가들이 군종제도를 도입·운용하고 있지만, 이와 동시에 이슬람 문명권에 속한 국가들 중에는 '군종 불채택, 종교 활동 허용' 유형이 많은 게 특징이기도 하다. 숫자 면에선 소수이나 북한, 중국, 쿠바 같은 사회주의권 국가들은 대개 '군종 불채택, 종교 활동 불허' 유형에 속해 있다.

이른바 '선진국'에 속하는 나라들 대부분이 군종제도를 운용하고 있는 것은 사실이나, 군종이 세계적으로 '보편적인' 제도라고 말하기는 여전히 어려울 것이다. 그러나 군종이 '희귀한' 제도가 아니라는 점 역시 명백하다. 한국은 비서구 지역에선 군종제도를 일찍 도입한 편에 속하고, 특히 아시아에서 그러하다. 한국 군종은 벌써 60년이 훌쩍 넘는 연륜을 자랑한다. 더구나 군종제도가 활성화된 정도만 따진다면 아마도 세계 최고 수준에 속할 것이다. 이런 점을 생각하면 한국 군종에 대한 변변한 연구가 아주 드물다는 사실이 기이하게 느껴질 지경이다.

접근방법

국제적으로 넓혀 보더라도 군종은 그리 인기 있는 연구 주제가 아니었다. 연구가 본격화된 시기도 상당히 지체된 편이었다. 이 주제에 대한 최초의 연구들은 19세기 후반까지 거슬러 올라가나, 대부분의 성과들은 1970년대 이후에야 비로소 등장했다. 기존 연구들의 압도적 다수는 북미나 유럽 국가들의 그리스도교 군종을 대상으로 삼고 있다. 서구의 군종 연구가 연구의 양적 빈약함, 시기적 지체, 연구 대상의 종교적·지역적 편중성이라는 결함을 드러냈다면, (머리말에서도 언급했듯이) 한국의 군종 연구에서는 학문적 관심의 양극화가 가장 큰 문제점으로 부각되었다. 종교계와 신학-교학계의 '과잉 관심' 그리고 신학계를 제외한 대다수 학문공동체 구성원들의 '지독한 무관심'이 첨예한 대조를 보인다는 것이다.

한국에서 생산된 군종 관련 연구들은 거의 예외 없이 전·현직 군종장교나 신학자·교학자의 작품이다. 군종의 존재를 당연시하면서 그에 대한 강한 애정을 굳이 숨기지 않는 신학이나 교학(敎學) 성향의 군종 연구만 넘쳐날 뿐, 이 영역을 벗어난 인문학적 연구는 대단히 희소하고, 몇몇 석사학위논문을 제외한다면 사회과학적 접근을 시도한 연구는 사실상 전무한 실정이다. 소수의 '사회과학적인' 학위논문들조차 군종 활동의 효과를 증진하는 방안을 모색하려는 시도가 대부분이다. 결국 군종 조직·제도·인물들과 일정한 거리를 유지하면서 중립적이고 객관적으로, 나아가 비판적으로 이 주제에 접근해보려는 시도 자체가 거의 없는 상황인 것이다. 한국의 군종 연구는 군종 '내부'에 갇혀 있다. 연구의 주체와 접근방법 모두가 '닫힌 연구'에 가깝다. 군별·교단별 군종사 연구의 경우, 연구자의 자유와 자율성조차 종종 위축당한다. 이 책은 이런 상황을 어떻게든 타개해보려는, 그럼으로써 '열린 군종 연구'의 지평을 개척해보려는 시도이다.

군종에 대한 열린 연구는 군종 조직과 활동에 대해 중립적이고 객관적이며 비판적인 자세를 견지해야 마땅하다. 아울러, 모름지기 새로운 영역을 개척하고자 하는 시도는 기존 연구와 문헌들을 면밀히 재검토해보는 데서 출발하는 게 옳을 것이다. 그러나 연구사 리뷰 작업이 독자들을 얼마나 질리도록 지루하게 만드는지 잘 알기에, 필자는 일종의 타협책으로 연구사 검토 작업을 진행하기는 하되 그 결과물을 책의 첫 부분이 아니라 마지막 부분에 배치하기로 했다. 대신 여기서는 이 책에서 활용할 접근방식 내지 방법론에 대해 간략히 소개하려 한다. 이를 (1) 비교연구, (2) 조직-제도적 접근, (3) 평화학적 지향이라는 세 가지로 압축할 수 있을 것 같다.

먼저, 필자는 이 책에서 비교연구를 시도했다. 특히 이 책의 4~5장과 8장은 한국-미국 군종에 대한 비교분석이라고 할 수 있다. 한국의 군종제도 자체가 미국의 그것을 모델 삼아 형성되었다. 나아가 미국인 군종 요원들은 한국 군종제도 탄생에 산파 역할을 담당했고, 제도 창설 이후에도 여러 자문과 지원을 아끼지 않았다. 따라서 한국-미국 군종 비교는 적절할 뿐 아니라, 어떤 면에서는 필수적이라고 판단된다. 이런 문제의식으로 양자의 공통점과 차이를 꼼꼼하게 따져보는 것이 중요하다고 생각한다.

나아가 필자는 한국-미국 비교분석 자체를 '동시화'와 '역사화'의 방향으로 더욱 발전시킬 필요가 있다고 생각했다. 우선, 미국과 한국의 군종에 대한 평면적이고 정태적인 비교에 그치는 것이 아니라 양자의 '내적 연관'과 '상호작용', '상호영향'—실제로는 대부분 미국에서 한국 쪽으로의 일방적인 영향으로 나타났지만—에도 주목해야 한다는 것이다. 이를 비교방법의 '동시화' 혹은 '입체화'라고 부를 수 있을 것이다. 다음으로, 기존의 비교 작업에 '시간' 차원을 추가함으로써 미국-한국 군종의 변화 양상과 흐름까지 조망하는 비교역사적 연구

(comparative-historical research)로 발전시킬 필요가 있다는 것이다. 이를 비교방법의 '역사화' 혹은 '역동화'라고 부를 수 있을 것이다. 결국 이 책은 동시화되고 역사화된 비교연구를 추구한다고 말할 수 있겠다.

두 번째로, 이 책에서 필자는 군종들이 자신들만의 고유한 '제도적·조직적 이익 관념'을 발전시키는 경향이 있음을 강조했다. 이를 '조직-제도적 접근'(organizational-institutional approach)이라고 부를 수 있을 것 같다. 1999년에 발간된 국방부 군종실의 『군종업무지침』에서는 군종장교를 다음과 같이 정의하고 있다고 한다. "군종장교는 고매한 품성과 투철한 군인정신을 소유한 성직자, 장병들의 정신적 지도자로서 계급이나 다른 전문 직위에 관계없이 목사, 신부 및 법사 등 소속 종단의 명칭으로 호칭되며, 그 신분은 장교단의 일원으로 참모장교로서의 신분과 소속 종단으로부터 파송된 성직자로서의 신분을 함께 지닌다." 미군 역시 군종을 종교지도자와 참모장교의 기능을 동시에 수행하는 '이중적 역할'(dual role)로써 규정하고 있다.[11] 군종에 대한 대부분의 문헌들이 군종의 이런 이중적 역할, 나아가 교단 조직과 군대 조직에 동시에 속하는 '이중적 소속'을 강조한다.

그러나 관찰자들은 군종의 이중적 역할, 이중적 소속에만 주목한 나머지 군종들, 특히 '직업적인 현역장교'로 구성된 군종들이 자신들만의 고유한 조직적·제도적 이익을 발전시키는 경향이 있다는 사실을 종종 간과하곤 한다. 필자는 "군종은 소속 부대의 부대장, 군종단의 상급자, 소속 교단이라는 세 부분을 동시에 책임져야 한다"는 피터 몰의 주장이 시사하는 바가 크다고 생각한다.[12] 다시 말해 군종은 통상 얘기되듯이 교단과 군대라는 '두 상전'을 섬겨야 하는 부담—이미 그것만으로도 충분히 과중한 부담—만을 지는 것이 아니라, 실제로는 '세 상전'을 섬기는 부담을 지고 있다는 것이다.[13] 여기서 중요한 점은 군종장교들 스스로가 '군종단' 혹은 '군종 병과'를 중심으로 한, 독특한 조직적·제도적 이익 관념을 발전시킨다는 것이다.

필자가 보기에 군종 특유의 조직적·제도적 이익 관념은 두 가지 욕구를 동력으로 구체화된다. 그 하나는 '제도적 성장(institutional growth)에의 욕구'이고, 다른 하나는 '인정(recognition)에의 욕구'이다. 먼저, 제도적 성장 욕구는 '더 많은 자율성, 더 많은 영향력, 더 높은 계급, 더 빠른 승진에 대한 기대' 정도로 요약될 수 있겠다. 이 욕구는 군종의 제도적 성장 여부, 나아가 그 속도와 폭을 좌지우지할 힘이 있는 군대의 권력자들(고급 지휘관들)을 주로 지향한다. 한편 인정 욕구는 '제도적 인정'에 대한 욕구와 '인간적 인정'에 대한 욕구를 모두 포함한다. 제도적·인간적 인정 욕구는 군종에 대한 장병들의 부정적 선입견을 극복하는 것과 깊은 관련이 있다. 예컨대 "군종은 진짜 군인이 아니다", "군종은 여성적이다", "군종은 지휘관과 한통속 내지 한패거리이다" 등등의 부정적 선입견들, 그리고 종교·종교인에 대해 냉소하거나 무관심한 청년층의 '약한 종교성' 문제도 군종들의 인정 욕구를 자극하는 요인들이다.

이때 군종들의 독자적인 조직적·제도적 이익이라는 개념이 군종 병과의 기치 아래 군종들이 똘똘 뭉친다는 식의 이미지로만 상상되어선 안 된다. 오히려 한국 군종의 역사는 군종장교들 사이의 긴장과 대립으로 온통 얼룩져 있다. 군종 병과 이익 수호를 위해 군종들이 단결하여 군대 지휘체계에 맞설 수도 있겠지만, 때로는 군종들이 단결하여 교단과 맞설 수도 있고, 군종들이 교단 단위로 결집하여 군종조직과 맞설 수도 있다. 나아가 군종들은 군대의 통제만큼이나 교단의 통제도 달가워하지 않을 수 있다. 군종들, 특히 장기복무를 하는 직업 관료인 군종들은 교단·군대·군종조직이라는 복잡다단한 조직적·제도적 맥락들 사이에서 줄타기하면서 끊임없이 전략적 행위를 추구해야 하는 사람들이다. 군종들의 독자적인 조직적·제도적 이익은 교단, 군대, 군종조직의 어느 하나만으로 환원될 수 없는 유동적인 무엇이며, 따라서 미리 단정하거나 예측하기 힘든 무엇이다. 그것은 군종과 교단·군대·군종조직 사이의 복잡한 상호작용의 산물이자, 군종과 현역 군인들 사이의 역동적인 상호작용의 산물이다. 우리는 쟁점에 따라, 국면에 따라 발생할 수밖에 없는 이런 '이익의 유동성'을 끈질기게 추적하는 가운데 그 특징을 정확히 포착해내기 위해 부단히 노력해야 한다.

세 번째로, 군종 연구가 평화학/평화연구(peace studies)를 지향한다는 것은 다음 두 가지를 뜻한다. 우선, '비판적 군종 연구'이다. 군종 역사를 개관하면 군종들이 단순한 전승 기원을 넘어 전쟁을 찬양하고 정당화하는 모습을 종종 발견할 수 있다. 필자는 현대적인 군종 연구는 '군종의 전쟁 정당화 기능'을 억제하는 데 기여해야 한다고 본다. 필자는 평화학적 지향을 가짐으로써 군종 연구가 '비판적 학문'으로 새롭게 자리매김 될 수 있으리라고 판단한다. 이 경우 군종 연구자들은 자기 군대가 참여한 모든 전쟁을 미화 내지 찬양하거나, '값싼 애국주의'를 내세워 군인들의 적개심과 전투의지를 고양시키는 치어리

더 역할을 수행하거나, 전쟁의 윤리성에 대한 고려 없이 지휘관의 명령에 맹목적으로 복종하는 군인을 양성하는 군종 활동·제도에 대해 비판적인 입장을 취하게 될 것이다.

다음으로, 군종 연구가 평화학적 지향을 갖는다는 것은 군대를 각 종교·교단의 '전쟁교리'를 실천하고 구현하는 장(場)이자 무대로 간주함을 뜻하기도 한다. 물론 여기서 전쟁교리란 "전쟁과 군대에 대한 평화주의적 재해석을 특징으로 하는 교리"를 가리킨다. 그리스도교 전쟁교리를 예로 들어보자. 그리스도교 전쟁교리는 긴 역사를 갖고 있지만, 제1차 세계대전 이후 '평화주의의 점진적 강화' 추세가 점점 뚜렷해졌고, 특히 제2차 세계대전 이후에는 '정의로운 전쟁론과 평화주의의 수렴' 또는 '정의로운 전쟁론의 평화주의적 전환' 경향이 강화되었다. 이에 따라 20세기 중반부터는 전쟁을 '성전'(聖戰)이나 '십자군전쟁'으로 정당화하는 신학적 주장들이 거의 자취를 감추게 되었다. 또 1980년대 말 이후에는 개신교의 세계교회협의회(World Council of Churches: WCC)를 중심으로 종전의 '정의로운 전쟁'(just war) 패러다임을 대신하는, '정의로운 평화'(just peace)라는 새로운 패러다임이 등장하고 확산되었다.[14] 군종장교와 그 조력자들은 바로 이런 교리적 변화들을 군대 안에서, 혹은 전투 현장에서 최대한 충실하게 반영하려 분투해야만 한다는 것이다.

2장

독점에서 준(準)독점으로
특권으로서의 군종

서장에서 말했듯이 아시아 국가 중에서는 비교적 일찍 군종 대열에 합류한 편이긴 해도, 1600년이 넘는 군종의 장구한 역사에 비춰보면 한국의 군종 역사가 길다고 하긴 어렵다. 2017년을 기준으로 보면 66년, 반세기를 조금 넘겼을 뿐이다. 그러나 역사가 짧다고 해서 그안에 파란만장함이 깃들어 있지 않으리라 단정하는 건 어리석은 태도일 것이다. 필자는 한국 군종이 지난 60여 년 사이에 자신의 독특한 면모와 특수성들을 이미 충분히 드러냈다고 판단한다.

이번 장의 역할은 한국 군종의 간략한 역사를 쓰는 일이다. 그러나 역사를 쓰는 방식은 여러 가지이다. 군종의 조직이나 제도, 활동에 초점을 맞추는 것이 가장 애용되는 접근이라고 할 수 있겠다. 군종과 교단의 관계에 초점을 맞출 수도 있을 것이고, 교단과 국가의 관계에 초점을 맞추는 법적-정치적 접근을 시도할 수도 있을 것이다.

필자는 이번 장에서 군종에 참여하는 종교·교파의 '숫자'와 '범위'에 일차적으로 주목하려 한다. 이를 통해 우리 현대사에서 군종 참여권자체가 가장 선망되는 종교적 '특권' 중 하나로 간주되어 왔음을 부각시키려 한다. 한국의 군종은 이 영역에 새로이 진입하려는 교단들의 부단한 시도, 새로운 교단의 추가적인 진입을 봉쇄함으로써 기존의 독점권을 지속시키려는 기득권 교단들의 시도가 치열하게 또 복잡하게 교차하고 충돌하는 종교정치적 공간이었다. 이런 접근은 우리로 하여금 한국의 종교지형/종교시장 구조의 변동과 군종의 변화를 함께 조망해보도록 자극하기도 한다. 군종사는 군사(軍史)의 일부이자 종교사(宗教史)의 일부이기도 한 것이다.

이런 관점에서 한국 군종의 역사를 1950년부터 1967년까지의 '그리스도교 독점 시대'와 1968년부터 현재까지의 '종교다원화 시대'라는 두 시기로 크게 나눌 수 있을 것이다. 두 시기를 가르는 결정적인 사건은 불교의 군종 참여였다. 필자는 이를 약간 더 세분하여, (1) 그리스도교 독점 시대(1950~1967년), (2) 준(準)독점 시대, 혹은 3대 종교 정립(鼎立) 시대(1968~2006년), (3) 다원화 시대(2007년 이후)의 세 시기로 나누려 한다. 여기서 두 번째와 세 번째 시기를 가르는 핵심 사건은 원불교의 군종 참여였다. 보다 정확히 말하자면, 세 번째 시기부터 원불교는 물론이고 다른 소수파 종교들에게도 군종제도에 참여할 가능성이 좀 더 높아졌다. 결국 한국의 군종은 크게 보면 '독점에서 다원화로'의 경로를 거쳐 왔으며, 보다 구체적으로는 '독점 → 준독점 → 다원주의'의 세 단계 중에서 마지막 단계로 접어든 상태라고 말할 수 있을 것이다.

이러한 독점-다원성 도식에서 다원화·다원주의의 두 차원, 즉 '교파'(denomination) 차원과 '종교'(religion) 차원을 구분하는 것이 중요함을 강조하고 싶다. 여기서 교파는 특정 종교 내부에서 교단들을 구별하는 것을 가리킨다. 이를테면 개신교 내부의 장로교·감리교·성결교·침례교 등을 구분하는 것, 불교 내에서 조계종·태고종·

천태종·진각종 등을 구분하는 것이다. 한국 군종 역사의 큰 흐름을 '독점에서 다원화로'로 요약할 수 있다면, 다원화는 다시 교파적 다원화(denominational pluralization)와 종교적 다원화(religious pluralization)로 나뉜다. 개신교와 천주교만으로 참여자격이 제한되던 군종제도에 불교와 원불교가 추가로 진입하면 '종교적 다원화'가 이루어지는 셈이고, 불교에서 조계종 종단에게만 허용되던 군종 참여자격이 태고종·천태종·진각종 등에게도 허용되면 '교파적 다원화'가 이루어지는 셈이다. 중요한 점은, '종교적 다원화'가 지지부진한 상태에서조차 '교파적 다원화'는 상당히 진척될 수 있다는 것이다.

현재 군종에 참여하고 있는 개신교, 천주교, 불교, 원불교의 4대 종교를 예로 들어보자. 교파적 다원화가 해당 종교 내에서 교단들의 참여가 확대되는 것을 의미하므로, 단일교단 체제를 유지해온 천주교와 원불교에는 이런 현상이 아예 발생할 수 없다. 반면에 다양한 교단들이 난립해 있는 개신교와 불교에서는 교파적 다원화가 대단히 중요한 문제가 된다. 개신교 군종에서는 이단 논쟁이 특정 교단들의 군종 참여에 걸림돌로 작용하는 와중에도 교파적 다원화가 비교적 꾸준히 진행되었다. 반면에 불교 군종에서는 이 과정이 50년 가까이 봉쇄되어 있는 상태이다. 개신교처럼 불교에서도 교단 분열과 신설이 활발했지만, '조계종 독점 체제'가 버티고 있어 교파적 다원화가 전혀 진전되지 못한 것이다.

종교사와 군종사를 동시에 조망하는 우리의 접근에서 볼 때, 해방 직후 '전형적인 종교다원주의'에 가까웠던 한국의 종교지형이 1960년대 말 이후 '3대 종교 다원주의' 혹은 '3대 종교 정립(鼎立) 구조'로 재편되고 그 이후 40~50년 동안 지속적으로 굳어지고 심화해 왔다는 사실에 유의할 필요가 있다. 종교지형의 이런 거시구조적(macro-structural) 변화는 '종교적 다원화'에 불리한 요인임이 명백하다. 소수파 종교에 소속된 신자 장병들의 종교자유를 보호하려는 강력한 '정치적 의지'가 개입하지 않는 한 종교적 다원화를 전진시킬 종교지형 내부의 추동력은 약할 수밖에 없기 때문이다. 소수파 종교들의 군종제도 참여권 보장, 소수파 종교 신자들의 종교자유권 보호, 기득권을 가진 거대 종교들에 의한 군종 신규 참여 봉쇄 및 그와 연관된 정교유착 시비 등은 앞서 말한 '법적-정치적 접근'을 통해 해명되어야 할 문제들이다.

다른 한편, 한국 최대 종교라는 지위를 놓고 경쟁하고 있는 개신교와 불교의 경우 내부의 극심한 교단 분열과 갈등을 겪고 있다. 문화체육관광부가 2008년 12월에 발간한 『한국의 종교현황』에 따르면 당시 한국의 개신교 교단 숫자는 무려 291개, 불교 교단의 숫자는 168개나 되었다.[1] 개신교와 불교 영역에 국한된 이런 미시구조적(micro-structural) 종교지형 변화는 두 종교 안에서 '교파적 다원화' 문제를 전면에 부각시켰다. 특히 개신교와 불교 내부의 수많은 중소 교단들에게 교파적 다원화 문제는 사활적으로 중요한 쟁점이 되어버렸다. 이런 관점에서 이번 장에서는 군종제도에 참여하는 종교 및 교단의 '범위'와 '숫자' 변동에 초점을 맞출 것이다.

1. 독점: 그리스도교 독주 체제

군종제도가 창립되던 1950년대 초에 불교는 단연 한국사회 최대의 종교였다. 따라서 한국 군종 역사에서 가장 납득하기 어려운 미스터리 중 하나는 제도 창립 당시 왜 불교가 참여자격을 얻지 못했는가 하는 점이다. 군종제도를 운영하는 어느 나라든 종교인구 면에서 최대 규모인 종교를 처음부터 배제하는 경우는 좀처럼 찾아볼 수 없기 때문이다.

군종은 무엇보다 군인들의 종교자유를 보장하기 위한 제도적 장치이다. 현대사회의 군종제도가 정교분리 위반 논란에도 불구하고 존재의 정당성을 주장할 수 있는 가장 강력한 근거가 군인들의 종교자유를 보장하는 유효한 수단이라는 점에 있다는 것이다. 군종의 존립 근거를 전승 기원 따위에서 찾는 것은 시대착오적인 주장이 된 지 이미 오래이다. 따라서 가장 많은 군인들이 신봉하는 종교가 배제된 상태에서 군대 내 종교의 자유 자체가 심각하게 훼손될 것임은 너무나도 명백한 사실이다. 군종제도의 가장 중요하고 최우선적인 존재이유와 존립 목적이 송두리째 흔들리기 쉬운 상황인 것이다. 대체 왜 이런 불공정하고 불합리한 상황이 조성되었을까? 아마도 이 제도의 창립 과정 안에 비밀스런 해답이 숨겨져 있을지 모른다.

한국에서 군종제도 설립 문제가 최초로 공론화된 시기는 미군정 시기인 1947년 4월이었다. 이때 개신교의 대표적인 지도자 중 한 사람이었던 김관식 목사는 국제 선교 저널에 기고한 「한국의 기독교회」(The Christian Church in Korea)라는 글에서 "남한의 정부가 교도소에 기독교 목사를 임명했고, 새롭게 편성될 한국군에 군목을 임명하려는 것을 고려중이라는 사실은 상당히 주목할 만하다"고 언급한 바 있다.[2] 더 이상의 설명이 없어 내막을 알기는 어렵지만, 미군과 미군정 고위층 사이에서 신생 대한민국 정부에 '군목'(軍牧)제도를 도입하려는 논의가 있었던 것이 아닌가 판단된다. 그러나 실제로 대한민국 정부가 출범한 상태에서도 행정부나 의회에서 군종 도입 문제는 공론화되지 않았다. 다만 정부 출범 이듬해인 1949년 4월 서울 새문안교회에서 열린 장로회 35회 총회에 제주노회장인 강문호 목사가 "총회로서 중앙정부에 종군목사제도 설치를 건의하여 주시옵기"를 요구하는 청원서를 내는 등 개신교회 안에서는 이 문제가 계속 관심사로 남아 있었다.[3]

한국에서는 육군, 해군, 공군이 군종제도를 도입하는 방식이나 시기가 조금씩 다르게 나타났다. 한국에서 군종제도의 탄생 과정은 크게 두 갈래 경로를 통해 진행되었다. 그 하나는 '내부로부터의' 길이었고, 다른 하나는 '외부로부터의' 길이었다. 전자는 대한민국 정부 수립 직후부터 해군을 중심으로 한국군 및 개신교(주로 감리교) 지도자들이 자발적으로 군종 활동을 전개해간 '내발적(內發的) 경로'(intrinsic path)였다. 후자는 한국전쟁 발발 직후부터 미군 그리스도교 군종장교들과 미국인 선교사들이 군종 창설을 추진했던 '외부 자극의 경로' 혹은 '외발적(外發的) 경로'(extrinsic path)였다.

(1) 내발적 경로: 해군

내발적 경로, 즉 군종 창립을 향한 내부로부터의 길은 오로지 대한민국 해군 창립자 중 한 사람인 손원일 제독의 개인적인 의지와 결단에 의해 개척되었다. 그는 임시정부 요인이기도 했던 저명한 독립운동가 손정도 목사의 아들로서, 초대 해군참모총장(해군 총참모장)으로 임명되었다. 정부 수립 직후 그는 이범석 국방부 장관에게 "군대를 민주주의 방식으로 이끌어가는 데는 기독교정신으로 이끌어가는 것이 제일 좋다"면서 군종제도 도입과 군종 병과 창설을 건의했다고 한다. 이 건의가 수용되지 않자 손 제독은 독자적인 결정에 따라 '정훈'이라는 간판을 내걸고 실질적인 군종업무를 개시했다.[4] 기존의 정훈 병과 안에 군종 기능을 추가하는 우회적인 방식을 택했던 것이다.

> 손 제독은 군대를 이끌어감에 있어 무기 외에도 정신적인 무장이 필요함을 느꼈다. 그는 민주주의가 바탕이 되는 기독교정신으로 해군을 이끌어가기로 결심하고 당시 국방부 장관이었던 이범석 씨를 찾아가서 그 취지를 설명했으나 거절을 당했다. 부대 안에서 목탁 치고 찬송가를 부르면 분위기가 어수선해진다는 것이었다. 그러나 손 제독은 군목제도의 필요성을 절실히 느껴 군목의 이름을 정훈이라고 하여 실질적으로는 군목의 일을 수행하게 하였다. 해군의 첫 군목은 이화여고 교목이었던 정달빈 목사로 결정되어 부산 LCI 배에서 첫 예배를 드리는 것으로 군목제도가 시작되었다.[5]

정달빈 목사가 손 제독에 의해 해군으로 발탁된 때는 1948년 9월 15일이었다. 대한민국 정부가 수립된 지 한 달밖에 지나지 않은 시점이었다. 정 목사가 해군사관학교에 입교하여 훈련을 마친 뒤 정훈장교(중위)로 임관하고, 정훈감실에 '교화과'를 신설하면서 과장으로 부임하여 군종업무를 시작한 게 1949년 1월의 일이었다. 이후 송흥국 목사가 해군 문관(文官), 즉 오늘날의 군무원 신분으로 초빙되어 정훈감실에서 활동한 데 이어, 추인봉·박태진·이순상 목사가 1949년 5월에 현역 정훈장교로 임관하여 군종 활동에 합류했다. 한국전쟁 발발 직전에는 박창번 목사가 초빙되어 문관 신분으로 진해 해군통제부에서, 1951년 2월에는 안병부 목사가 초빙되어 문관 신분으로 해군사관학교에서 각각 활동했다.[6]

이처럼 해군은 육군이나 공군보다 훨씬 앞서 독자적인 군종 활동을 전개했다. 해군이 군종을 향한 내발적 경로를 개척했다는 사실에 담긴 역사적 의의는 충분히 강조될 필요가 있을 것이다. 해군 군종은 수많은 '최초들'을 생산해냈다. 해군은 1948년 9월 "3군 최초로 군종업무를 시작"함으로써 "대한민국 국군의 군종업무의 효시"가 되었다. 1949년 2월 5일에는 정달빈 목사가 "한국군 최초의 군인교회"인 용산군인교회를 창립했다. 한국전쟁 직전 해군에 입문한 박창번 목사는 "3군을 통틀어 문관으로 임명된 최초의 목사"였다. 1950년 12월 6일 추인봉 목사(대위)는 해군 총참모장 직속 군목으로 임명되었는데, "아직 국군조직법 상에 군목제도가 없을 때 해군에서 공식적인 계통을 통하여 군목이 임명된 것이고, 추인봉 목사는 이러한 공식적인 계통을 통해서 임명된 최초의 그리고 유일한 해군 군목이 되었다." 추 목사는 "비록 국군조직법 상에 있어서는 비공식적이었지만 해군에 있어서는 공식적인 군목이 되었던 것이다." 해군 총참모장 직속 군목 겸 해군본부 군종실장으로 임명되자마자, 추 목사는 '군목업무 잠정규정'을 제정했다. 이 역시 "삼군 중 최초로 제정된 역사적인 산물"이었다. 1951년 5월 3일 제1기 해병특과 사관후보생으로 해병학교에 입교한 박창번, 송창설, 이원동, 오봉운 목사는 "해군, 해병대뿐만 아니라 3군 중에 최초로 군목으로 임관하는 영광"을 누렸다.[7]

해군 군종의 초기 역사는 두 가지 뚜렷한 특징을 보여주었다. 첫째는 완전한 '개신교 독점체제'였다는 것이다. 한국 군대에 군종제도가 공식적으로 도입되고 1951년 11월에 김동한 신부가 최초의 천주교 해군 군종장교로 임관하기까지 약 2년 2개월 동안 해군 군종은 오직 개신교 목사들만이 활동하는 폐쇄적인 공간이었다. 더 자세히 들여다보면, 개신교 안에서도 손원일 제독의 부친인 손정도 목사가 속했던 '감리교' 목사들이 해군 군종 활동을 주도했음을 알 수 있다. 해군 군종 창설기에 가장 중요한 역할을 담당했던 정달빈, 송흥국, 추인봉 등 3인방 모두가 감리교 목사였던 것이다(〈표 2-1〉 참조).

초기 해군 군종의 두 번째 특징은 특정 개인의 의지와 결단으로 시작된 탓에 '제도적 기초'와 '지속가능성'이 부족했다는 점이다. 1948~1950년 시기의 해군 군종은 손원일 총참모장이라는 개인에만 의존한 활동이었으므로, "아직 국군조직법에 뿐만 아니라 해군 편제에 있어서도 군목제도가 정식으로 마련되지 않은 그야말로 비공식적인 활동기"에 불과했다.[8] 해군 군종은 과연 '손 제독 이후'에도 지속될 수 있었을까? 군종제도를 도입하겠다는 1950년 12월의 대통령 결정이 없었더라면 해군 군종도 얼마 못가 중단되지 않았을까?

표 2-1 **해군 군종의 개척자들**

이름	소속 교파	해군 편입 시기 및 초기 활동
정달빈 목사	감리교	1948년 9월 문관으로 초빙되어 이후 정훈감실 교화과장, 정훈감, 해군본부 군목실장, 국방부 군종실장 역임.
송흥국 목사	감리교	1948년 문관으로 채용된 후 해군본부 정훈감실, 해병대사령부 군목실장 역임.
추인봉 목사	감리교	1949년 5월 정훈장교로 임관 후 해군본부 초대 군목실장으로 취임.
박태진 목사	미상	1949년 5월 정훈장교로 임관.
이순상 목사	미상	1949년 5월 정훈장교로 임관 후 인천경비부교회 창설.
박창번 목사	감리교	1950년 전쟁 직전 문관으로 초빙되어 통제부교회 창설.
안병부 목사	장로교	1951년 2월 문관으로 초빙되어 해군사관학교 군인교회 창설.
장창덕 목사	미상	1951년 3월 문관으로 초빙되어 해병대사령부 군목실 설립을 준비.
반병섭 목사	장로교	1951년 4월 정훈장교 신분으로 해병 제5대대교회 창설.
신성국 목사	장로교	1951년 4월 정훈장교 신분으로 해병 제7대대교회(석도교회) 창설.

(2) 외발적 경로: 육군과 공군

공식적일 뿐 아니라 명확한 법적 근거도 갖춘 군종제도의 설립은 전쟁 발발 직후부터 출현한 '외부 자극의 경로'(외발적 경로)에 의해 비로소 가능하게 되었다. 이 경로의 주역은 한국전쟁에 파견된 그리스도교 계통의 미군 군종장교들, 그리고 한국에서 활동하던 미국인 선교사들이었다. 한국군 군종제도 창립 움직임은 전쟁이 발발한 지 한 달 남짓 지난 1950년 8월 초 무렵부터 태동했던 것으로 보인다. 개전 이틀 후인 1950년 6월 27일에 미국 출신의 한국 선교사였던 윌리엄 쇼 목사(개신교)와 조지 캐롤 신부(천주교)는 일본에서 베넷 목사와 존 단 신부를 만나 한국에 진주하는 미군에 종군하는 문제를 의논했다고 한다.[9] 그러나 이 만남에서의 현안은 한국군의 군종 설립 문제가 아니라, 미국인 선교사들의 미군 군종 참여 문제였을 것이다. 일본에 머물던 쇼 목사와 캐롤 신부는 1950년 8월 1일 미8군 군종부 문관 신분으로 부산에 도착했다.[10] 이 무렵부터 한국군 군종 창설 움직임에 가속도가 붙었다.

개전 후 불과 두 달여 만에 군종 창설 논의가 급진전되었던 사실을 볼 때, 전쟁(한국전쟁)이 군종제도 도입을 촉진한 핵심 계기이자 자극이었음은 명백하다고 하겠다. 『육군군종사』에서는 1950년 8월부터 12월까지 약 4개월에 걸쳐 한국에서 군종제도가 창립되는 세세한 과정을 다음과 같이 설명하고 있다. 1950년 8월부터 9월 18일까지의 경과가 소개된 대목을 먼저 인용한다.

> 감리교 선교사 쇼우 박사와 천주교의 죠지 앤 캐롤 신부, 그리고
> 극동사령부 군종부장 이반 엘 베넷(Ivan L. Bennett) 군목이 예하
> 미 1사단, 미 2사단, 미 24사단, 미 25사단 등의 군종참모를 소집
> 해서 회의를 열고 한국군의 군종제도 설립에 관한 논의를 했다.
> 쇼우 박사와 베넷 군목을 비롯한 수명의 군목은 당시 국방부 장
> 관 신성모 씨를 찾아 한국군 군목제도에 대하여 논의하였으나
> 이렇다 할 결론을 얻지 못하고 9월 2일 쇼우 박사와 캐롤 신부는
> 국무총리를 방문하여 이를 논의한 결과 국무총리로부터 "한국군
> 군종제도의 창설을 적극 협력하겠다"는 다짐을 받게 되었다.
> 그로부터 3일 후인 9월 5일 쇼우 박사와 캐롤 신부는 대통령 이
> 승만 박사를 방문하여 한국군 군종제도에 대하여 논의하였으며,

9월 13일에는 한국군 미 고문단을 방문하여 고문단장 푸랜시스 화전 준장과 인사(人事) 고문관 피터 스콧트 중령을 만나 의논하여 다음과 같은 합의를 보았다. "만일 한국군이 군종제도를 가진다고 하면 군목의 책임과 임무를 수행할 수 있도록 미국 군목과 같이 계급을 주어야 할 것이다."

한편 동년 9월 18일에 한국 장로교, 감리교, 천주교, 구세군, 성결교가 군종제도 창립을 위해 연합으로 회집, 군종제도추진위원회를 조직하고 그 대표로 장로교의 한경직 목사, 감리교의 류형기 목사, 천주교의 죠지 앤 캐롤(George N. Carroll, 몽시뇰 안) 신부를 선출했다.[11]

개전 후 군종제도 추진의 큰 흐름은 재한(在韓) 선교사들이 주도적으로 나서고 여기에 극동사령부 군종장교들이 적극적인 호응과 지원을 제공하는 방식으로 진행되었던 것으로 보인다. 여기서 미국인 선교사 두 명, 즉 감리교 선교사인 쇼 목사(한국명 서위렴)와 메리놀회 소속 천주교 선교사인 캐롤 신부(한국명 안)가 각기 재한 선교사 그룹의 신·구교 대표 자격으로 나섰던 것 같다. 정확한 시기를 언급하고 있지는 않지만, 쇼 목사와 캐롤 신부가 베넷 군종부장이 소집한 극동사령부 산하 사단 군종참모 회의에서 "한국군의 군종제도 설립에 관한 논의"를 한 때는 1950년 8월 하순 무렵이었을 것으로 추정된다. 8월 말 혹은 9월 초에 이르면 베넷 군종부장과 쇼 선교사가 직접 한국 국방부 장관인 신성모를 만나 군종제도 설립을 논의하는 단계로 넘어갔다. 그러나 9월 2일에 쇼 목사와 캐롤 신부가 국무총리를 만나 긍정적인 대답을 들었다는 대목은 좀 이상하다. 이때는 국무총리가 공석이어서 신성모 장관이 국무총리 서리를 겸하던 상태였기 때문이다. 어쨌든 9월 5일에 쇼 목사와 캐롤 신부의 첫 번째 대통령 면담이 성사되었다. 그러나 위 인용문은 당시 이승만 대통령의 반응이 어떠했는지에 대해선 언급하지 않는다. 이로부터 약 2주 후인 9월 18일에 천주교와 개신교 4개 교단(장로교, 감리교, 성결교, 구세군)이 참여한 가운데 '군종제도추진위원회'가 조직되었다.

이때부터 선교사 대표인 쇼와 캐롤 2인 채널, 그리고 군종제도추진위원회 공동대표인 한경직(장로교)·류형기(감리교)·캐롤(천주교) 3인 채널이 동시에 가동되었다. 9월 19일의 대통령 2차 면담은 한국교회 3인 대표가, 9월 25일의 대통령 3차 면담은 선교사 2인 대표가 담당했던 것이다. 다음 인용문은 군종 추진 조직이 구성된 9월 18일부터 대통령이 군종제도를 최종 수용한 12월 21일까지 약 3개월 동안의 경과를 설명하고 있다.

그 다음날인 (1950년 9월―인용자) 19일 세 사람의 대표는 이 대통령을 예방하여 군종제도를 청원했을 때에 대통령은 "기획은 좋으나 경비를 어디서 얻느냐가 문제입니다. 우리의 국가예산은 전혀 없습니다. 내가 만일 한국 군목을 위해서 예산을 요청한다면 반(反)기독교적인 타(他)종단에서도 종군(從軍)을 원하는 청원이 또 일어날 것입니다. 그러니 한국교회 각 선교부에서 경비를 거출(醵出)해볼 방법을 연구해보시오"라고 교회 측의 협조를 요구하였다.

1950년 9월 25일 쇼우 박사와 캐롤 신부는 다시 대통령을 예방하여 군목제도의 구체적인 방법을 논의하고 "군에서 피복, 식량 등의 병참 관계를 담당하겠다"는 약속을 하였다.

대통령은 그 기획은 찬동하였으나 군목의 신분을 문관(文官)으로 할 것인지 현역(現役)으로 할 것인지에 대해서는 말하지 않았다. 마침내 1950년 12월 21일 대통령 비서실 지시 국방신(國防信) 제29호 "종군목사가 각 부대에 다 들어가서 일하고 있는 줄로만 믿고 있었는데 아직도 들어가지 못하고 있다면 하루속히 사람을 택해서 들어가서 일을 하게 하라"는 지시가 내렸다. 이에 따라 1951년 2월 7일 육본(陸本) 일반명령 제31호로 육군본부 인사국 내 군승과(軍僧科)를 설치하고 목사로서 일반 장교로 근무하고 있던 대위 김득삼 목사가 초대 군승과장으로 임명을 받으므로 군종 병과는 마침내 창설되어 군내 종교 활동이 정식으로 실시하게 되었다.[12]

위 인용문 중 9월 19일 있었던 2차 면담에서 이승만 대통령의 발언에 주목해보자. 여기서 대통령의 말은 두 가지 함의를 갖고 있다. 첫째, 국가재정 부족으로 군종 요원들에게 정부 예산을 지원할 여력이 없다는 것이다. 그러니 정부의 재정 부담을 최소화할 수 있는 방안을 교회 측이 마련해보라는 것이다. 둘째, 군종 요원들에게 정부 예산을 지원하면 그리스도교 이외의 종교들—아마도 불교, 천도교, 대종교 등—도 군종제도에 참여하겠다고 나서리라는 것이다. 두 번째 대목에서 그리스도교를 제외한 다른 종교들의 군종 참여를 허용치 않겠다는 대통령의 분명한 의지가 읽힌다. 동시에 대통령의 친(親)그리스도교적 태도와 속내 역시 확연히 드러난다. 군종 제도 자체가 그리스도교에 제공되는 '종교적 특권'의 형태로 출범했음을 잘 보여주는 대목이기도 하다.

9월 25일의 세 번째 면담에서 이 대통령은 처음으로 군종 허용 입장을 밝혔다. "군에서 피복, 식량 등의 병참 관계를 담당하겠다"는 약속을 한 당사자는 이 대통령일 수밖에 없고, 이런 약속은 한국교회 측이 그 나머지 비용을 부담하겠노라는 또 다른 약속을 전제로 한 것일 수밖에 없기 때문이다. 따라서 대통령과의 세 번째 면담이 있었던 9월 25일부터 군종제도 실시 지시가 내려진 12월 21일 사이의 기간은 아마도 한국정부 내부에서 가능한 이견을 조율하면서 군종 출범을 준비해가는 과정이었을 것이다. 특히 9월 25일 만남에서 "대통령은 그 기획은 찬동하였으나 군목의 신분을 문관(文官)으로 할 것인지 현역(現役)으로 할 것인지에 대해서는 말하지 않았다"는 대목에 유념하면, 9월 25일 이후 약 3개월 사이에 군종의 신분이 '문관'도 '현역장교'도 아닌 '무보수 촉탁(囑託)'으로 최종 결정되었을 것이다. 어쨌든 국가(군대)가 "피복, 식량"과 숙소 등 최소한의 지원만을 책임지고 군종과 관련된 대부분의 비용, 즉 군종 요원과 그 가족의 '생활비' 그리고 군종에 수반되는 제반 '활동비·사업비'를 참여 교단들이 자체 조달하는 방식으로 교회와 국가 사이에 역사적인 합의가 성립되었다. 향후 종교활동을 전개할 독자적인 공간이나 시설이 필요할 터이나, 이에 대해선 당시에는 아직 고려가 되지 못했다.

전쟁 발발 직후의 한국 그리스도교 교회와 선교사들은 1950년 9월의 불과 20일 사이에 세 차례나 대통령을 면담할 수 있었을 정도로 대단한 파워 그룹이었다. 뿐만 아니라 이토록 짧은 기간 내에 군종제도 도입이라는 자신들의 목표를 관철시키는 데 성공했다. 이로써 육군, 해군, 공군, 해병대 모두에서 군종 활동을 펼칠 수 있는 길이 열렸다. 따라서 '내발적 경로'보다는 '외발적 경로'가 한국 군종 탄생 과정에서 훨씬 중요한 영향과 효과를 발휘했다고 평가할 수 있을 것이다.

앞서 보았듯이 군종 영역에서 해군은 이미 육군을 앞질러 가고 있었다. 이와 대조적으로 공군 군종의 기원은 '육군 군종의 확대·연장'이라는 맥락에서 주어졌다. 한국 군종 자체가 그러했던 것처럼, 공군 군종 역시 육군으로부터의 '외적인' 자극과 지원에 의해 시작되었다. 공군에서 군종제도가 창립되는 과정은 ① 1951년 가을의 군종업무 발족 강연회, ② 1952년 2월 10일 육군에서 파견된 개신교·천주교 군종들에 의한 첫 번째 예배와 미사(공군본부교회 창립), ③ 1952년 3월 30일 육군 군종(문관) 2명의 공군으로의 소속 변경, ④ 1953년 4월 1일 최초의 공군 군종장교 배출이라는 네 단계를 거쳤다. 미군 군종장교를 연사로 한 '군종업무 발족 강연회'라는 형태로 군종의 첫걸음을 내딛었다는 사실이 특히 이채롭다. 아래 인용문에서 잘 드러나듯이, 육군과 비슷하게 공군도 외적 자극으로부터 군종 출범의 동력과 정당성을 얻어내려는 모습을 보였다. 미 제5공군사령부 군종책임자인 패터슨 대령이 공군참모총장 등 한국 공군 수뇌부를 상대로 군종에 관한 자문을 제공하면서, 미국 출신의 개신교 선교사인 프랜시스 킨슬러 목사(한국명 권세열)의 통역으로 공군 핵심 인력이 집결한 공군 본부에서 군종의 필요성과 유용성을 역설하는 강연까지 했던 것이다.

육군이 극동사령부 군종책임자인 베넷의 적극적인 개입과 도움을 받은 것처럼 말이다.

마침 미 5공군목장 패터슨(Chap. Col. Patterson)으로부터도 한국 공군에 군종업무를 수행하는 문제에 관한 자문을 받게 되어 (일반참모비서장의 직무를 수행하던―인용자) 한갑수 소령과 (공군참모총장 보좌관이던―인용자) 김창규 대령은 이 문제를 놓고 의논하고 연구한 결과, 참모총장 김정렬 소장의 허락을 얻어 드디어 공군 군종업무 발족 강연회를 개최하게 된 것이다.

그리하여 1949년 10월 1일 이후 우리나라 역사상 처음으로 대한민국 공군이 발족하여 걸음마도 익히지 않은 유아기에 6·25전란을 맞아 처절한 전투를 전개하고 있는 1951년 가을 피난지 대구의 한 국민학교 교정인 공군본부 연병장에서는 참모총장을 위시한 공군본부 전 참모와 장병이 집합한 가운데 한국 공군사상 뜻깊은 행사인 군종업무 발족 강연회가 거행된 것이다. 미 5공군목장 패터슨은 장로교 선교사 킹슬러 목사를 통역으로 내세우고 한국 공군에 군종업무의 필요성을 말하면서 하루속히 그 제도가 시행되기를 바란다고 말했다.

또한 참모총장 김정렬 소장은 한갑수 소령을 영어 통역으로 내세우고 한국 공군에 군종업무가 필요한 것을 시인하고 그 제도의 실현을 위해 노력할 것을 다짐했다. 이렇게 하여 공군 군종업무의 첫 씨가 뿌려진 것이다.

그리고 1952년 2월 10일 공군강당에서 첫 예배와 미사를 드리

게 되었는데 이로써 공군본부교회가 발족하게 된 것이다.……공
군에서는 마침내 육군에서 일하고 있던 조인숙 목사와 이삼복
신부를 공군으로 오게 하여 2급 3호의 문관 신분을 부여함으로
두 사람은 최초의 공군 군종장교가 되었는데 이것은 1952년 3월
30일의 일로서 육군에서 군목이 무보수 촉탁의 신분에서 문관의
신분으로 바뀐 1952년 6월 13일보다 2개월 반이나 빠른 것으로
비록 육군의 힘을 빌어 육군보다 늦게 군종업무를 시작하였으나
공군이 더 빨리 발전하게 되었다.[13]

한 가지 인용문을 더 소개한다. 아래 인용문은 최초의 공군 군종장
교 임관식과 군종실 설치에 관해, 그리고 개신교와 천주교를 대표하
는 2명의 육군 군종이 공군으로 전입한 날(3월 30일)을 매년 공군 군
종 병과 창설기념일로 기리고 있음을 알려준다. 육군 군종 활동이 공
군으로 연장되고 확장된 날이 공군 군종 병과의 창립일이 된 것이다.
파견에 의한 첫 번째 종교의례, 군종의 소속 변경, 첫 번째 공군 군종
장교 임관 등 각 단계마다 개신교-천주교 사이의 균형을 유지하려 노
력하는 모습 또한 주목할 만하다.

군종 창설의 초기의 역사를 간략하게 더듬어 보면, 1952년 2월
10일 육군 군목과에서 육군 김형도 목사, 조인원 신부를 파송시
켜 공군본부 강당에서 첫 예배와 미사를 거행하였고, 1952년 3월
30일 육군에서 일하던 군무원 2급 3호로 조인숙 목사와 이삼복
신부가 정식으로 공군본부 인사국 상전과에 소속이 되어 군종

활동을 시작하였다. 1953년 4월 1일 군종장교 임관식(중령 최성곤 목사, 소령 조인숙, 박한승, 박희석 목사, 이삼복 신부, 대위 강영철 신부)을 계기로 공군 군종업무는 더욱 활성화되기 시작했다. 공군본부 인사국 소속으로 군종실이 설치되고 제일 선임자로 임관된 최성곤 목사(중령)가 초대 군종실장에 보임하여 이삼복 신부(소령)와 함께 본부교회를 운영해나갔다. 최초의 공군 군목으로서 개척자의 눈부신 활동을 기울여왔다. 위의 근거를 토대로 하여 현 군종감실에서는 군무원 2급 3호 조인숙 목사와 이삼복 신부가 공군본부 인사국 상전과에 소속이 된 1952년 3월 30일을 기준으로 하여 34주년을 맞는 '86년 3월 30일에 최초로 군종의 날 행사를 갖기도 했다. '86년부터 매년 3월 30일을 군종 병과 창설기념일로 정하고……'.[14]

2. 교파적 다원화: 개신교

군종제도의 출범기에는 '군종의 민간인 신분'과 '그리스도교 독점'이라는 두 가지 특징이 두드러지게 나타났다. 먼저, 초기의 한국 군종은 거의 전부 민간인 성직자들로 구성되어 있었다. 군종제도의 공식적인 창립 이전부터 군종 활동을 전개해왔던 해군의 경우 1951년 6월(해병대)와 11월(해군)에 군종 병과의 현역장교가 탄생하기까지는 두 가지 방식, 즉 처음부터 문관으로 임용되어 활동하거나, 아니면 "일반 장교로 임관한 후 문관의 신분으로 군목의 임무를 해오던" 상태였다.[15] 처음부터 현역장교 신분이었던 이들은 모두 '군종 병과'가 아닌 '정훈 병과' 소속이었다. 공군의 군종 활동도 1952년 3월 육군에서 '무보수 촉탁' 신분이던 조인숙 목사와 이삼복 신부에게 문관(군무원) 2급 3호 신분을 부여함으로써 시작되었다. 가장 많은 수의 군종 요원들이 배치되어 있던 육군에서는 현역장교 신분을 얻기 이전에 '무보수 촉탁' 신분(1951년 2월부터 1952년 5월까지), '문관' 신분(1952년 6월부터 1954년 11월까지)이라는 두 단계를 거쳤다.

최초의 육군 군종들이 무보수 촉탁 신분이었다는 사실은 무엇을 의미하는가? 앞서 보았듯이 이승만 정부는 교계의 거듭된 청원을 비용 문제를 들어 고사하다가 얼마 후 조건부로 수용했다. 그 조건이 바로 교단의 재정지원을 받는 민간인 신분이었다. 따라서 정부나 군대 입장에서 보면 무보수 촉탁이란 지위와 신분은 사실상 '민간인 자원봉사자'나 다름없었다. 정부가 인건비를 지불하지 않으므로 그들은 공무원이 아니었다. 군종들은 공무원 직제에도 없었고, "피복, 식량 등의 병참 관계"와 숙소를 제공받을 뿐 다른 모든 비용과 물품을 스스로 조달하는 처지였다. 그들은 군인도 아니고 군속(軍屬)도 아닐 뿐 아니라 공무원조차도 아닌, 상당히 모호한 지위와 정체성을 가진 이들이었다.

이런 모호성이 한편으로는 장병에 대한 접근권을 제약하고 여러 불편함을 안겨주었을 수 있다. 하지만 반대로 그런 모호성이 군종에게 상당한 자유와 융통성, 그리고 계급에 따른 군대식 명령체계로부터 일정한 자율성을 제공해줄 수도 있었을 것이다. 말하자면 초기 군종들은 자신들이 원하는 곳에서 원하는 방식대로 활동하는 자유를 누린 편이었다. 1·4후퇴 무렵에 몇몇 군종이 스스로의 판단에 따라 피난민들에게 교인증명서를 발급해준 것이나, 군종들이 일부 민간인 성직자들과 협력하여 포로수용소에서 다양한 활동을 전개한 것 등이 좋은 사례일 것이다. 군종들은 부대가 자주 이동하지 않을 경우 인근의 민간 교회나 기관에서도 활동할 수 있었다. 1954년에 육군 군종들의 신분을 민간인(문관)에서 군인(현역장교)으로 변경할 당시 "여태껏 문관으로 있던 신분이 계급장을 단 현역으로 탈바꿈하게 되어 신부의 생리에 안 맞아 모두 퇴역하였다"[16]는 김계춘 신부의 말도 비(非)군인 신분이 제공하는 상대적 자유와 자율성, 나아가 일정한 권위를 전제로 해야 제대로 이해할 수 있을 것이다.

군종 출범기의 또 다른 특징은 특정 종교에 의한 '독점' 체제였다는 것이다. 전쟁 기간 중 다수의 승려들이 '종군포교사'로 활동하는 등 불교를 비롯한 몇몇 종교들이 군대 안팎에서 종교 활동을 펼쳤다. 그러나 막상 이런 활동들에 제도적 기반을 제공하고 지속성을 보장하는 군종제도가 만들어졌을 때 이들은 철저히 배제되었다. 모든 군종 요원들은 예외 없이 그리스도교 성직자들로만 채워졌다. 이런 그리스도교 독점이 단지 우연한 결과이거나 편의상의 조처만은 아니었다.[17] 처음부터 '그리스도교식 군종제도'를 만든다는, 당시 한국 최대의 종교였던 불교를 포함하여 다른 종교들의 군종제도 참여를 봉쇄한다는, 암묵적이지만 명료한 합의와 공감대가 존재했다. 군종 추진 주체도 그렇게 생각했고, 결정권을 쥔 대통령도 그렇게 생각했다. 군종 참여자격을 그리스도교로만 제한한다는 명문은 어디에도 존재하지 않았지만, 대단히 공고한 비(非)제도적 장벽이 분명 존재했던 것이다. 해군의 경우에는 이보다도 더욱 협소한 참여자격을 한동안 유지했다. 초기 해군 군종은 천주교마저 제외하고 개신교 성직자들로만 형성되고 운영되었다.

앞서 보았듯이 군종제도 창립의 가장 결정적인 기여는 '군종제도추진위원회'의 몫이었다. 바로 이 지점에서 군종제도 참여의 범위가 사실상 결정되었다. 군종제도추진위원회는 두 개의 그리스도교적 종교들(개신교와 천주교), 그리고 개신교에 속하는 4개의 교파(장로교, 감리교, 성결교, 구세군)로 구성되었다. 바로 이 종교와 교파들로만 군종 참여자격이 제한되었던 것으로 보인다. 1951년 2월 말 입대한 육군 군종 1기 32명의 종교·교파별 분포는 장로교 11명, 감리교 8명, 성결교 2명, 천주교 11명이었다.[18] 전체의 65.6%는 3개 교파의 개신교 목사들이었고, 나머지 34.4%는 천주교 신부들이었다. 4개 개신교 교파 중 교세가 가장 약했던 구세군도 군종에 곧 합류했다. 『육군군종사』와 『대한민국 군종목사 67년사』를 보면 최초의 구세군 군종인 권원달이 육군 제5기 군종(문관)으로 1952년 5월 12일 입대하여 1953년 8월 28일 전역한 것으로 나타난다. 1953년 4월 8일에도 2명의 구세군 사관(김진홍, 최동근)이 육군 군종 7기로, 1953년 12월 5일에도 박혜붕이 육군 군종 8기로 입대했다.[19]

그렇다면 군종제도 출범 이후에는 개신교 내에서 '교파적 다원화'가 어떻게 진행되었을까? 1950~1960년대에는 두 가지 쟁점이 제기되었다. 첫째는 군종제도추진위원회에 참여하지 않았던 개신교 교파들에게도 군종 참여를 허용할 것인가의 문제였다. 예컨대 침례교를 비롯하여, 성공회, 하나님의성회, 제칠일안식일예수재림교회(안식교 혹은 재림교회), 여호와의증인 등에게도 군종 참여자격을 부여할 것인가 하는 것이다. 전쟁 직후 통일교나 천부교(전도관) 같은 개신교 계통의 신흥 교단들도 등장했다. 두 번째는 군종 참여 교단에서 발생한 '교단 분열'의 결과를 군종제도에 어떻게 반영할 것인가 하는 문제였다. 군종 창설 이후 장로교에서는 1950년대에만도 세 차례의 교단 분열이 발생하여 고신(高神) 교단과 기독교장로회(기장) 교단이 탄생했고, 1959년에는 기존 예수교장로회 교단이 '통합' 교단과 '합동' 교단으로 쪼개졌다. 역시 1959년에는 감리교와 성결교도 단일 교단이 둘로 분열되었다.

결론부터 말하자면 적어도 1950년대에는 장·감·성·구세군 4대 교파 외의 개신교 교파들에게는 군종의 문이 열리지 않았던 반면, 장·감·성·구세군 4대 교파에서 교단 분열에 의해 새롭게 탄생한 교단들에게는 군종 참여 기득권이 인정되었던 것으로 보인다. 한 예로, 1964년 5월까지 모두 586명의 그리스도교 성직자들이 군종으로 복무했으며 이들의 종교·교파별 분포를 보면 장로교 301명, 감리교 131명, 성결교 77명, 구세군 4명, 천주교 73명이었다.[20] '1951년 체제', 즉 1951년 군종 출범 당시의 '2개 종교, 개신교 4개 교파' 체제가 13년이 지난 1964년까지도 고스란히 유지되고 있었던 것이다(물론 1964년 당시의 장로교와 성결교는 더 이상 단일 교단이 아니었지만). 다른 예로, 1954년 4월 현재의 군종장교 총수는 296명이었는데 이들의 소속 종교·교파별 분포는 장로교 142명, 감리교 67명, 성결교 37명, 천주교 35명, 기독교장로회 11명, 구세군 1명, 예수교 1명, 조선예수교 1명, 성서장로교 1명이었다.[21] 여기서 예수교, 조선예수교, 성서장로교가 어떤 교단을 가리키는지는 명확하지 않다(이 셋 중 하나가 고신 교단일 가능성도 있다). 중요한 점은 신생 교단인 '기독교장로회'가 군종에 참여하고 있었던 사실이다. 1959년에 장로교가 합동과 통합 교단으로 갈라졌을 때, 감리교가 기감(기독교대한감리회)과 예감(예수교대한감리회) 교단으로 갈라졌을 때, 성결교가 기성(기독교대한성결교회)과 예성(예수교대한성결교회) 교단으로 갈라졌을 때, 이 교단들 대부분이 군종 참여권을 인정받았다. 유일한 예외는 교세가 취약했던 '예감' 교단이었다.

『육군군종사』의 '기별 군종장교 명단'과 『대한민국 군종목사 67년사』의 '역대 군종목사 명단(기별)'을 보면,[22] 1967년 11월 25일에 함보호와 임학천이 예장 '성장'(대신) 교단 소속으로 입대했음을 확인할 수 있다. 이를 통해 '예장 대신' 교단이 '대한예수교성경장로회'(성장) 시절이던 1967년부터 군종 참여자격을 얻었음을 알 수 있다.[23] 예성 교단 소속의 최초 군종장교는 1967년 11월 25일 군종 21기로 입대한 김광선이었고, 1968년 6월 22일(김영훈, 22기), 1968년 9월 14일(진영동, 23기)에도 같은 교단 소속의 군종 요원이 입대했다.[24] 예장 고신 교단의 첫 군종 요원은 1970년 8월 22일 군종 26기로 입대한 전호진이었다.

한편, 군종 창립 멤버인 개신교 4대 교파에 속하지 않은 교파들 가운데 가장 먼저 군종 참여자격을 얻은 곳은 침례교였다. 그것이 1960년대 초의 일이었다. 침례교 소속인 군종장교 요원이 처음 입대한 사례는 1960년 6월 11일 공군 특과 4기로 입대한 정활진이었다. 침례교 소속으로 최초의 육군 군종이 된 사람은 1969년 7월 군종 25기로 입대한 홍신웅이었다. 같은 교단 최초의 해군 군종은 1979년 8월에 입대한 정락훈이었다.[25]

3. 준독점 혹은 과점: 불교의 참여

앞서 언급했듯이 1951년에 군종제도가 처음 등장할 당시부터 최대 종교인 불교가 참여하지 못했던 것은 한국 군종 역사에서 최대 미스터리 중 하나이다. 더구나 불교계는 한국전쟁 시기에 '종군포교'(從軍布敎)라는 이름으로 사실상의 군종 활동을 전개하고 있었다.[26] 그런데도 막상 군종제도가 탄생할 당시부터 불교계는 완전히 배제되었다. 뿐만 아니라 군종제도가 출범한 이후에도 참여자격을 인정해달라는 불교계의 요구는 이승만 정부로부터 냉정하게 거절당했다. 동국대학교 석림동문회가 기획하고 편찬한 『한국불교현대사』에서는 이 과정을 다음과 같이 설명하고 있다.

> 군포교는 1951년 3월 7일 불교종군포교사회가 창립되면서 시작되었다. 6·25 이전부터 군부대를 출입하면서 설법, 위문 등으로 장병 교화에 힘을 기울여왔던 오관수(경남교무원 포교사) 스님을 비롯 백운봉(부산 길상사 주지), 임영수(부산 복천사 주지), 이법홍(부산 금수사 주지) 스님 등 15명으로 구성된 불교종군포교사회는, 부산 묘각사에 총본부를 두고 출범하였다. 불교종군포교사회는 취지문을 통해 "우리들 뜻있는 동지들을 모아 만시지탄(晩時之歎)이 무변하나마 성전(6·25동란을 칭함)에 이바지하기 위하여 교계를 대표하여 무고히 돌아가신 영령들을 위로하고 도탄에 헤매는 국민의 정신적 위안자가 되어 싸우는 조국의 멸공통일에 조금이나마 도움이 될까 하여, 나아가서는 대한불교를 부흥하여 세계

불화(佛化) 운동의 굳센 걸음을 내딛고자 조직하노라"고 하였다. 또 불교는 호국이족(護國利族)에 이바지하자, 불교는 멸공통일의 전위가 되자, 불교는 민족화를 강조하자는 3개 항의 강령을 내세우며 휴전이 발표된 1953년 7월까지 활동하였다.

1952년 5월 6일 종군포교사회는 국방부 장관에게 군종포교의 필요성과 허락을 요청하는 건백서(建白書)를 제출하였다. 종군포교사들의 신분 보장을 위해 소령급 이상의 문관증을 발급할 것과 국방부 군목과를 군신과로 개칭하는 등을 요망하는 건백서를 제출하여 군종제도에 불교가 동등하게 참여할 것을 희망하였으나, 군종 활동을 허락받는 정도에 그치고 말았다.……군종제도는 당시 UN군 군목을 포함한 외국인 선교사들이 대통령에게 요청해 이루어져 불교는 초창기 창설부터 배제되었다.[27]

인용문에서 보듯이 불교종군포교사회가 창립된 시기는 육군에서 '군승과'라는 이름으로 군종조직이 처음 등장한 지 1개월밖에 되지 않은 때였다. 군종이 제도로서의 효력을 최대한 발휘하기 위해서라도 가장 많은 군인들이 속한 불교를 제도 내부로 포용하는 게 합리적이었을 것이다. 불교종군포교사회가 불교의 군종 참여를 요청하는 건백서를 국방부 장관에게 제출한 1952년 5월이라는 시점을 보더라도, 정부 재정이 부족해서 군종 참여 범위를 자급 능력이 있는 종교·교파들로 제한한다는 명분을 더 이상 내세우기 어려운 상황이었다. 당시 해군과 공군은 이미 군종 요원이 '무보수 자원봉사자'가 아니라 '유급 문관'(공군) 혹은 '현역 군종장교'(해군)로 전환한 상태였고, 육군 역시 불과 한

달 후인 1952년 6월부터 '유급 문관'으로 전환할 예정이었기 때문이다. 그럼에도 불교계는 전쟁 도중에는 물론이고 전쟁이 끝난 후에도 군종제도 참여권을 갖지 못했다. 게다가 전쟁 발발 직후부터 부산의 범어사와 묘심사, 서울의 조계사(태고사) 등이 전사자 유골을 안치하는 '국군영현봉안소' 기능을 대행하면서 한국군에 크나큰 도움을 주었던 사실을 생각하면 군종제도에서 불교가 이처럼 냉대를 당한 연유를 더욱 이해하기 어렵게 된다.

1952년의 좌절 이후 불교계의 군종 참여 열기가 다시 달아오른 것은 〈표 2-2〉에서 보듯이 1964년 봄의 일이었다. 그런데 왜 1964년 봄이었을까? 불교 측의 설명에 의하면 1960년 무렵부터 군대 내의 불교 활동이 점차 확산되고, 군대 내 신자들과 신행 활동에 대한 불교계 지도자들의 관심과 지원이 증가하고, 군대 내 신자들의 불교군종제도에 대한 요청도 이따금씩 제기되었다고 한다.[29] 교단의 군종법사제도 설치 청원서 제출은 이런 '내부로부터의 압력과 요구'에 대한 자연스런 반응이었다는 설명인 셈이다. 1962년의 군인사법 제정도 매우 중요한 사건이었다. 그해 1월에 제정되고 시행된 '군인사법'은 제12조 1항에서 장교의 초임 계급을 중위 이상으로 할 수 있는 경우 중 하나로써 "목사, 신부 또는 학사학위를 가진 대덕 지위의 승려로서 군종장교로 임용되는 자"로 명시했다.[30] 군인사법에 따라 1962년 11월 국방부령 제65호로 제정 공포된 '군종장교요원 선발 규정'에도 "불교의 군종장교요원 선발에 관해서는 국방부 장관이 따로 정한다"고 규정했다.[31] 불교계의 군종 참여를 위한 법적 돌파구가 마련된 것이다. 또 장기화된 비구-대처 분쟁에서 군사정부가 비구 종단(조계종)에게 확고한 법

표 2-2 **1960년대 이후 군종 참여를 위한 불교계의 노력들**[28]

시기	활동
1964.3.14	대한불교조계종 총무원이 국방부에 군종법사제도 설치 청원서를 제출.
1965.2.11	조계종단이 국방부·국회·청와대에 군법사제도 설치 청원서를 다시 제출.
1965.3.17	군법사제도 실시 청원에 따라 국회에서 이 문제를 논의. 국회 국방분과위원회가 1년간의 군법사제도 연구기간 설정 등 4개 항을 의결.
1966.1.17	온양에서 열린 기독교지도자협의회 모임에서 유호준 목사가 "반공을 위해 불교승을 군에 두는 것은 고려할 문제다. 불교는 무신론인 공산주의와 통하는 면이 없지 않다"고 발언해 불교계의 반발을 초래.
1966.9.27	조계종단이 박정희 대통령에게 군법사제도 실현을 위한 탄원서를 제출.
1967.10.3	조계종단과 전국신도회가 다시 청와대 등 관계 기관들에 군법사제도 실현을 위한 진정서를 제출.
1967.11.11	국방부가 조계종단이 추천한 김삼현을 군법사제도 행정실무자로 발령.
1968.3.20	국방부의 요청에 따라 조계종단이 군승 예절과 복제 등의 규정들을 제정하여 제출.
1968.5.24	군종장교요원 선발 규정이 국방부령 제124호로 공포되어 군법사제도가 마련됨.
1968.7.4	조계종단이 군종장교요원 추천단체로 지정됨.
1968.8.7	국일명 제34호에 의거하여 육군 19명, 해군 1명, 공군 2명의 군승을 배치키로 결정. 육군의 경우 육군본부, 육군사관학교, 제2훈련소, 주월사령부 백마부대·맹호부대·십자성부대 등 19개 군승 배치 부대가 확정됨.
1968.8.10	국방부 요청에 따라 조계종 총무원 교무부가 제1기 군승후보생을 선발. 지원자 12명 중 김봉식, 권기종, 권오현, 장만수, 이지행 등 5명이 합격함. 당시 시험과목은 교리, 불교사, 의식, 영어였음.
1968.9.16	군승후보생 5명이 육군보병학교에 입교.
1968.12.6	육군본부 군종감실에 김봉식 법사, 1군사령부에 권기종 법사가 배치되어 불교 군종업무가 시작됨.
1969.1.9	맹호부대(장만수), 백마부대(권오현), 십자성부대(이지행)에 군승이 배치되어 베트남에서의 불교 군종업무가 시작됨.
1969.6.16	이인수 법사가 공군 최초의 불교 군종장교로 임관됨.
1970.7.27	군법사 제3기(해군 1기)로 김정길 법사가 해군 중위로 임관되고 해군본부에 배치되어 해군 불교 군종업무가 시작됨.

적·제도적 우위를 보장해준 시점은 1962년 말 즈음이었다.[32]

그런데 왜 조계종단이 1960~1962년이 아니라 1964년 봄이라는 시점에 가서야 군종 청원서를 제출했는지를 해명하려면 베트남전쟁 파병이라는 요인이 반드시 고려되어야 한다. 불교 측도 베트남전쟁 파병의 중요성을 인정하고 있다. "때마침 65년도부터 시작된 국군의 월남파병은 목하 추진 중에 있던 군승제도 실시의 노력을 더욱 촉진시키는 한 촉매제가 되기도 했다"는 것이다.[33] 1965년 3월부터 불교국가인 베트남으로 한국군이 본격적으로 파병되기 시작했던 상황이 불교계의 군종 참여를 촉진했음은 분명한 사실일 것이다. 더구나 1966년에는 주월한국군사령부의 수장이자 개신교 신자인 채명신 장군도 이런 흐름에 힘을 보탰다.

> 이 무렵 주월한국군사령관인 채명신 장군이 귀국하여, 종단 지도자들과의 간담회에서 종교를 통한 봉사활동이 한국군의 전승을 가져오는 중요한 계기임을 밝히고, 월남에 한국 군승(軍僧)의 파견은 빠를수록 이로울 것이라는 그의 견해를 피력하였다. 그는 또 "앞으로 군승은 시급히 파견되어야 할 뿐만 아니라, 그 인원도 대대적으로 늘려 종교로써 월남 국민의 마음을 수습토록 하는 것이 월남전을 조속히 승리로 이끄는 방책의 하나가 될 것으로 생각한다"고 말했다.[34]

그런데 필자는 베트남 파병이 불교 군종제도 탄생에 미친 영향을 시기적으로 조금 더 소급해서 설명할 수 있을 것으로 본다. 파병이 본격적으로 실행된 시점(1965년 3~10월)이 아니라, 박정희 정부에 의해 파병 방침이 최종 결정된 시점이 바로 1964년 봄이었다는 사실에 주목해야 한다는 것이다. 1954~1964년 사이에 이승만 정권과 박정희 정권은 무려 10여 차례에 걸쳐 한국군의 베트남 파병을 끈질기게 추진했다.[35] 베트남 파병은 한국 정부의 오랜 숙원사업처럼 되어 있었는데, 한국의 베트남전쟁 개입에 부정적이던 미국이 입장을 바꿈으로써 1964년 들어 한국군 파병 문제가 급진전되었다. 박태균에 의하면 "미국 정부는 존 F. 케네디 대통령이 암살되고 린든 존슨 대통령이 취임한 직후 한국 정부에 파병을 요청하는 공문을 보냈다. 곧이어 남베트남 정부가 한국 정부에 파병을 요청하는 편지를 보냈고, 한국 정부는 1964년 봄이 가기 전에 파병을 결정했다."[36] 이렇게 시작된 한국군의 베트남전쟁 참여는 1964년 8월부터 1973년 3월까지 8년 6개월 동안 지속되었다. 윤충로가 이 과정을 잘 정리해놓았다.

> 짧게는 한국군이 참전한 8년 6개월, 길게는 1975년 4월 남베트남이 몰락할 때까지 한국은 '월남 붐'으로 뜨거웠다.……최초의 파월(派越)은 의료부대 130명, 태권도 교관단 10명으로 시작했다. 1964년 8월 24일 오전 10시 육군본부 광장에서 '월남군사지원단' 환송식이 열렸고……이렇게 '조촐'하게 시작된 파병은 1965년 3월 건설지원단인 비둘기부대, 같은 해 10월 전투부대인 청룡·맹호부대, 1966년 8월 백마부대의 추가 파병으로 이어졌다. 140명에서 시작된 파병 인원은 불과 2년여 만에 4만 5,605명으로 늘었다. 1973년 3월 베트남에서 철수할 때까지 연병력 32만 4,864명

의 한국군이 베트남전쟁에 참여했고, 이 가운데 5,099명은 살아 돌아오지 못했다. 또한 사람들의 기억에서 잊혔지만 파월된 한국군을 뒤따라 총 2만 4,000여 명, 연인원 6만 2,800여 명의 기술자들이 베트남으로 갔다.[37]

한국의 베트남전쟁 참전 외에도 불교계의 군종 참여에 유리하게 작용했던 또 다른 국제정치적 요인이 존재했다. 그것은 불교와 이슬람으로 양분된 동남아시아 '비동맹' 국가들을 포섭하기 위한 남북한의 치열한 경쟁이었다. 이미 1950년대부터 남한은 이 경쟁에서 열세를 면치 못했다. 1967년 8월 타이 방콕에서 타이, 싱가포르, 인도네시아, 말레이시아, 필리핀 등이 '아세안'(ASEAN)을 결성하면서 동남아시아 외교의 중요성은 더욱 커졌다. 한국 정부는 1960년대 중반부터 불교계 지도자들을 동남아시아 외교의 하위 파트너로 활용하기 시작했다.[38] 이로써 박정희 정부가 불교계의 목소리를 경청할 가능성이 조금 더 높아졌다.

베트남전 참여 그리고 동남아시아 무대에서의 남북 외교 경쟁이 불교계에 유리했던 '국제정치적' 요인들이었다면, 주목해야 할 '국내정치적' 요인도 존재했다. 군종제도를 독점하고 있던 개신교·천주교 일각에서 1960년대 후반부터 '저항으로의 선회'가 일어났다는 사실이었다. 박정희 정권 측에서 볼 때, 지속성을 갖는 그리스도교 저항운동이 자리 잡음에 따라 불교계를 더욱 강하게 포섭하여 그리스도교 저항세력을 견제해야 할 필요가 생겨났다. 마침 1960년대 후반이라는 시점은 한국의 종교지형 자체가 불교, 개신교, 천주교의 3대 종교 중심으로 재편되던 때이기도 했다. 종교지형의 큰 변동에 따라 '과두적 종교부문'을 형성하게 된 3대 종교를 안정적으로 관리하는 것이 정부의 종교정책에서 매우 중요해졌다. 이를 위해 박정희 정권은 불교-그리스도교 사이의 규제 격차(regulation gap)는 유지하면서도 양자 사이의 특혜 격차(privilege gap)는 축소하는 방향으로 움직였다. 불교에 대한 강한 국가 규제력을 계속 유지하면서 그리스도교에만 허용되었던 각종 특혜들을 불교계에도 허용하는 것, 다시 말해 불교계에 당근(특혜)과 채찍(규제) 모두를 집중시키는 방식으로 국가의 대(對)불교 장악력을 극대화하여 종교지형의 과두적 재편과 그리스도교 저항운동 모두에 대응한다는 것이었다. 이를 가능케 하는 핵심적인 특혜 내지 선물이 바로 1968년의 군종 참여권 제공이었고, 1970년대에 이루어진 석가탄신일(부처님 오신 날) 공휴일화였다.[39] 그런 면에서 불교의 군종 참여권은 일종의 '정치적 선물'이기도 했다고 말할 수 있다. 불교의 군종 참여가 삼선개헌 직전에 성사된 사실 또한 그것의 정치적인 맥락을 반추하도록 만든다.

앞서 제시한 〈표 2-2〉는 불교계가 1964년 3월부터 1967년 10월 사이에 네 차례나 청원서 혹은 탄원서를 제출했음을 보여준다. 1967년 11월에 드디어 긍정적인 방향에서 국방부의 실제적인 행동이 개시되었다. 그로부터 약 6개월이 지난 후인 1968년 5월에 불교의 군종 참여를 위한 제도적 조치가 마련되었다. 우호적인 국내외적 요인들에도 불구하고 군종 참여가 성사되는 데 4년 이상이나 소요된 이유는 무엇일까? 다음 두 인용문은 군종 기득권을 가진 종교들의 반대가 중요한 지연 요인이었을 가능성을 강하게 시사한다. 첫 번째 인용문은

〈표 2-2〉의 해당 부분을 더 상세히 설명해주는 대목이고, 두 번째 인
용문은 1967년 2월 6일 발표된 한국대학생불교연합회 성명서의 일부
이다.[40]

당시 일반 기독교계에서는 불교의 군승제도 실시 기미에 대하여
노골적으로 못마땅해 하였다고 말하는 것이 보다 정확할 것이다.
우리는 그 가장 대표적인 실례로서, 1966년 1월 17일 충남 온양
에서 한국기독교연합회 주최로 열린 기독교지도자협의회에서 있
었던 유호준 목사의 발언을 들 수 있다. 유 목사는 "우리나라는
반공국가다. 반공을 위해서는 불교승을 군에 두는 것은 고려해
볼 문제이다. 불교는 범신론적(汎神論的)인데, 이는 곧 무신론(無神
論)이므로 공산주의와 통하는 면이 없지 않다"고 말함으로써, 그
의 상식적 단견(短見) 속에 은근히 불교의 군승제도 실시 추진에
대한 불만을 토로했던 것이다. 이 같은 일이 어느 사석(私席)이 아
닌 기독교 지도자들의 공식석상에서 있었던 일이고 보면, 당시
군승제도 실시에 대한 기독교계의 반응이 어떠했던가를 가히 짐
작할 수 있을 것이다.

정부의 다짐과 종단의 태세에도 불구하고 군종승제도는 그 실현
이 늦어만 가고 있다. 우리는 그 원인을 모른다. 모 우방국이 군
종승제도의 실시를 달갑게 여기지 않기 때문이라거나, 군종위원
회가 특정 종교인들만으로 구성된 탓이라는 등의 항간의 여론은
믿지 않고 있다. 군종위원회가 어느 특정 종교인들만으로 구성되

어 있다 해도 그들의 종교인으로서의 양식을 믿기 때문이다.

군종제도에의 불교 참여는 범교단적 노력이 거둔 감격적인 승리이자 성취였다. 오랜 동안 "종단을 중심으로 전 불교인이 혼연일치가 되어 대정부적 노력을 경주"했고, 마침내 목표를 쟁취해냈다. "국방부에서는 1968년 7월 4일 대한불교조계종을 군종장교요원 추천단체로 지정하고, 이를 종단에 통보해왔다. 이로써 불교계의 오랜 숙원이던 군종승제도는 만 4년 4개월에 드디어 그 실현을 보게 된 것이다. 돌이켜 생각건대 이는 1964년 3월 14일 군종승제도 실시를 청원한 이래, 모든 제도적 인위적 장애와 난관을 극복하면서 전 불교인이 한데 뭉쳐 투쟁으로써 얻어낸 실로 땀과 수고와 인내의 값진 결실이기도 한 것이었다." 이런 감격은 첫 번째 불교 군종장교들이 탄생하면서 되살아났다. 최초의 군종법사 5명이 선발되자 "종단에서는 이들이 입대하기에 앞서 서울 조계사 법당에서 성대한 고불식(告佛式) 및 환송법회를 열고, 한국 불교 사상 최초의 군승장교가 될 이들의 장도를 격려하였다."[41] 육군에서 1968년 11월 30일 5명의 첫 번째 불교 군종장교가 탄생한 데 이어, 1969년 6월 16일에는 최초의 공군 군종법사(이인수)가, 1970년 7월 27일에는 최초의 해군 군종법사(김정길)가 배출되었다.[42]

불교가 군종제도 안으로 진입함으로써 한국 군종제도가 태생적으로 안고 있던 최대의 비정상성과 기형성이 어느 정도 바로잡혔다. '그리스도교 독점체제'가 해체되면서 한국 군종의 '종교적 다원화'에서 큰 진전이 이루어졌던 셈이다. 그러나 이와는 대조적으로 불교 내부의 '교파적 다원화'는 이후에도 전혀 이뤄지지 못했다. 불교가 천주교처럼 단일 교단 체제를 유지했던 것도 아니다. 1963~1972년 사이에, 그리고 1990년대 이후에 불교계 내에서는 활발한 교단 분열과 신설 과정이 진행되었다. 그 결과 불교 쪽에서도 개신교와 유사한 교단 난립 상황이 조성되었다. 그러나 불교에서는 '조계종 독점 체제'가 굳건히 버티고 있어 교파적 다원화가 50년 가까이 봉쇄되어 있는 상태이다. 조계종은 자신들이 그리스도교 교단들에게 당한 설움을 불교계 다른 교단들에게 되갚아주고 있는 것처럼 보인다. 중앙승가대 불교사학연구소가 편찬한 『한국 현대불교사 일지』에 의하면, 1975년 8월 21일에 당시 불교 제2의 종단이던 태고종에서도 군승단(軍僧團) 발단식이 열렸다고 한다. 태고종 전북승도청년회 주최로 전주 불교중앙회관에서 이 행사가 진행되었다는 것이다.[43] 그럼에도 태고종 쪽의 이런 움직임은 실제적인 군종제도 참여로 이어지지는 못했다.

〈표 2-3〉과 〈표 2-4〉가 보여주듯이 개신교에서는 불교가 군종에 참여한 1968년 이후에 약간의 교파적 다원화가 진척되었다. 처음부터 군종에 참여했고 교단 분열에도 불구하고 기득권을 인정받은 교단들을 제외한 소수의 교단들이 후발주자로 참여한 것이다.

표들에서 보듯이 예장 통합, 예장 합동, 기장(한국기독교장로회), 기감(기독교대한감리회), 기성(기독교대한성결교회), 구세군 등 6개 교단은 교단 분열과 상관없이 기득권을 잘 방어한, 말하자면 '군종의 터줏대감들'인 셈이고, 거기에 예성(예수교대한성결교회) 교단과 침례교 교단, 예장 대신 교단이 불교의 군종 진입(1968년) 이전에 기득권 대열에 합류한 상태였다. 1968년 이후에는 1970년에 예장 교신 교단이 참여자격을 얻었을 뿐 1990년까지 20년 동안 군종 참여 교단 리스트에서 아

표 2-3 **1971년 이후 군종 참여자격을 가진 개신교 교파/교단 추이**[44]

시기	참여 교단 수	교단
1971년	9	예장 통합, 예장 합동, 기장, 기감, 기성, 예성, 침례(기침), 예장 대신, 예장 고신
1990년	9	예장 통합, 예장 합동, 기장, 기감, 기성, 예성, 침례, 예장 대신, 예장 고신
1998년	10	
2003년	12	예장 통합, 예장 합동, 기장, 기감, 기성, 예성, 침례(기침), 예장 대신, 예장 고신, 기하성, 예장 개혁, 예장 합동정통
2010년	11	예장 통합, 예장 합동, 기장, 기감, 기성, 예성, 침례(기침), 예장 대신, 예장 고신, 기하성, 예장 백석
2017년	11	예장 통합, 예장 합동, 기장, 기감, 기성, 예성, 침례(기침), 예장 대신, 예장 고신, 기하성, 예장 백석

표 2-4 **개신교의 교파적 다원화 추이: 교파/교단 최초의 군종 요원 입대 시기**

시기	육군	해군	공군
1957		복음	
1960			침례
1967	예성, 예장 대신(성장)		
1969	침례		
1970	고신		
1978			예장 대신
1979		침례, 예장 고신	예성, 예장 고신
1981		예성, 예장 대신	
2000	기하성		
2001		예장 백석	기하성
2004		기하성	

출처: 백창현, 『대한민국 군종목사 67년사』, 519-603쪽의 내용을 표로 재구성.

무런 변동이 없었다. 그러다 1990년대 이후 기하성(기독교대한하나님의 성회), 예장 개혁, 예장 합동정통, 예장 백석 교단 등 네 개의 교단들이 추가로 군종 대열에 합류했다. 그러나 기하성(하나님의성회) 교단을 제외하면, 한국 개신교의 압도적 다수를 이루는 장로교 교단들 쪽에서는 부침이 심한 편이었다.

4. 다원화로의 첫걸음: 원불교의 군종제도 진입

2006년 3월 개신교, 천주교, 불교의 3대 종교에 이어 원불교에게도 군종제도 참여가 허가되었다. 2007년 7월에는 '군종교무'라는 이름의 첫 번째 원불교 군종장교가 탄생했다. 원불교의 군종 참여는 3대 종교에 의한 '준(準)독점 체제' 내지 '과두 체제'에서 다원화의 방향으로, 특히 '종교적 다원화'로의 큰 진전이었다.

불교의 군종 참여 과정이 그랬듯이, 원불교가 군종제도 참여에 성공하기까지의 과정도 결코 순탄치 못했다. 장하열에 따르면 "원불교의 군종장교 청원은 좌산 상사의 원력과 출가 재가의 모든 분의 뜻에 의하여 1966년 2월에 시작되었다."[46] 이때부터 따지면 무려 40년 만에, 원불교 교단이 군종 참여를 허락해달라는 청원서를 1975년 초 국회에 제출한 시기부터 따지면 31년 만에 "교단의 숙원 사업"을 시작할 수 있게 된 것이다.《원불교신문》에 의하면 1975년 1월부터 2001년 4월 사이에 원불교 측은 여덟 차례나 군종 참여 청원서를 각계에 제출했다. "교단의 숙원 사업인 군종 추진은 원기 60년(1975) 1월 국회 국방위원회에 청원서를 제출한 이후, 2차로 동년 9월 국방부에, 3차 원기 64년(1979) 국방부, 4차 원기 65년(1980) 대통령과 국방부, 5차 원기 68년(1983) 대통령과 국방부, 6차 원기 71년(1986) 국회, 7차 원

표 2-5 **군종 참여를 위한 원불교계의 노력: 1966~2006년**[45]

시기	활동
1966년 2월	대정부 교섭 시작.
1975년 1월	국회 국방위원회에 청원.
1975년 9월	국방부에 청원.
1979년	국방부에 청원.
1980년	대통령·국방부에 청원.
1983년	대통령·국방부에 청원.
1986년	국회에 청원.
1987년	대통령에 청원.
2001년 4월	국민고충처리위원회에 청원.
2002년 4월	교단 군종추진위원회 구성.
2002년 11월	국회에서 군인사법·병역법이 개정됨.
2005년 8월	군종장교운영심사위원회가 원불교 군종 불허 결정.
2005년 11월	예비교무·원불교청년회가 국방부 앞 항의기도회 및 50일간의 1인 시위를 벌임.
2006년 2월	국회 군종 전문가 토론회 개최.
2006년 3월	군종장교운영심사위원회가 원불교 군종 참여를 승인.

기 72년(1987) 대통령, 8차는 지난해(2001년) 4월 국민고충처리위원회 등 정관계에 청원서를 제출해 왔다. 하지만 국회에서는 심사 중이라는 답변을, 국방부에서는 군이 필요하면 요청하겠다는 답변만을 보내왔다." 이런 답답한 상황이 지속되는 가운데 2002년 3월에도 교단 최고 지도자인 종법사가 대통령을 만나 원불교의 군종 참여를 직접 요청했고, 4월에는 교정원장과 중앙교의회 의장을 위원장으로 하는 '군종추진위원회'를 구성하는 등 교단은 그야말로 총력을 기울였다.[47]

결국 2002년 12월 26일에 원불교 참여가 가능하도록 군인사법과 병역법이 개정되었고, 2003년 3월 27일부터 시행되었다. 개정의 핵심은 군인사법과 병역법 관련 조항 중 "목사·신부 또는 승려"라는 표현을 "목사·신부·승려 그밖에 이와 동등한 직무를 수행하는 자"로 바꾼 것이다.[48] 그러나 각고 끝에 개정된 이 법들이 시행에 들어간 후에도 실제로 군종 참여자격을 얻기까지 원불교 교단은 3년을 더 기다려야만 했다.

원불교가 2003년 이후에도 몇 년 동안 군종제도 문턱을 넘지 못했던 이유가 바로 일정 수 이상의 '군내(軍內) 신자'가 존재해야 한다는 규정 때문이었다. 다음 인용문을 보자.

> 교단은 2004년 10월 11일 국방부 장관에게 1,700여 명의 군복무 중인 원불교 군교도 명단을 제출하며 원불교를 '군종 분야 병적 편입 대상 종교'로 선정해줄 것을 요청하였다. 교단의 요청을 받은 국방부는 2005년 8월 19일 군종장교운영심사위원회를 개최하였다. 국방부는 회의 결과, "원불교가 병역법 시행령 118조 2항의 모든 조건은 충족하였지만 군내 신자 수가 적어 군 인력 운영상 병적 편입 대상 종교로 선정하기 어렵다"고 결의하고, 그 결과를 동년 9월 27일 원불교 교단에 통지하였다.
>
> 교단에서는 "위원 구성의 종교적 편향성과 군내 신자 수의 불명확, 원불교 신자의 불성실 파악 등 회의 의결 요건이 부당했다"며 재심의 해줄 것을 요청했지만, 국방부가 이를 받아들이지 않자 여러 경로를 통해 소수종교 차별을 알리는 데 주력했다.[49]

원불교 측은 이후 실력행사에 나섰다. 원불교 교단과 신자들은

2005년 11월부터 2006년 12월에 이르기까지 항의기도회, 1인 시위, 국가인권위원회 진정서 제출, 행정심판 청구 등을 통해 "소수종교 차별"이라는 점을 부각시키려 애썼다.[50] 이런 상황이었으니 국가가 원불교에 군종 참여권을 부여했을 때 그 기쁨이 얼마나 컸겠는가?

《원불교신문》은 "1966년 군종장교 선발을 위한 첫 대정부 교섭"을 기점으로 하면 "40년 만의 쾌거"라면서 교단의 뜨거운 반응을 전했다. "2006년 3월 24일 전 원불교 교도를 들뜨게 한 낭보가 날아왔다. 군종장교운영심사위원회의 최종 승인을 받아 원불교 군종장교를 첫 배출함으로써 군종 활동을 정식 승인 받았기 때문이다. 1966년 군종장교 선발을 위한 첫 대정부 교섭으로부터 40년 만의 쾌거이기도 했다. 교단에서는 '제2의 법인성사'라고 할 정도로 군종에 대한 기대감은 높았다."[51] 이런 분위기는 교단의 수장인 좌산 이광정 종법사의 발언에서도 단적으로 드러난다.[52]

> 교단의 군종 승인을 축하하는 서울교구의 연회가 (2006년 5월―인용자) 4일 서울 신라호텔 영빈관 루비홀에서 열렸다.……좌산 종법사는 "청소년들을 교화해도 군에만 가면 특성상 기존 3대 종교로 흡수되고 말았다"며 "그간 교화의 큰 걸림돌이 군 교화였다"고 회고했다. 이어 "발판이 마련된 지금부터 우리의 노력 여하에 따라 교화 판도는 달라질 것"이라며 "이번 일을 통해 못할 일이 없으리란 자신감을 얻었다는 것이 무엇보다 큰 수확"이라 말했다.

좌산 상사는 당시 군종승인 소식을 전하고 "군종 승인은 결실 교운을 마감하는 일이며, 제2의 법인성사"라고 정의한 것만 보더라도 군종 승인이 얼마나 절실했는가가 드러난다. 또한 좌산 상사는 "군교화는 이제부터가 시작이다"며 "지금부터 더 많은 노력을 하여 군종 승인에 대한 축하는 개교 100년에 하도록 하자"고 덧붙였다.

원불교의 군종 참여를 가능케 한 2002년의 군인사법 및 병역법 개정은 소수파 종교와 교파들에 더 많은 기회를 제공한다는 점에서 한국 군종 역사의 획기적인 사건이었다. 위에서 보았듯이 2002년 12월에 군인사법과 병역법이 개정되었고, 개정의 핵심은 군인사법과 병역법 관련 조항들에서 "목사·신부 또는 승려"라는 표현을 모두 "목사·신부·승려 그밖에 이와 동등한 직무를 수행하는 자"로 바꾼 것이다. 군종 참여자격을 갖는 특정 종교들의 명칭을 일일이 적시하고 나열하던 방식에서 탈피하여, 일정한 기준을 충족시키는 '모든' 종교와 교파에 문호를 개방한다는 새로운 원칙을 수립했던 것이다.

1962년 1월 군인사법 제정 당시 제12조에는 "목사, 신부 또는 학사 학위를 가진 대덕 지위의 승려로서 군종장교로 임용되는 자"라는 표현이 포함되어 있었다. 그러다 무려 40년만인 2002년 12월에 같은 조항이 "학사 이상의 학위를 가진 목사·신부·승려 그밖에 이와 동등한 직무를 수행하는 자로서 군종장교로 임용되는 자"로 확대 수정되었다. 법제처가 제시하는 법 개정 이유는 다음과 같다. "현행 군인사법은 초임 계급을 중위 이상으로 할 수 있는 군종장교의 대상을 목사·

신부 또는 승려로 제한하고 있는 바, 이에 의하면 기독교·천주교 또는 불교를 제외한 그 밖의 종교에서 목사·신부 또는 승려와 동등한 직무를 행하는 국민은 그 대상에 해당하지 아니하여 형평에 어긋나므로, 이를 시정하여 목사·신부 또는 승려 외에 이와 동등한 직무를 행하는 국민도 위 대상에 포함시킴으로써, 군종장교의 계급에 관하여 종교상 이유로 차별을 받지 아니하게 하려는 것임." 병역법 제58조에서도 '군종 분야 현역장교의 병적 편입 대상'을 "학사 이상의 학위를 가진 목사·신부·승려 그밖에 이와 동등한 직무를 수행하는 자로서 각 소속 종교단체에서 그 자격을 인정한 사람"으로, 또 '군종사관후보생의 병적 편입 대상'을 "목사·신부·승려 그 밖에 이와 동등한 직무를 수행하는 자의 자격을 얻기 위하여 신학대학·불교대학 그 밖에 성직자의 양성을 목적으로 하는 대학에 재학하고 있는 사람"으로 각각 변경했다.[53] 《원불교신문》의 우세관 기자는 2002년 12월의 군인사법과 병역법 개정을 "3대 종교 외에 자격을 갖춘 다른 교단도 군종에 참여할 수 있는 종교평등의 법적 근거를 마련했다는 의미를 지닌다"고 평가했다.[54] 종교적 평등뿐 아니라, 군종의 종교적·교파적 다원화를 위한 법적 토대가 마련되었던 셈이다.

2002년에 이르기까지 군종 참여자격 기준 그리고 참여 교단별로 군종 요원 정원을 배정하는 방식은 역사적으로 많은 변화를 겪어왔다. 여전히 도처에 장애물이 도사리고 있는데다, 아직 가야 할 길이 멀기도 하다. 구체적으로 언제 어떤 변화가 진행되었는지 잠시 과거로의 여행을 다녀오도록 하자.

5. 여전히 멀고 험한 여정

　그리스도교 독점체제 아래서는 군종 참여자격 및 군종 요원 배분 기준 문제가 비교적 단순했다. 이때는 개신교와 천주교 군종 비율을 어떻게 정하느냐의 문제만 제기되었다. 개신교와 천주교의 군종 정원을 결정하기 위해 군종제도 초기에는 '총인구'의 종교분포만 고려했다. 보다 구체적으로, 1962년 이전에는 "군종장교 모집은 국내(國內) 신자 10만 명 이상의 교단에 한하며, 군종의 획득 비율은 국내 신자 비율에 의거한다"는 '육규 10-2'에 따랐다. 그런데 1962년 말부터는 '군인'의 종교분포만을 반영하는 방식으로 바뀌었다. 1962년 11월 12일 국방부령 제65호로 제정 공포된 '군종장교요원 선발 규정'에 의해 "요원의 수는 군내(軍內) 신자 수를 기준으로 기독교의 신교와 구교의 인원 비율에 의한다"는 방식으로 변경된 것이다. 이런 변화가 발생한 이유와 관련하여, 『천주교 군종교구사』는 "천주교 신부들의 군종 입대 숫자를 억제해 보자는 개신교 측의 의도"를 강조하고 있다.[55]

　아울러 필자는 그해에 군인사법이 개정되면서 국내 최대 종교인 불교에게도 군종 참여의 길이 열리자, 불교에게 유리할 수밖에 없는 '총인구'(국내 신자) 기준을 폐지하고 군종 기득권을 가진 그리스도교에 유리하게 바꾼 것일 가능성 또한 존재한다고 본다. 1962년의 새로운 방식이 군종제도에 이미 참여하고 있는 교단들에게 절대적으로 유리하고, 특히 참여 시기가 이를수록 더욱 유리한 제도였음이 명백하기 때문이다.

　불교의 군종제도 진입에 맞추어 1968년 5월 24일 국방부령 제24호로 새 '군종장교요원 선발 규정'이 공포되었다.[56] 새로운 선발 규정과 그 시행세칙의 골자는 "신도 총수 10만 명 이상을 가진 종교단체에 한하여" 군종장교요원의 추천을 의뢰할 수 있는 자격을 부여하고, "군내(軍內)의 기독교의 신교 및 구교와 불교의 신도 수를 기준으로 한 인원 비율에 따라" 종교별 군종장교 선발 인원을 결정한다는 것이었다.[57] 10만 명이라는 '신자 규모' 기준이 추가된 반면, 1962년 규정처럼 총인구(국내 신자)가 아닌 군내 신자 비율에 따라 군종 쿼터를 배분하는 방식은 그대로 유지되었다. 그리스도교에 유리한 이런 방식으로 인해 1968년 이후에도 군종장교 선발의 그리스도교 편중, 특히 개신교 편중 현상은 지속되었다.

불교 측의 불만 섞인 이의제기가 계속되는 가운데 급기야 1992년에는 종교별 군종장교 정원 조정 문제가 대통령선거의 쟁점으로까지 부상했다. 대통령선거를 앞두고 불교계는 각 정당 후보들에게 총인구 대비 신자 수에 비례한 군종장교 정원 조정을 선거공약에 포함시킬 것을 요구했다. 불교계는 당시 여당을 대표하던 김영삼 후보에게도 자신들의 요구를 관철시켰다. 직후 그가 대통령으로 당선되면서 이 문제는 피할 수 없는 현안이 되었다. 그러나 주로 개신교 측의 강력한 반대에 부딪쳐 시간만 흐를 뿐 세 종교 간의 합의는 요원해지는 가운데, 불교계의 계속되는 압력에 밀려 김영삼 대통령은 자신이 개신교 장로였음에도 불구하고 개신교 측의 반대를 무릅쓰고 군종 정원 조정 공약을 밀어붙였다. 그것이 3대 종교의 군종장교 인원 배분 방식을 (군내 신자 비율을 일차적으로 고려하면서도) 총인구 기준의 종교인구 분포에 비교적 근접하게 조정하는 1995년의 '군종제도 개선안'이었다. 이에 따라 당시 90명 정도였던 군법사 숫자를 2002년까지 80명가량 증원하여 170명이 되도록 조정하는 등 불교의 군종장교 몫이 크게 늘어나게 되었다.[58] 이 과정을 이종인과 최광현은 다음과 같이 기술하고 있다.

군종감실에서 3종교가 합의하여 2:1:1 충원 개념의 군종 인력 운영 개선안을 입안(1993.9.28)하였다. 국방부령 제358호 및 제402호를 근거로 군내 신자 비율을 기준으로 하는 군종제도 개선안(1994.2.2)을 3개 종교 대표가 수차례 협의하였으나 결론을 얻지 못하여 국방부에서 군종장교 증원 지시를 내려 기독교 10명, 천주교 14명, 불교 76명을 증원하여 종교간 불균형을 시정하였다.[59]

2002년 군인사법과 병역법의 동시 개정에 따라 군종제도 참여의 문호를 원칙적으로 모든 종교들에게 개방한 데 이어, 2003년에는 병역법 시행령을 개정하여 군종 참여자격 기준으로 '전체 신자 규모'와 '군내 신자 규모' 기준을 동시에 고려하게 되었다. 2003년 9월 15일 개정·시행된 병역법 시행령(대통령령 제18098호)은 '군종 분야 병적 편입 대상 종교의 선정 기준'을 명시한 제118조 2항을 신설했다.

1. 사회통념상 종교로서 인정되는 교리와 조직을 갖추고 성직자 양성교육이 활성화되어 있을 것.
2. 교리의 내용 등이 장병의 올바른 가치관의 확립, 도덕심의 함양과 정신전력의 강화에 이바지할 수 있을 것.

3. 국민 전체 및 군내 신자의 수, 종교 의식·행사의 원활한 수행

　가능성 등을 고려할 때 선정의 필요성이 있다고 인정될 것.[60]

　　이처럼 2003년 9월에 "국민 전체 및 군내 신자의 수"라는 요건이 병역법 시행령에 명시되었다. 그리고 이를 구체화하여 "사회 총 신도 10만 이상, 군내 2만 이상, 사단 당 400명 기준으로 군종장교 1명씩을 배치"하는 방식으로 군종 참여자격과 군종장교 배분 기준을 정했다.[61] 2002년의 군인사법 및 병역법 개정에도 불구하고 원불교가 그 후 몇 년 동안 군종제도 진입에 실패했던 것도 바로 "군내 2만 명 이상 신자"가 존재해야 한다는 규정 때문이었다. 이 규정은 소수종교들의 군종 진입을 원천봉쇄하는 만리장성 같은 장벽이었다.

　　원불교의 전방위적이고도 집요한 항의가 계속되는 가운데, 2006년에는 '총인구 대비 2% 이상, 군인 총수 대비 1% 이상'이라는 새로운 군종 참여자격 기준이 마련되었고, 덤으로 소수종교를 위한 특례조항도 만들어졌다. "국민 전체 신자 수 2%, 군내 신자 수 1% 기준으로 세우되, 종교 편입이 결정된 종교에 한하여 군내 신자 수가 미달될 시 의무적으로 1명의 군종장교를 배정하도록 하는 특례조항을 두었다"는 것이다.[62] '국내 신자 수 10만 명, 군내 신자 수 2만 명' 규정이 '총인구의 2%, 군인 총수의 1%'로 바뀐 셈인데, 전체 신자 수 규정은 오히려 대폭 강화된 반면 군내 신자 수 규정은 대폭 완화되었다. 군종제도 참여를 희망하나 아직 제도 바깥에 머물러 있는 소수종교들 입장에서는 총인구의 2%라는 전체 신자 수 규정이 또 다른 거대한 장애물로 등장한 것이다. 신자 수가 100만 명 정도가 되어야 군종에 참여할 자

격이 주어진다는 얘기인데, 이 규정에 의해 보호받는 한 군종제도는 소수종교들에겐 마치 난공불락의 요새처럼 비치지 않을까.[63]

필자가 보기에 군종제도의 종교적·교파적 다원화를 가로막는 또 하나 중대한 장애물은 2003년 9월 신설되고 2006년 9월에 확충된 '군종 분야 병적 편입 대상 종교의 선정 기준'(병역법 시행령 118조 2항), 그리고 이를 운용하는 공식기구인 '군종장교운영심사위원회'이다. 특정 종교나 교단에 군종제도 참여자격을 부여할지 여부를 결정할 권한이 군종장교운영심사위원회에 부여된 것이다.

군종장교운영심사위원회는 2002년 12월에 병역법이 개정될 때 신설되었다. 병역법 58조 7항으로 "군종 분야 병적 편입 대상 종교의 선정 및 군종 분야 현역장교의 선발 등에 관한 사항을 심의하기 위하여 국방부에 군종장교운영심사위원회를 두며, 그 구성 및 운영 등에 관하여 필요한 사항은 대통령령으로 정한다"고 규정했던 것이다. 이에 따라 2003년 9월 15일에 개정·시행된 병역법 시행령(119조 2항)에서는 군종장교운영심사위원회를 위원장인 국방부차관보를 포함한 7인 이상 11인 이하의 위원으로 구성하며, "① 국방부의 인사복지 업무를 담당하는 국장, ② 국방부의 군종업무를 담당하는 과장, ③ 대령 이상의 현역장교, 국방부 소속 4급 이상 일반직 공무원 또는 이에 상당하는 별정직 공무원으로서 국방부 장관이 지정하는 사람"을 위원으로 선임하도록 했다. 위원회의 임무로는 "① 군종 분야 병적 편입 대상 종교의 선정 또는 취소에 관한 사항, ② 군종 분야 현역장교의 선발에 관한 사항, ③ 그 밖에 군종장교 제도의 운영에 관한 사항"을 심의·의결하는 것으로 규정했다. 아울러 "군종 분야 병적 편입 대상 종교의

표 2-6 **병역법 시행령 118조 2항의 변화**

2003년 9월~2006년 8월	2006년 9월 이후
1. 사회통념상 종교로서 인정되는 교리와 조직을 갖추고 성직자 양성교육이 활성화되어 있을 것. 2. 교리의 내용 등이 장병의 올바른 가치관의 확립, 도덕심의 함양과 정신전력의 강화에 이바지할 수 있을 것. 3. 국민 전체 및 군내 신자의 수, 종교 의식·행사의 원활한 수행 가능성 등을 고려할 때 선정의 필요성이 있다고 인정될 것.	1. 사회통념상 종교로서 인정되는 교리와 조직을 갖추고 성직의 승인·취소 및 성직자 양성교육이 제도화되어 있을 것. 2. 교리의 내용 및 종교의식 등이 장병의 올바른 가치관의 확립, 도덕심 및 준법성의 함양과 정신전력의 강화에 이바지할 수 있을 것. 3. 국민 전체 및 군내 신자의 수, 종교 의식·행사의 원활한 수행 가능성 등을 고려할 때 선정의 필요성이 있다고 인정될 것.

선정 또는 취소에 관한 사항"을 "심의·의결하는 경우에는 당해 종교단체의 관계자를 참석시켜 그 의견을 들어야 한다"면서 청문 절차를 의무화했다.[64]

한편 위에서 보았듯이 2003년 9월 병역법 시행령에 '군종 분야 병적 편입 대상 종교의 선정 기준' 조항인 제118조 2항이 신설되었다. 이 조항은 2006년 9월 22일에 〈표 2-6〉과 같이 개정되었고, 이 내용은 2017년 현재까지 그대로 유지되고 있다. 2006년 9월 전후를 비교해보면, 1호에서 "성직의 승인·취소가 제도화되어 있을 것", 그리고 2호에서 "종교의식"과 "준법성"이라는 문구를 추가하는 변화가 있었음을 알 수 있다.

그런데 2006년 9월에 병역법 시행령 118조 2항이 개정되기 이전에도 군종 분야 병적 편입 대상 종교 심사에서 실제로 적용된 기준은 공식 법 규정보다 더욱 까다로웠던 것으로 보인다. 박응규에 의하면, 2006년 4월에 열린 군종장교운영심사위원회는 군종 참여자격에 관한 기존의 기준들(2003년 9월의 병역법 시행령 118조)에다 두 가지 기준을 추가하는 결정을 했다. 그것은 "종교 활동이나 의식 등이 불법이나 공

표 2-7 **군종 분야 병적 편입 대상 종교의 선정 기준**

국방부(2006)	장하열(2007)
1. 사회통념상 종교로 인정되는 교리와 조직을 갖추고 성직자 양성교육이 제도화되어 있는가	1. 사회통념상 종교로서 인정되는 교리와 조직을 갖춰 성직자 양성교육이 활성화되어 있는 단체
2. 교리 내용이 장병의 올바른 가치관 확립과 정신전력 강화에 이바지하는가	2. 교리 내용이 장병의 올바른 가치관 확립과 도덕성 함양과 정신전력 강화에 이바지하는가
3. 종교별 국민 전체 수 및 군내 신자 수	3. 종교별 국민 전체 및 군내 신자 수 고려
4. 관련 종교 활동이 불법이나 공공정책에 반하지 않는가	4. 관련 종교 활동이나 의식이 불법이나 공공정책에 반하는 행위가 아닌 단체
5. 성직을 승인 및 취소할 수 있는 종교적 권위를 보유하고 있는가	5. 성직을 승인 및 취소할 수 있는 종교적 권위를 보유한 단체

공정책에 반하는 행위가 아닌 단체여야 한다"는 것, 그리고 "성직을 승인 및 취소할 수 있는 종교적 권위를 보유해야 한다"는 것이었다.[65] 이것은 원불교와 재림교회의 군종 참여자격을 심사하기 위해 2006년 3월 24일 열린 군종장교운영심사위원회 당시 국방부가 언론에 밝힌 심사 기준이나, 군종장교 배출 종교 선정 기준에 관한 장하열의 논문 내용과 거의 일치한다(〈표 2-7〉 참조).[66] 특정 종교의 조직과 성직자 양성체계, 신자 수 등에 그치지 않고, 종교의 교리와 활동, 의례까지 심사 대상에 포함시키고 있는 것이다. 2006년 9월의 병역법 시행령 개정으로 공식화·제도화되기 이전부터, 이런 관행들이 이미 군종장교운영심사위원회에서 실질적인 힘을 발휘하고 있었던 것이다.

이렇게 보면, 군종제도를 선망하는 소수파 종교와 교단들 입장에서 2006년은 안도와 우려가 교차했던 때였을 것이다. 2002년에 군인사법과 병역법이 개정되어 소수종교들에게도 군종 문호가 개방된 데 이어, 2006년에 첫 번째로 원불교가 군종 참여권을 얻었다. 그리하여 원불교는 그토록 진입장벽이 높은 군종제도의 멤버십을 획득한 네 번째 종교가 되었다. 더구나 원불교는 한국에서 발원한 전형적인 토착종교

이기도 했다. 반면에 군종 참여권 심사 권한을 쥔 국방부 공식기구인 군종장교운영심사위원회는 명문화된 기준의 기계적 적용과는 거리가 면, 자의적 허가제 기구처럼 운영될 가능성이 높았다. 이 위원회가 군 종 진입을 희망하는 종교들의 '교리'와 '활동', 나아가 '의례'까지 심사· 검열할 수 있는 막강한 권력을 갖고 있기 때문이다.

공식적인 국가기구가 특정 종교들의 교리, 활동, 의례를 일상적으로 심사·검열하고 있다는 사실 자체가 헌법상의 정교분리 원칙에 정면 으로 위배되기도 한다. 최근 이른바 '이단/사이비 담론'이 군종 관련자 들 사이에 강력히 대두되고 있는 것으로 보이며, 이런 담론이 교리·활 동·의례에 대한 심사·검열과 맞물릴 경우 정교분리 위반 문제는 훨씬 증폭될 수밖에 없다. 공식 국가기구(군종장교운영심사위원회)가 특정 종 교의 교리·활동·의례를 일일이 심사하고 검열한 후 '이단'이나 '사이 비'라고 판정하여 군종제도 참여자격을 불허하거나 박탈한다면, 그 자 체가 국가의 부당한 종교행위이자 초법적인 종교 영역 개입일 수밖에 없기 때문이다. "군내 군종에 대한 이단, 사이비 종교의 침투 오염 차 단", "군종 영역에 사이비, 이단들의 침투 경계가 요망됨", "이단과 사이 비에 대한 군종 분야 예방 필요" 등과 같은 담론은 실제로 군종장교 들 사이에서 널리 공유된 것으로 보인다. 특히 "소수 종파에 군종 개 방 시 신중한 검토, 식별이 필요함"과 같은 인식은 소수종교의 군종 진입에 불리하게 작용할 가능성이 높다.[67]

2006년에 원불교와 함께 심사 대상으로 올랐다 탈락한 재림교회(안 식교)에 대해 국방부는 "외부에서 기독교로 분류하고 있는데다 토요일 에 종교행사를 해 군 훈련과 중복되고 군내 신자 수가 적어 편입대상에서 배제"했다고 설명했다.[68] '종교의례'는 문제 삼았을지언정, 교리나 활동을 문제 삼은 것은 아니라는 설명인 셈이다.[69] 그러나 2003년 당시 개신교 군종 쪽에서 '이단'의 대표적인 사례로 "안식교, 통일교, 여호와의 증인, 대순진리회"를 꼽으면서 이 종교단체들에게 군종 진입을 허용해선 안 된다고 밝혔던 사실에 주목할 필요가 있다.[70]

군종장교운영심사위원회에 대한 군종 참여 교단들의 강력한 영향력, 이 위원회가 기존 교단들의 동의 내지 양해를 신규 참여를 위한 필수요건인 것처럼 암암리에 제도화하는 경향 등도 문제로 지적할 만하다. 전자와 관련해서는, 2006년 심사에서 탈락한 재림교회 측 대표가 "군종장교 선발 자격을 국방부가 아닌, 군선교위원회가 좌지우지하는 현행 방식은 분명한 문제가 있다"고 항변했던 대목에 주목할 가치가 있다.[71] 후자와 관련해서는 2014년 심사에서 탈락한 불교 천태종이 좋은 사례라고 할 수 있다.

천태종은 2013년 8월 '군종장교 선발 대상 종단 지정 신청서'를 국방부에 제출했다. 그러나 국방부 군종정책과는 "종단 간의 마찰이 있어서는 안 되니 기존에 진출해 있는 조계종과 합의를 해야 한다"고 요구했다고 한다. 이후 2014년 3월에는 한 불교단체가 불교 군종을 조계종이 독점하는 상황은 부당하므로 이를 개선해달라며 감사원에 감사를 청구했다. 감사원은 2014년 5월의 예비감사와 같은 해 8월의 본감사를 통해 "군종사관 선발 시 조계종 이외 타 종단 대학생 배제는 국민의 공무담임권 침해임", "타 종단의 군내 진입을 금지하는 규정이 없으므로 자격과 요건을 갖춘 종단은 군내 진입을 허용하여야 함", "법령에 규정이 없는 합의를 전제조건으로 하는 것은 위법 행위임",

"합의를 반드시 하여야 한다는 규정이 없으므로 합의 성립 여부에 관련 없이 국방부는 군종장교운영심사위원회를 개최하여야 함"과 같은 결과를 도출했다. 결국 2014년 11월 19일 군종장교운영심사위원회가 열렸지만 국방부는 일주일 후 아무런 해명도 없이 천태종 측에 "대한불교천태종의 군내 진입 요청에 대한 심의 의결 결과 현 시점에서 군내 진입이 제한되므로 부결되었다"고만 통보했다. 이에 반발하여 천태종 측은 12월 10일 감사원의 지적을 무시하면서 군종 진입을 막은 이유를 밝히라는 항의성명을 발표했다. 이런 상황에 대해 박호석 군법사는 "그동안 4년제 정규대학을 종립대학으로 운영하고 있는 천태종, 진각종 등 불교계 주요 종단이 군법사 수급이 제대로 이루어지지 못하고 있는 상황에서도 군법사 파송에 동참하지 못하고 있는 배경에는 장자종단이라는 조계종의 반대가 있었던 것이 사실"이라고 말했다고 한다.[72] 기득권 교단과의 합의를 종용하는 국방부의 초법적인 태도, 군종장교운영심사위원회를 통한 기득권 교단(조계종)의 반대가 어우러져 새로운 불교계 교단의 군종 진입을 막고 있는 것이다.

군종 영역에서 종교적/교파적 다원화로의 길은 아직도 멀고 험난하기만 하다. 4대 종교를 넘어서는 '종교적 다원화'가 가능할지, 불교 쪽에서도 최소한 개신교 수준의 교파적 다원화가 가능할지, '이단-사이비 낙인'을 이겨내고 새로운 종교·교단들이 군종으로 진입하는 데 성공할 수 있을지 등이 앞으로 주의 깊게 지켜봐야 할 대목들이다. 교단이 운영하는 4년제 대학의 존재도 군종 진입을 위한 필수조건인데, 그럴 여력이 없는 종교·교단들은 군종에서 원천적으로 배제된다. 또 똑같은 논리로 자체의 신학대학교를 운영하고 있는 수많은 개신교 교단들을 비롯하여, 삼육대학교를 운영하는 개신교 계통의 재림교회, 각각 금강대학교와 위덕대학교를 운영하는 불교 계통의 천태종과 진각종, 대진대학교를 보유한 대순진리회, 선문대학교를 운영하는 통일교 등을 군종 진입에 도전할 가능성이 있는 유력한 후보들로 꼽을 수 있을 것이다.

재림교회·천태종·진각종은 이미 도전자로 나선 상태이다. 통일교 역시 2009년 무렵부터 군종 참여 움직임을 보이고 있다. 통일교 교단은 2009년 7월 산하 교회들에 "통일교 군종 추진을 위한 군 입대자 및 군 입대 대상자 파악 요청"이라는 제목의 공문을 보냈다. "가정연합에서는 군 선교를 통한 통일가 성장과 군에 입대한 통일교 신앙자녀들의 신앙지도와 관리를 위해 현재 국방부를 대상으로 군종을 추진하고 있으며, 이미 국방부 군종정책팀장과 미팅을 하였"다면서 "군종을 추진하기 위해서는 현재 통일교 식구들 가운데 현재 군에 입대해서 복무하고 있는 군 입대자와 앞으로 군에 입대할 군 입대 대상자에 대한 정확한 데이터 파악이 가장 중요"하므로 그해 7월 25일까지 대상자를 조사해 교구 사무국을 거쳐 교단 기획조정실로 보고해달라는 내용이었다.[73] 이런 움직임이 '군종장교 선발 대상 종단 지정 신청서'를 국방부에 제출하는 단계로까지 이어진 것은 아니나, 통일교 측의 군종 참여 의향은 명확히 확인된 셈이다. 2014년 7월 초에도 세계평화통일가정연합(통일교) 한국회장인 유경석은 《세계일보》와의 인터뷰에서 "종교 화합 차원에서 가정연합과 몇 개 종단을 묶어 군종장교를 배출하는 장치를 국방부와 논의하고 있다"고 밝힌 바 있다.[74] 앞으로 대순진리회 역시 도전에 나서게 될지 모른다.

한국전쟁 과정에서 당시 소수종교에 불과했던 개신교와 천주교만으로 군종제도를 출범시킨 것, 한국 최대의 종교였던 불교는 물론이고 '5대 종교'에 속했던 천도교·대종교·유교 등을 모조리 배제시켰던 것을 통해, 군종은 태생적으로 독점적이고 특권적인 제도가 되었다. 그럼에도 한국의 군종 역사 전체로 보면 큰 흐름은 '독점에서 다원화로' 진행되어왔다고 말할 수 있다. 물론 이것은 세계적인 추세와도 유사한 흐름이었다. 그러나 독점에서 다원화로 이행해가는 속도는 매우 느린 편이었다. 종교적 다원화 측면에서 보면 그리스도교 독점체제가 17년이나 지속된 후에야 비로소 최대 종교인 불교의 참여가 허용되었고, 그로부터 다시 39년이나 지난 후에야 원불교의 참여가 인정되었다. '그리스도교 독점'에서 불교를 포함한 '3대 종교 준독점 혹은 과점'으로 천천히 이동해왔고, 2007년에 원불교가 참여함으로써 준독점과 다원주의의 중간쯤으로 걸음을 옮긴 셈이 되었다. 교파적 다원화 측면에서 볼 때, 개신교는 처음부터 '4개 교파 체제'(장로교, 감리교, 성결교, 구세군)로 시작했고, 이후 교단 분열의 결과를 포용하거나 침례교·하나님의성회 등 새로운 교파를 수용함으로써 서서히 교파 다원화를 추진해왔다. 그러나 1968년 이후 반세기 동안 불교계에서는 교파적 다원화가 완전히 봉쇄되어 있는 상태이다. 탄생할 때부터 그랬던 것처럼, 오늘날에도 군종은 여전히 특권적 종교지대로 남아 있는 것이다.

3장

공동운명체
교단과 군종의 관계

군종 연구에서는 '군대'와 '교단'이라는 두 영역 내지 두 주체에 대한 균형 있는 서술이 중요하다고 필자는 생각한다. 군대 내의 군종조직 동향만이 아니라, 군종에 대한 교단 쪽의 태도(지원 혹은 무관심), 교단 안팎의 다양한 지원·협력 조직들(교단 조직의 일부 혹은 독립적인 단체), 참여 교단들 간의 관계(협력 혹은 경쟁) 등에 대해서도 응당한 관심을 기울일 필요가 있다는 말이다.

교단과 군종의 관계는 다면적이고 또한 입체적이다. 교단에 초점을 맞춰보면 이 점이 분명해진다. 무엇보다 교단은 군종의 선발과 양성 과정을 관할한다. 교단들은 본부조직에 군종업무를 전담하는 상설기구를 설치하며, 군종 요원들을 하나로 통합하는 단체를 조직하고, 군인교회·법당·교당만으로 구성된 독립적인 네트워크를 조직하기도 한다. 교단은 군종을 위한 기념일을 제정하기도 하고, 각종 후원 사업과 단체를 만들고, 군종 문제를 다루는 교단연합조직에 참여하기도 한다.

70년 가까운 한국 군종의 역사 속에서 군종에 대한 교단들의 관심과 지원이 시기에 따라 기복을 겪었음은 분명하다. 그럼에도 전체적으로 볼 때 교단과 군종의 관계는 긴밀하고도 우호적이었다고 평가할 만하다. 한국의 군종 역사 전체에서 군종에 대한 교단 측의 헌신적인 지원이 두드러지는 기간이 대부분을 차지했다고 해도 결코 과언이 아니다. 수십 년에 걸친 교단 차원의 오랜 노력 끝에 군종제도에 진입하는 데 성공한 '후발주자들'의 경우에는 말할 것도 없을 것이다.

필자가 보기엔 군종에 대한 교단의 우호적이고 적극적인 태도를 조장하는 두 가지 요인이 작용하는 것 같다. 그 하나는 (앞 장에서 살펴본 바와 같이) '특권'으로서의 군종, 곧 참여권의 엄격한 제한에 따른 군종의 특권화이다. 한국에서 군종 자체가 진입장벽이 두터운 '특권 지대'로 인식되어왔기 때문에, 대부분의 교단 지도자들은 군종에 대해 우호적이고 적극적인 태도를 취하는 것으로 보인다. 더구나 30여 년 동안 이어진 강력한 군사정부들로 인해 군종은 교단 지도자들이 핵심 정치엘리트들과 인적 연결망을 형성할 수 있는 유용한 채널로도 기능해왔다. 다른 하나는 '선교·포교적 관심의 과잉'이다. 교단 지도자들의 눈에는 군대가 무엇보다도 '선교·포교의 황금어장'으로 비치며, 군종들은 '황금어장의 어부들'로 간주된다. 교세 성장의 일등공신들을 배척할 교단 지도자는 거의 없을 것이다. 나아가 군대는 한국사회 안에서 거대 종교들이 가장 치열한 선교·포교 경쟁을 전개하고 있는 각축장이기도 하다. 이런 상황에서 교단 지도자들이 최전선에 나선 '선교·포교 전사들'을 응원하는 것은 지극히 자연스런 현상이 된다.

1. 역사적 개관

앞 장에서도 보았듯이 개신교 일각에서는 한국전쟁 이전부터 군종제도 도입에 적극적인 관심을 보였다. 전쟁이 발발하자 천주교와 개신교 교단들은 미군 군종들의 도움을 받으면서 군종제도 창설을 위해 강력한 청원과 로비 활동을 전개했고, 자신들이 원하는 바를 관철시켰다. 뿐만 아니라 처음부터 군종 요원들의 활동비와 생활비를 전적으로 지원하고 나섰다. 군대에 군목을 파견한 개신교 교단들은 1955년 3월에 '한국연합군목위원회'를 창립했고, 이 기구를 통해 군목의 파견·감독·소환 등의 업무를 조정했다.[1] 한국의 그리스도교 교단들 그리고 한국에 파견된 외국인 선교사들은 군종제도의 창립과 초기 운영 모두에서 주도적인 역할을 기꺼이 떠안았다.

물론 교단의 관심이 언제나 한결같지는 않았다. 특히 한국전쟁 직후에는 군종에 대한 교단의 관심과 열의가 감소한 것처럼 보였다. 천주교에서 이런 현상이 더욱 심한 듯했다. 1950년대 후반부에 천주교·개신교에서는 신자와 교회 수가 폭발적으로 증가하는 '전후 종교부흥' 추세가 지속되었고 그로 인해 성직자 부족이 심각했던 사정이 이런 현상을 낳았다. 또 전시에는 군대가 성직자들에게 활동의 안정성을 제공했지만, 평시에는 종교부흥과 교회의 급속한 양적 성장 추세 속에서 군대 바깥의 시민사회가 더 많은 기회를 제공했던 탓도 있었다. 군종들이 군대에서 썰물처럼 빠져나가는 와중에 군종 활동에 대한 교단의 관심도 그에 따라 감소하는 것 같았다. 그러나 이런 양상은 그리 오래 가지 않았다. 종전 후에도 징병제도와 방대한 병력규모가 유지되었으므로 군대는 여전히 중요한 기회의 공간으로 남아 있었던 데다, 1960년대에는 군사정권의 출범과 대규모적인 해외파병(베트남)이 이루어지면서 '군대의 재발견' 현상이 역력해졌다.

전체적으로 볼 때 군종에 대한 교단의 관심과 지원은 두 차례의 상승-하강 곡선을 거쳤다고 말할 수 있다. (1) 군종 출범기에는 교단 측의 강력한 관심과 지원이 두드러졌다. (2) 1950년대 후반부터 1960년대 전반기의 교세 고속성장기에는 교단의 관심이 상대적으로 약해졌다. (3) 한국군의 베트남 파병 이후 군종에 대한 교단의 관심과 지원이 되살아났다. (4) 군대가 선교·포교의 황금어장임을 실감했던 1970년대의 전군신자화운동 기간 동안 열광적인 관심과 함께 지속성을 갖는 지원체제가 완비되었다. (5) 1980년대에 상대적으로 관심이 약화되는 시기를 거친 후, (6) 교세 성장세가 정체 상태에 빠져든 1990년대 이후 '교세 성장의 돌파구'로서의 군종에 대한 관심과 지원이 재차 증가했다.

1970년대 초에는 군종에 참여하는 3대 종교들에서 군종 활동을 재정적으로 후원하는 범교단 혹은 범종교 차원의 조직들이 등장했다. 1970년에 천주교와 불교에서 각각 군종 후원조직이 등장했다. 1971년에는 군종에 참여하는 3대 종교 모두를 망라하는 단일 후원 창구가 모색되기도 했던 것 같다. 1971년 11월에 '군종후원협의회'가 조직되었는데, 이 조직에는 개신교와 천주교뿐 아니라 1960년대 말 뒤늦게 군종에 합류한 불교 대표들까지 참여하고 있었다.[2] 그러나 이듬해에 개신교 역시 독자적인 군종 후원조직을 결성함으로써 후원 창구는 종교별로 뿔뿔이 나뉘었다. 이 과정을 좀 더 자세히 살펴보자.

먼저, 천주교에서는 1959년에 '군목사업주일'이 제정된 데 이어, 1968년에는 '군인주일'도 제정되었다. 신자들에게 군종 활동의 중요성을 환기시키고, 군종 활동의 재원(財源)을 확충하기 위한 조치들이었다. 1969년부터 군종단에 교구체제를 작용하여 총대리제도를 시행하기 시작했고, 이듬해인 1970년에는 '가톨릭군종후원회'가 발족했다.[3] 1970년 말 250명에 불과하던 군종후원회 회원 숫자는 1990년에 이르러 2만 5천 명으로 증가했다.[4] 1989년에는 천주교 군종교구가 정식으로 창설되었다. 〈표 3-1〉에 1951년부터 2013년까지의 주요 사건들이 정리되어 있다.

개신교에서는 군종에 참여하는 교단들이 협력하여 1972년에 '전군신자화후원회'를 결성했다. 1976년에 '군복음화후원회'로 개칭한 데 이어, 1999년에는 '한국기독교군선교연합회'로 개편했다.[6] 군대에 성경과 찬송가/성가집을 포함한 각종 출판물들을 지속적으로 후원하는 단체들도 속속 등장했다. 한국국제기드온협회와 가정문서선교회가 대표

표 3-1 **군종에 대한 교단의 지원과 참여: 천주교**[5]

시기	활동
1951	최덕홍 주교(대구교구장)를 군종신부단 초대 지도주교(총재주교)로 임명.
1958	군종신부단 단장으로 박희봉 신부를 임명.
1959	주교회의가 '군목사업주일'을 제정(매년 1월 첫째 주일), 육사성당 건립안을 통과시킴.
1961	가톨릭군종신부단을 주교회의가 정식으로 인준.
1964.4	교구 내 신부의 10%를 군종신부로 파견하기로 주교회의가 결정.
1968	'군인주일' 제정(매년 10월 첫째 주일).
1970	군종후원회 설립.
1989.10	한국 군종교구 설립에 대한 교황 칙서 발표. 초대 군종교구장 정명조 주교 임명. 교구청 조직을 1처 5국 체제로 정함(사무처, 사목국, 관리국, 교육국, 선교국, 홍보국).
1990	재단법인 천주교군종교구유지재단 설립 인가.
1992.12	새 교구청사 건립.
2009	육군훈련소 연무대성당 축성.
2013	교구 그룹웨어를 전체 본당에서 실행.

적인 조직이었다. 한국국제기드온협회의 전국 8개 캠프는 1964년부터 1971년 9월까지 약 45만 권의 성경을 기증하는 등 군종 후원에 매우 적극적이었다.[7] 가정문서선교회 역시 1970년대 초까지 통신강좌 교본 20만 부를 제작하여 육군 군종감실에 전달하는 등 군종 활동 지원에 헌신적으로 동참했다.[8]

〈표 3-2〉에서 보듯이 1990년대부터는 물질적인 지원뿐 아니라 신학적인 지원, 특히 '군선교신학' 정립을 위한 노력도 병행되었다. 신학 세미나, 군선교신학위원회 조직, 군선교신학 연구논문집 발간 등이 그런 사례들이다. 특히 군선교신학'위원회'가 군선교신학'학회'로 확대 개편되었는데, 군선교신학과 관련된 학회는 세계에서 최초이자 유일한 사례라고 한다. 2017년 현재 한국기독교군선교연합회는 1986년에 창립된 한국군종목사단, 1962년 창립된 한국군목회, 1996년 창립된 군선교민간교역자협의회, 1984년 창립된 국군기독준/부사관단, 1980년 창립된 예비역 기독장교연합회(OCU), 1956년 창립된 한국기독교장교회의 후신인 한국기독군인연합회(MCF), 1994년 창립된 국군기독부인회, 1994년 창립된 국군장로연합회 등 8개 단체와의 협력 속에서 군종 활동을 지원하고 있다.[9]

군종에 뒤늦게 참여한 불교와 원불교의 경우 군종-교단의 관계가 처음부터 '밀월'에 가까웠다. 기득권 종교들의 방해를 이겨내고 군종 참여 권리를 '쟁취'하는 것 자체가 전체 교단의 끈질긴 노력이 맺은 소중한 결실이었다. 군종 참여 이전부터 꽤 오랜 기간 동안 교단이 '비공식적' 군종 활동을 지원해오기도 했다.

불교 군종장교의 정원이 1995년부터 크게 증가한 것 역시 1992년

표 3-2 **1970년대 이후 군종에 대한 초교파 단체의 지원과 참여: 개신교**[10]

시기	활동
1972.4.11	전군신자화후원회 발기위원회 조직.
1972.5.29	전군신자화후원회 설립. 초대 회장 백낙준 목사.
1976.7.21	전군신자화후원회를 '군복음화후원회'로 개칭.
1984.6.22–24	제1회 기독준/부사관단 수련회(이후 매년 개최).
1985.7.11	군복음화후원회가 개신교의 군선교 후원 단일창구로 인준됨(국군종 24250-150). 그 이전인 1981년 3월 7일 국방부가 종단별로 공식 후원창구 를 일원화할 것을 요구(국방부 훈령 제572호).
1987.1.22	월간 『군복음화보』 창간.
1987.10.13	초교파 연합사업으로 육군훈련소 연무대교회 헌당.
1988.9.11	문화관광부에 의해 군복음화후원회가 사단법인으로 인가됨.
1989.7.27	계룡대 이전에 따른 육·공군 본부교회 헌당.
1991.12.26	제1회 군종목사 신학세미나(이후 매년 개최).
1996.4.25	새로운 육·해·공군 본부교회 헌당 및 한국기독교군선교역사기념관 개관.
1996.5.13	제1회 군선교민간교역자수련회(이후 매년 개최).
1999.2.9	군복음화후원회를 '한국기독교군선교연합회'로 개칭.
1999.7.6	제1회 군선교사 양성 비전캠프(이후 연 4회 개최).
2001.1.16	군선교연합조찬기도회 시작(이후 매월 개최).
2001.8.8–11	제1회 군선교 청소년 비전캠프(이후 매년 개최).
2002.2.28	군선교신학위원회 조직.
2004.3.4	군선교연합회관 개관(서울 종로구 효제동).
2004.5.30	군선교신학 연구논문집 1·2권 발행.
2004.9.10	한국군선교역사기념관 전면 보수 후 개관.
2011.7.14	『대한민국 1004군인교회 총람』 출판.
2013.7.18	한국군선교연구소 개소예배.
2013.12.20	공군사관학교 성무교회 비전센터 헌당예배.
2015.4.30	연무대교회 새 예배당 착공예배.

대통령선거 당시 교단에서 각 정당과 대통령후보들에게 강하게 압력을 가했던 결과였다. 군종 후원조직의 등장 속도도 개신교나 천주교보다 훨씬 빨랐다. 불교에서 최초의 군종장교가 탄생한 것이 1968년 11월 말의 일이었는데, 그로부터 채 2년도 지나지 않은 1970년 9월에 '군승(軍僧)후원회'가 결성되었다. 2005년 7월에는 '조계종 군종특별교

표 3-3 **군종에 대한 교단의 지원과 참여: 불교 조계종**[11]

시기	활동
1968.7.4	조계종단이 군종장교요원 추천단체로 지정됨.
1968.8.10	국방부 요청에 따라 조계종 총무원 교무부가 제1기 군승후보생을 선발.
1969.8.14	박정희 대통령, 임충식 국방부 장관, 김재원 육군참모총장, 서종철 육군참모차장, 1·2군 사령관, 조계종 총무원장 등이 참석한 가운데 육군중앙법당 준공식을 거행.
1970.9.2	'군승후원회' 창립총회가 서울 풍전호텔에서 개최됨. 총재 이청담 스님, 회장 최영희 장군.
1971.2.27	육군본부 군종센타에서 '육군중앙불교장교회' 창립총회가 열림. 회장 정승화 소장, 부회장 강영식·황의철·오민용 준장, 사무국장 김교수 대령.
1972.4.5	『육군법요집』이 최초로 1,000부 발행됨. 법사 1인당 50부씩 배부됨.
1972.6.26	'군법사단' 창립총회. 규약 채택을 비롯하여, 군법당 운영, 법요의식 및 설법, 군법사 후원회, 장교회 운영 등을 토의. 초대 단장 권오현 법사(대위).
1975.5.9	애기봉에서 '통일기원 광명등탑' 점화식. 이후 부처님오신날 연례행사가 됨.
1976.3	대한불교진흥원이 군법당 건립, 이동수단 제공, 포교용 책자 등 후원 활동을 개시.
1981.1.7	조계종단이 종헌을 개정하여 군법사의 독신 규정을 완화해줌.
1986.8.21	'예비역법사회' 창립총회.
1989.7.20	국내 최대 법당인 계룡대 육군·해군·공군 법당이 국가예산으로 신축됨.
1994.11.29	군승특별교구 설치를 위한 공청회 개최.
1995.1	군승단 업무를 총무원 교무부에서 포교원으로 이전.
2005.4.8	군종특별교구법 제정. 공포.
2005.7.25	조계종 군종특별교구 출범. 초대 교구장 일면 스님.
2009.5.16	종헌 9조 2항 개정으로 군승 독신 규정 예외 인정을 철회.

구'가 출범했다. 보다 상세한 연혁은 〈표 3-3〉에 제시되어 있다.

마지막으로, 원불교는 2006년 3월 군종에 참여할 권한을 획득했다. 원불교의 '군교화후원사업회'가 발족한 때는 불과 7개월 뒤인 같은 해 10월이었다.[12] 최초의 원불교 군종장교가 배출된 것은 그로부터 다시 9개월가량 지난 2007년 7월 1일의 일이었다. '군종추진 특별교구'가 설치된 것 역시 원불교의 군종 참여가 결정된 2006년 3월보다 2년이나 앞선 2004년 1월의 일이었다.[13] 교단 차원에서 특별교구까지 설치하여 군종 참여를 위해 혼신의 노력을 다했음을 새삼 확인할 수 있다.

2. 교단의 재정 지원: 종교시설 건축을 중심으로

앞서 보았듯이 1950년 9월 25일 그리스도교 대표들과 대통령의 3차 회동에서 이루어진 최초의 합의에 따르면, 국가는 피복·식량과 숙소 등 최소한의 지원만을 담당하고 군종 요원 및 그 가족의 생활비(인건비)와 군종 활동비·사업비를 포함하는 다른 대부분의 비용은 외국계 선교회를 포함하여 군종 참여 교단들이 조달하기로 되어 있었다. 그러나 얼마 안 가 군종의 신분이 문관 혹은 현역장교로 변화되고 군종 병과가 차츰 제도화됨에 따라 군종들은 직급과 계급에 따른 봉급(생활비)과 활동비를 국가로부터 직접 제공받게 되었다.

그러나 국가가 제공하는 활동비·사업비는 항상 부족했다. 무엇보다도 군종 자체가 비용이 많이 드는 활동 영역이었다. 게다가 교단 지도자들과 군종장교들이 경쟁심에 이끌려 군인들을 선교·포교 대상으로 접근하다보니 비용은 눈덩이처럼 불어났다. 군종장교는 병사들에게 선물이나 맛있는 간식을 제공하는 사람으로 이미지가 굳어졌다. 천주교 군종장교들은 군사목과 본당사목의 차이 두 가지를 강조하곤 한다. 그 하나는 "신자들을 불러 모을 필요가 없는 본당사목과는 너무나 대조적"으로 힘들게 신자들을 직접 찾아 나서고 불러 모아야 하는 특성이다. 유영민 군종신부는 "수천 신자의 본당 생활에 젖어 있다가 몇 명 안 되는 신자와 주일미사를 마친 부임 첫 주일에 느낀 쓸쓸함"을 토로하기도 했다.[14] 다른 하나는 '선물 제공자'로서의 군종장교 역할과 관련된다. 최성환 군종신부의 말처럼 "본당사목을 할 때는 무엇을 들고 간다는 것이 이상하고 오히려 어색하였고, 대접만 받다가 이제는 찾아가서 만나는 병사들에게 마음의 양식과 더불어 입마저 즐겁게 해주어야 하는 입장으로 역전된" 처지가 되는 것이다.[15] 이민주 신부도 군종 활동에서 "물질적으로서의 베풂"이 "절대적 부분을 차지"한다고 말한다.

> 사실 신부들은 선물이라든가 그 무엇을 주는 것보다는 받는 데 더 익숙해져 있다고 보여진다. 그러나 군대에서의 신부 생활이란 철저하게도 갖다가 주는, 아니 바치는 생활이라는 것이 특이하다. 군대라는 특수한 여건, 병사들이라는 유한된 조건 안에서의 젊은이들, 이들에게 영적으로 나의 베풂은 말할 것도 없으나 물질적으로서의 베풂도 절대적 부분을 차지한다. 교육이나 위문을 하더라도 빈손으로 맨입만 가지고 하면 이상스레 자신이 더 미안해져 어쩔 줄 모르게 되는 이상한 사람들, 바로 군종신부들이다.[16]

다른 종교의 군종들 역시 사정은 다를 바 없다. 『불교군종사』에는 "초코파이와 군포교의 오랜 우정"이라는 제목을 단 대목이 나온다.

군포교에서 간식이 차지하는 중요성은 일반 민간인들의 상상을 넘어선다. 무엇보다 군에 갓 입대한 청년들은 사회에 대한 향수와 많은 훈련량으로 인한 체력 저하 때문에 달콤한 초콜릿, 초코파이, 피자, 음료수 등에 관심이 많을 수밖에 없다. 따라서 군법사에게 있어 군포교의 포교 자원인 간식 확보를 위한 대외 지원 협력체계 구축이나 지원금 확보 등의 업무는 무척 중요하다.[17]

2017년 여름 '공관병 갑질'이라는 말을 전국적인 유행어로 만들었던 박찬주 육군 제2작전사령관도 2016년 6월 열린 대구서부교회 구국기도회에서 이렇게 강조한 바 있다. "(사병들이) 기천불(개신교·천주교·불교) 중 초코파이 하나 더 주는 데로 간다. 그래서 적극적으로 초코파이 전도를 하고 있다. 법당에서 하나 주면 우리는 두 개 주고……. 유치해 보일지 모르지만 그런 노력을 기울이고 있다. 초코파이가 정말 생명의 '만나'(구약성서의 '기적의 음식')라고 생각한다." 이처럼 "초코파이 전도"를 통해 매년 입대하는 20만 명 중 14만 명에게 개신교 세례를 주고, 이들이 전역 후에 각기 4인 가정을 이루게 되면, 2035년 즈음에는 전체 국민의 75%에 해당하는 3,700만 명이 개신교인인 '기독교국가'가 마침내 성취될 것이라는 것이 당시 그의 주장이었다.[18]

바로 이런 이유들로 군종 신분이 유급 문관이나 현역장교로 전환되고 국가로부터 공식적인 활동비·사업비가 제공되는 상황에서도 교단 측의 추가적인 재정 보조가 늘 필요했던 것이다. 감리교 교단을 예로 들어보자. 이 교단은 '군목 생활보조비'로 1955년 423만 환, 1956년 738만 환, 1957년 823만 환, 1958년 1,044만 환을 각각 제공하고 있었다. 1955~1958년 사이 불과 3년 만에 지원액수를 두 배 이상 늘렸음을 알 수 있다. 감리교 교단은 1959년에는 군목의 경우 정회원은 1인당 월 7천 환, 준회원 및 서리는 월 5천 환, 군목 가족의 경우 1인당 월 2천 환의 생활보조비를 제공했다. 군목 자신뿐 아니라 그 가족까지도 챙기고 있었던 것이다.[19]

그러나 오로지 군종 후원을 위해 존재하는 전담조직이 부재하던 1960년대까지만 해도 교단의 재정 지원은 충분치 못했다. 감리교에 속한 최문희 육군 군목에 의하면, 1968년 현재 국가는 군종사업에 매년 1억 원 이상을 제공했던 반면 교단은 연간 1천만 원을 보조하는 것조차 힘겨워하는 실정이었다.

군종사업은 그 인적 자원만을 교회 측이 내놓고 기타 물질적인 것 일체는(인건비마저도) 군이 제공하며 지금까지 17년간을 지내왔다. 국가가 내어놓는 비용의 대강을 주먹구구식으로라도 살펴보면 300여 명(육·해·공군) 군목의 인건비만 해도 연 7,000만 원 이상이고 여기에 사업비 1,000만 원과 장비 시설비 사무비 인쇄물 간행비 등 2,000여만 원을 합한다면 연간 1억 이상의 국방비를 군종사업을 위해 투자하는 실정인데……수백 명 이상의 회중을 가진 1,000개 교회가 1년에 만 원씩만 부담하면 이 1천만 원으로 중위 군목 월 3,000원, 대위 군목 월 2,000원 정도로 보조해준다면 군목 확보에 도움이 될뿐더러 저들의 근무의욕을 높이는 데도 크게 힘이 될 것이다. 이렇게 전체 위관 군목 200여 명에게 1년간 약 600만 원을 보조해주고 그 나머지는 전방 연대 군목들을 위해 '오토바이' 1대씩을 공급할 수 있다.[20]

그런데 비용이 가장 많이 들어가는 군종 영역이 바로 '건축'이었다. 1950년 당시의 군종 재정 문제에 관한 국가-교회 합의 당시에도 종교시설 건축비 문제에 대해서는 충분한 논의가 진행되지 못했다. 그러나 군종 출범 직후부터 군대는 부지를 제공하고, 그 부지에 건물을 짓는 비용은 종교단체가 책임지는 패턴이 굳어진 것으로 보인다. 하급부대들에서 자체적인 판단에 따라 종교시설 건축을 지원하는 경우는 왕왕 있었지만, 국가가 종교시설 건축비를 공식적으로 편성하여 제공하기 시작한 때는 군종제도 출범 후 30년 이상 지난 1980년대부터였다.

이 때문에 종교시설 건축비야말로 교단 지원이 가장 잘 드러나는 영역 중 하나가 되었다. 1950~1960년대에는 군종 참여 교단들의 교회 건축 지원이 지지부진한 편이었다. 1954년 4월 무렵 개신교는 기성 건물 65개 동, 천막 137개 동, 가건물 84개 동 등 286개소의 군인교회를 운영하고 있었다.[21] 전체 숫자는 적지 않지만, 286개소의 개신교 군인교회 중 절반 정도가 '천막교회' 신세였다. 나머지 절반(149개소)의 군인교회들 중 56%는 '가건물'에 불과했다. 다시 최문희 육군 군목에 따르면 "1964년도까지 약 200여 동의 교회당이 육군에 마련되었으나, 상급 사령부를 제외하고는 임시 토조 막사나 콘세트 건물이 대부분이었다."[22] 1960년대 중반까지도 "임시 토조 막사나 콘세트 건물" 같은 가건물 형태가 군인교회의 대종을 이루고 있었던 것이다. 이런 허술한 시설에서 자주 사고가 발생하자 한국군 군종장교들이 미군 군종장교들에게 사정을 하소연하며 지원을 호소하기에 이르렀다. 이 호소에 미군 군종장교들이 적극적으로 반응함으로써 1960년대 후반의 '군인교회 건축 붐'이 가능하게 되었다. 한국 교단의 지원이 아닌, 거의 전적으로 외부로부터의 지원에 의해 군인교회 건축이 진행되었던 것이다(이에 대해서는 다음 장에서 좀 더 자세히 다룰 것이다).

그러므로 종교시설 건축에 대한 교단의 지원은 종교마다 군종 후원조직이 등장한 1970년대부터 본격화되었다고 보아야 할 것이다. 앞의 〈표 3-3〉에서도 확인했듯이 불교계에서도 1970년 9월 군승후원회가 등장하여 군법당 건축 지원에 나섰고, 1976년 3월부터는 대한불교진흥원도 군법당 건축비 지원을 시작했다. 1974년 말 현재 육군에만도 개신교 교회 254개소, 불교 법당 27개소, 천주교 교회(성당) 4개소가 존재하고 있었다.[23] 이를 시계열로 전환하여 1970년부터 1983년까지의 군 종교시설 건립 추이를 정리한 것이 〈표 3-4〉이다. 여기서 1970~1979년의 그리스도교 종교시설 중에는 극소수의 천주교 교회(성당)이 포함되어 있다.

〈표 3-4〉를 통해 알 수 있듯이 개신교와 불교는 1970년대에 역동적으로 종교시설을 건축했다. 개신교의 경우 이 기간 중에 군인교회 숫자가 무려 100여 개나 늘어났고, 불교 역시 50개소 이상의 군법당을 지었다. 1970년의 개신교 군인교회 숫자가 1950년대보다 적은 현상은 천막교회들이 모두 사라졌고, 가건물 형태의 군인교회들도 상당

표 3-4 **육군 종교시설 추이: 1970~1983년**[24]

시기	개신교(교회)	천주교(성당)	불교(법당)
1970	172		0
1971	197		10
1972	211		14
1973	226		21
1974	258		27
1975~1976	281		34
1977	273		39
1978	274		46
1979	279		50
1980	298	18	56
1981	212	25	39
1982	202	27	42
1983	220	30	39

수 퇴출되었기 때문일 것이다.

여기서 드는 의문은 왜 개신교·불교와는 대조적으로 천주교 군인 교회(성당) 건축 실적이 그토록 저조했던가 하는 것이다. 천주교는 주교회의 차원에서 범교단 차원의 전국적인 모금운동을 벌여 1960년 11월에 육군사관학교 성당을 완공했다. 그 공사비가 무려 2,155만 환이나 들었다.[25] 그러나 1960년대 내내 군인성당은 더 이상 지어지지 않았다. 1970년대를 맞는 시점에도 천주교 군인교회 숫자는 단 하나에 머물러 있었다. 더구나 육군 3군단(1971년), 공군 군수사령부(1971년), 육군 군수사령부(1974년) 등 상급부대 세 곳에 성당이 건립되었지만, 1978년 육군 2사단에 성당이 지어지기까지 '사단급' 부대의 성당은 전무했다.[26] 그러나 천주교가 종교시설 건축에 손을 놓고 있었던 것은 결코 아니었다. 『천주교 군종교구사』의 '연도별 군종교구 건축 현황'을 보면, 1960~1970년대에 천주교 군종 건축의 중점은 '성당'이 아니라 '사제관'이었음을 쉽게 확인할 수 있다. 1960년부터 1978년까지 모두 21건의 천주교 종교시설 건축이 이루어졌는데, 이 중 본당 신축은 5건에 불과했다. 나머지 대부분은 사제관을 신축한 것이었고, 2건은 사제관을 매입하거나 매입 후 보수한 것이었다. 같은 자료에 의하면 천주교의 성당 건축이 불붙기 시작한 시점은 1979년이었다. 이 해에 4개소의 성당이 건립되었고, 1980년에는 10개소의 성당(공소 한 곳 포함)이 신축되었던 것이다. 해군에 최초의 성당 두 곳이 등장한 때도 바로 1980년이었다. 1981년에 6곳, 1982년에 5곳, 1983년에 6곳, 1984년에 3곳, 1985년 5곳 등 성당 건축 열기는 1980년대에도 계속 이어졌다.[27] 그리하여 1983년 말에는 "완전한 단독 군인성당이 28개, 건물 개조 성당이 11개, 성당이 도합 39개에 달했고 사제관도 상당수가 확보"되었다.[28]

1980년대에는 새로운 상황이 펼쳐졌다. 군 당국이 종교시설 건축에 예산 지원을 시작했던 것이다. 군종 참여 교단에 온전히 맡겨졌던 종교시설 건축에 군 당국도 참여하게 된 것이다. 1981년부터 군 예산으로 매년 3개 동씩 종교시설을 건립하기 시작했다고 한다.[29] 왜 이런 변화가 나타났을까? 이미 살펴보았듯이 1970년대에는 전군신자화운동의 열기 속에서 개신교와 불교가 교회·법당 건축 경쟁을 벌였으며, 천주교 역시 1970년대 말부터 이 대열에 합류했다. 이 과정에서 군종들의 과도한 후원금 모금운동, 교단들의 물량주의적 지원 공세와 같은 문제들이 표출되었다. 상황이 심각해질 조짐이 보이자 군 당국은 외부 지원을 일정하게 차단 내지 규제하면서 군종에 대한 예산 지원을 늘려 외부 모금에 의존하는 성향을 적절히 통제하려 나섰던 것으로 보인다. 다음은 이종인과 최광현의 설명이다.

> 이 시기부터 군 종교시설을 군 예산으로 건축하고 종교 센터를 건축하였다. 이전까지는 군 종교시설을 거의 민간 종교단체의 후원으로 신축하여왔으나 민간 종교단체에 무분별하게 지원을 요청하는 등 적지 않은 물의를 빚는 등 부작용이 많았다. 이에 따라 외부 지원으로 신설되는 군내 종교시설물의 건축은 각군 참모총장의 결심을 얻은 후에 가능하게 하고 완전한 종교시설물을 완성한 상태로 기증할 경우에만 가능하도록 하였다. 이와 더불어 민간 종교단체 후원 지침을 수립하였다. 1981년 국방부는 군 종교단체 운용 정상화에 대한 공문을 하달하여 종파 구분 없이 일반인의 군내 종교단체 활동 참여를 일체 금하고 순수한 현역장교로만 재편성하여 운용하도록 하였다.[30]

종교시설 건축 지원에 나섬과 동시에, 군 당국은 1981년부터 3년 이상 근무한 군종장교들에게 '군종장교 수당'을 지급하기 시작했다.[31] 아울러 1982년 1월 황영시 육군참모총장은 향후 건설되는 종교시설은 개신교·불교·천주교 세 종교의 시설을 한 건물 안에 배치하는 (군종)센터 형태로 건축하도록 지시했다고 한다.[32] 3군 본부를 계룡대로 이전하는 과정에서 국가예산으로 군종센터를 건립했던 일은 하나의 이정표에 해당하는 사건이었다고 해야 할 것이다. 1989년 7월 20일

표 3-5 **해군 종교시설 건축: 1980~1991년**

시기		종교시설	재정 조달 및 건축 규모
1980	7.29	해군중앙교회/성당	헌당식. 개신교(7,000만 원)와 천주교(3,500만 원)가 연합하여 교회(160평)와 성당(108평) 건립.
	7.29	제6해병여단 교회	헌당식. 교회건축후원회가 1,300만 원 지원. 68평.
	7.29	제6해병여단 법당	낙성식. 대한불교진흥원이 1,080만 원 지원. 47평.
	12.8	해군사관학교 성당	축성식. 가톨릭건축후원회가 6,000만원 지원. 140평.
	12.16	제6해역사 교회	헌당식. 신자 헌금 3,000만 원. 60평.
1981	3.20	해군본부 법당	낙성식. 1억 1천만 원 공사비. 232평.
	3.24	해군사관학교 교회	헌당식. 여의도순복음교회가 2억 원 지원하여 신축. 옛 교회 건물은 기념관으로 활용.
	10.12	해안지원단 교회	헌당식. 해병1사단 공병대의 지원. 40평.
1982	5.8	통제부 법당	낙성식. 신도 모금 2억 2천만 원. 330평.
	7.8	제3해역사 교회	기공식. 목포지역 각 교회들의 후원.
	8.25	통제부 교회 교육관	준공식. 교회 자체 예산 2,200만 원. 56평.
	10.5	제3해역사 법당 범종	타종식. 태광여객 대표가 1,400만 원 지원.
	12.9	해병1사단 성당	축성식. 가톨릭군종후원회가 6,500만 원 지원. 134평.
	12.15	통제부 성당	축성식. 해군 최초로 군 예산 7,900만 원으로 건축. 100평.
1983	3.9	원일 다락방	준공식. 손원일 제독 부인과 다락방 출신 장교들의 헌금으로 건축. 미혼 크리스천 장교 숙소. 150평.
	5.12	제3해역사 교회	헌당식. 교회 자체 예산. 해군 각 교회 지원. 목포 지역 유지들의 헌금 1억여 원 지원. 150평.
	11.9	재진지구 사제관, 수녀원	준공식. 천주교 자체 예산 4,200만 원으로 사제관 34평, 수녀원 29평 건축.
	12.23	해병2사단 교회/성당	준공식. 1억 2,600만 원. 1층은 성당, 2층은 교회.
	12.24	교육단종합학교 교회	진해해군교회 지원으로 건축. 120평.
1984	12.15	해병2사단 법당	낙성식. 군 예산 6,400만 원. 75평.
1985	6.27	해병1사단 성당 교육관	준공식. 신자들의 헌금 1,800만 원. 63평.
1986	2.10	작전사령부 교회	헌당식. 여의도순복음교회가 3억 원 지원. 340평.
	12.29	제1함대 교회, 교육관	헌당식. 해군 예산과 신자 헌금으로 교회 123평, 교육관 50평 건축.
1987	9.18	제1함대 법당	낙성식. 군 예산 6,600만 원으로 건축. 80평.

	12.5	해병 강화교회	헌당식, 군복음화후원회와 강화 지역 감리교회가 5,000만 원 지원, 70평.
1988	1.22	제1함대 동해성당	축성식, 군 예산 6,600만 원으로 건축, 80평.
1989	1.22	교육사령부 법당	낙성식, 군 예산 1억 3,000만 원으로 건축, 73평.
	12.18	제3방어전단 교회	헌당식, 3억 원, 181평.
1991	2.22	제방사 법당	낙성식, 1억 8,200만 원, 98평.
	4.17	제6해병여단 성당	축성식, 군 예산 1억 1,162만 원, 성당 자체 예산 6,338만 원으로 건축, 85평.

출처: 해군본부 군종감실, 『해군군종사』(제3집), 480~490쪽.

국내 최대 법당인 계룡대 육군·해군·공군 법당이 군 예산으로 신축되었던 것을 비롯하여,[33] 각 군 본부의 군종센터가 국가예산으로 건설되었다.

군 종교시설 건축과 관련하여 비교적 상세한 내역을 확인할 수 있는 해군의 경우를 통해 조금 더 자세히 들여다보자. 〈표 3-5〉는 1980~1991년 사이에 이루어진 해군 종교시설 건축의 추이와 재원에 관한 정보를 담고 있다.

〈표 3-5〉에서 보듯이 해군에서 군 예산으로 종교시설이 처음 지어진 사례는 1982년 12월에 완공된 해군 통제부 성당이었다. 모두 7,900만 원의 국가예산이 지원되었다. 이후 1984년 12월 완공된 해병2사단 법당(청룡사; 6,400만 원 지원), 1986년 12월 완공된 제1함대 교회 및 교육관, 1987년 9월 완공된 제1함대 법당(해동사; 6,600만 원 지원), 1988년 1월 완공된 제1함대 성당(동해성당; 6,600만 원 지원), 1989년 1월 완공된 해군 교육사령부 법당(홍국사; 1억 3,000만 원 지원), 1991년 4월 완공된 제6해병여단 성당(흑룡성당; 1억 1,162만 원 지원)

등도 군 예산의 지원으로 건축되었다. 이 가운데 1986년의 제1함대 교회·교육관, 1991년의 제6해병여단 성당은 국가예산과 교단 재정(자체 모금 포함)이 함께 투입된 경우였다.

종교시설 건축을 위한 국가예산 투입 조치는 과열된 종교간 건축 경쟁을 진정시키기 위한 것이었다. 그럼에도 불구하고 이 조치는 결과적으로 각 교단들의 종교시설 건축 경쟁을 더욱 부추기는, 전혀 예상치 못했을 뿐 아니라 애초 기대와도 정면으로 충돌하는 효과를 냈던 것 같다. 군종 참여 교단들로선 기존의 건축 재원에 국가예산까지 부가됨으로써 전체적인 재정적 여력이 더욱 증가했다. 그리하여 1970년대보다는 1980년대에, 1980년대보다는 1990년대 이후에 군 종교시설 건축이 더욱 활발해졌다. 개신교는 이런 판단의 타당성을 극명하게 입증하는 사례이다. 개신교 군종을 후원하는 초교파단체인 군복음화후원회(현재의 군선교연합회)는 1990년대부터 '건축 사업'을 본격적으로 시작했으며, 그때부터 지금까지 무려 469동의 교회 건축을 지원했다고 밝히고 있다.[34] 군복음화후원회의 건축 지원을 받은 육군 군인교회가 전체의 90%에 이른다는 평가도 있다.[35]

표 3-6 **개신교 군인교회 건축의 시기별 추이**

구분	1969년 이전	1970~ 1979	1980~ 1989	1990~1999		2000~ 2009	합계
				1990~94	1995~99		
국방부 직속	0	3	2	7	9	9	30
육군	6	36	143	256	220	202	863
해군/해병대	0	3	9	4	9	12	37
공군	3	3	10	15	23	20	74
합계	9	45	164	282	261	243	1,004

백창현, 『대한민국 군종목사 67년사』, 517쪽.

〈표 3-6〉에서 확인할 수 있듯이 개신교 군인교회는 1970년대에 45개소, 1980년대에 164개소가 건립되었다. 군복음화후원회의 본격적인 지원이 이루어진 1990년대에는 무려 543개소나 지어졌다. 또 2000년대에도 243개소가 추가로 건립되어, 2015년 5월 현재로는 군인교회 숫자가 1,004개소에 이르렀다. 현존하는 군인교회들 중에 약 78%가 1990년대 이후에, 군인교회 전체의 약 95%가 군 예산이 투입되기 시작한 1980년대 이후에 지어진 것이다. 〈표 3-6〉에서 1970년 이전에 건축된 군인교회가 9개소에 불과하다고 잘못 해석되어서는 안 된다. 우리가 앞에서도 확인했다시피 1960년대는 군인교회 건축이 상당히 활성화된 시기였기 때문이다. 따라서 1960년대의 적은 수치는 1950~1960년대에 지어진 교회들에 대한 '재건축'이 그 이후 매우 활발하게 이루어졌음을 보여주는 현상으로 해석되어야 옳을 것이다.

그리하여 〈표 3-7〉에서 보듯이 2014년 5월 현재 군법당 409개소, 개신교 군인교회 979개소, 천주교 군인성당 282개소, 원불교 군교당 9개소 등 모두 1,679개소의 방대한 군 종교시설들이 존재하게 되었다. 앞의 〈표 3-4〉와 겹쳐 보면 지난 30여 년 동안 군 종교시설 건축이 얼마나 활발했는가를 단적으로 확인할 수 있다. 1983년 현재 육군의

표 3-7 **2014년 5월 현재 군 종교시설 현황**[36]

구분	불교(법당)	개신교(교회)	천주교(성당)	원불교(교당)	합계
육군	357	871	244	9	1,481
해군	20	33	15	0	68
공군	32	75	23	0	130
합계	409	979	282	9	1,679

군법당은 39개소, 개신교 군인교회는 220개소, 천주교 군성당은 30개소에 불과했던 것이다.

교단들이 건립한 군 종교시설들은 대개 국가 소유 토지 위에 건립되며, 건축이 완료되면 대부분 기부채납 형식을 통해 소유권이 국가로 이전된다. 1980년대부터 "외부 지원으로 신설되는 군내 종교시설물의 건축은……완전한 종교시설물을 완성한 상태로 기증할 경우에만 가능하도록 하였다"는 앞서의 인용문도 바로 그런 뜻을 담고 있다. 광주 상무대 무각사, 서울 수도방위사령부 충정사와 공군 보라매법당, 성남 특전사령부 호국사자사, 부산의 군수사령부 법당과 동명불원 등 "국방부 및 지자체에 기부채납 한 사찰이 군부대 이전 과정에서 함께 이전되지 못하고 망실"되는 사례가 늘어나자, 조계종은 2009년 8월에 '국가 및 지자체 등에 기부채납 한 사찰 종단 환수를 위한 특별위원회'를 구성하기도 했다.[37] 지난 수십 년 동안 종교시설 건축에 천문학적인 자금을 경쟁적으로 쏟아 부음으로써, 군종에 참여하는 한국의 주요 교단들은 국가자산의 확충에도 크게 기여했던 셈이다.

3. 맺음말

이종인과 최광현은 2003년에 발표한 연구보고서에서 개신교 측이 군종에 매년 100억 원씩, 불교와 천주교 교단이 각각 매년 10억 원씩을 지원하고 있다면서, 세 종교가 연간 120억 원 규모의 "물량공세"에 나서고 있다고 주장했다.[38] 필자가 2017년 1월에 확인해보니, 한국기독교군선교연합회는 자체 홈페이지에 "매년 120억 원"을 군종에 지원하여 교회당 건축, 전도, 시설, 교육, 복지, 대북(對北) 활동, 인력관리, 정책 등 8대 사업을 펼치고 있다고 소개하고 있었다.[39] 개신교만해도 2003년에 비해 지원 액수가 20억 원가량 더 늘어난 셈이니, 불교나 천주교 역시 덩달아 재정 지원 규모를 늘렸을 것이다. 불교 조계종은 2005년 군종특별교구를 설치한 후 4년 동안 73억 원의 예산을 확보하여 14개 군법당을 신축하고 노후된 46개의 군법당을 보수했다고 한다.[40] 매년 18억 원 이상을 사용한 셈이다. 거기에다 지금은 원불교까지 군종에 가세한 상황이다. 불교의 천태종 교단은 군종 참여를 고대할지언정 여전히 군종제도 바깥에 머물러 있는 상황인데도 육군 37사단 법당공사 지원을 비롯하여, 53사단 흥국사 건립에 약 20억 원, 62사단 영평사 건립에 8천만 원, 1사단 호국무선사 공사비로 5천만 원, 호국승용사 법당에 7천만 원 등 적지 않은 재정 지원을 해왔다고 한다.[41] 그러니 4대 종교를 중심으로 한국의 주요 종교·교단들은 매년 최소한 150억 원 이상을 군종 활동 지원, 특히 종교시설 건축에 투입하고 있다고 말해도 좋을 것이다.

가장 나중에 합류한 원불교도 군종 후원에 안간힘을 쓰고 있다. 원불교 측은 군종 참여자격을 얻기도 전인 2003년 3월에 3억 4천만 원을 들여 "군종정책교당" 역할을 담당할 여산교당을 육군훈련소와 육군부사관학교 등 군부대가 밀집한 익산시 여산면에 건립했다. 이 교단은 아직 첫 번째 군종교무가 탄생하지 못한 상태인데도 군종 참여자격을 부여받은 지 불과 7개월만인 2006년 10월 논산 육군훈련소에 1천여 명을 수용할 수 있는 대규모 강당을 17억 원을 투입하여 완공했다. 원불교 교단은 3군 본부가 있는 '계룡대교당'을 짓는 데만도 25억 원의 예산을 사용했다.[42] "군교화 교당 지원 부족에 아우성"이라는 제목을 단 다음의 《원불교신문》 기사는 군종이 교단으로부터 얼마나 많은 재정 지원을 요구하는 영역인지를 실감나게 전해준다.

같은 해(2006년—인용자) 10월 군종후원사업을 목적으로 '군교화후원사업회'가 발족됐다. 후원사업회는 ▲ 군 교당 지원 ▲ 군교화 교재 발간 보급 및 홍보 ▲ 군교화 환경 기반 조성을 지원할 목적으로 세워졌다. 후원사업회는 이를 위해 후원회원 유치 및 특별후원 등을 통해 재원 마련에 힘쓰고 있다. 그 결과 지난해(2010년—인용자)의 경우 매월 1천 4백만 원(연 1억 6천 5백만 원) 정도를 벌어들였다. 반면 지출의 경우 철원·김화·열쇠·언양 교당 등 군교화 영세 교당을 위한 지원금으로 매달 2백 8십만 원(연 3천 4백만 원)이 사용됐고, 군종센터와 충용교당, 계룡교당의 군교화비 명목으로 월 9백 8십만 원(연 1억 2천만 원) 정도가 지원됐다. 다만 군교화 교무용금의 경우 총부에서 연 1억 3천만 원 정도를 별도 지원하고 있다. 이는 후원금의 대부분이 군교화 교당(훈련소 포함)의 지원비로 지출이 되고 있음을 보여준다. 그럼에도 일선 현장에서는 "돈이 없어서 교화를 할 수 없다"고 아우성이다. 군교화 영세 교당 지원의 경우 교당별 평균 지원금액은 30만~40만원 정도다. 그러나 실제 법회를 보기 위한 지출은 이를 크게 웃돌고 있다. 한 군교화 교무는 "매주 300명의 장병이 법회를 본다고 할 때 간식비만 최소 3십만 원에 이른다"며 "현재의 지원금으로는

간식비를 대기에도 턱없이 부족하다"고 하소연했다.[43]

군종 출범기의 교단-군종 관계는 '다정한 동반자'나 '환상의 파트너' 라고도 부를 수 있을 만큼 가까웠다. 군종 역사가 아직도 출범기에 머물러 있는 원불교는 아직도 이런 종류의 돈독한 협력 기운이 교단과 군종 전체를 감싸고 있다. 그러나 출범기 이후에도 교단-군종 관계가 항시 순탄하지만은 않았다. 천주교나 개신교도 그런 기복을 겪었다. 특히 교단 자체가 극심한 내부 분쟁에 빠져들 경우, 교단이 군종 쪽에 관심을 쏟을 여력이 없는 것은 물론이고, 악화된 사회적 평판으로 인해 군종들의 군대 내 입지도 좁아질 수밖에 없을 것이다. 불교(조계종) 가 한때 그런 상황에 놓였다. 그래서 『불교군종사』의 집필자도 다음과 같이 토로한 바 있다. "종단의 도움도 컸지만 종단 때문에 받은 고통도 있었다. 서로 불신하고 멀리한 적도 적지 않았다.……종단은 지원을 아끼지 않았지만 끊임없는 다툼으로 인해 군포교에 찬물을 끼얹는 일이 많았다.……군법사 수가 늘어나 점차 조직화되는 것과 반대로 종단은 내부 분쟁에 휘말려 제대로 살피지 못했다. 그 사이 군법사들과 종단은 점차 멀어져갔다."[44]

그러나 이런 경우는 예외적인 사례에 가깝다. 종교시설 건축에 한정된 자원을 집중시키는 등 군대 안에서 자기 교단 소속 군종 요원들의 경쟁력 향상을 위해 혼신의 힘을 기울인 지난 수십 년의 세월 자체가 교단과 군종의 관계를 '공동운명체' 내지 '운명공동체'와 유사한 것이 될 수밖에 없도록 강제하고 있다고도 말할 수 있을 것이다. 군대를 무대로 펼쳐지는 4대 종교 간의 치열한 경쟁 상황이 군종에 대한 교단 측의 '무한책임'을 불가피하게 만드는 측면이 있다. 이런 헌신적이고 전폭적인 교단 지원이 지속되는 와중에도 교단-군종 관계가 우호적이지 않다면 그게 오히려 이상한 일이 아닐까.

4장

동질화에서 이질화로

한국과 미국의 비교

필자는 서장에서 한국 군종제도의 산파 역할을 담당했던 미국 군종과의 비교연구가 대단히 중요하다고 거듭 강조했다. 아울러 '역사화·동시화된 비교방법론'으로 나아갈 것을 제안했다. 이번 장과 다음 장에서는 다음 두 가지를 강조하려고 한다. 첫째, (우리가 이런 관점과 접근방법을 취할 때) 한국-미국 군종 사이의 상호작용 패턴이 1950~1960년대의 '동질화' 단계와 1970년대 이후의 '이질화' 단계를 거쳐 왔다는 것이다. 둘째, 이런 과정을 통해 형성된, 한국 군종의 핵심적인 특징은 '모방에 의한 압축성장'과 '무(無)성찰성'이라는 두 현상으로 나타난다는 것이다.

비교방법의 역사화와 동시화에 기초한 대안적인 접근을 추구하으로써, 우리는 한국-미국 군종 간의 상호작용 패턴이 역사적으로 의미 있는 변화를 겪어왔다는 사실을 발견하게 된다. 이를 '동질화'(homogenization)와 '이질화'(heterogenization)라는 두 개의 역사적 단계로 구분할 수 있을 것이다. 비교분석의 맥락에서 이 과정을 상세히 고찰하는 것이 이번 장의 과제이다.

1. 동질화 단계: 1950~1960년대

첫 번째 단계는 1950~1960년대에 걸친 약 20년 동안에 해당된다. 대체로 이 시기에는 미국과 한국의 군종이 서로를 닮아가는 상호작용, 즉 상호적인 '동질화'를 촉진하는 상호작용을 지속했다. 보다 정확히 말하자면, 사실 이 시기의 동질화는 한국 쪽이 미국의 강한 영향 속에서 미국의 군종 제도와 활동을 열심히 따라한 결과였다. 이 단계에서는 미국 군종 쪽의 적극적인 '자문' 및 '조력' 제공 의사, 그리고 한국 군종 쪽의 적극적인 '모방'과 '학습' 의지가 양자 간의 급속한 동질화를 가능케 한 핵심적인 요인이었다.

(1) 자극과 지원: 미국

미군 군종장교들은 한국에 군종제도를 도입하는 데 결정적인 역할을 담당했고, (1950년대에는 물론이고) 1960년대에도 한국 군종장교들의 보수(補修)교육 내지 재교육을 도와주는가 하면 군인교회 건축을 재정적으로 지원하는 등 한국 군종장교들을 계속 후원했다. 미국의 영향을 배제하고 한국 군종의 초기 역사를 서술하는 것은 명백히 불가능하다.

2장에서 살펴보았듯이 한국에서 군종 활동은 한국전쟁 이전부터 손원일 제독에 의해 해군에서 가장 먼저 시작되었다. 그런 면에서 한국 군종의 기원은 외부의 자극이나 압력에 의한 것이라기보다는 '자발적인' 것이었다고 말할 수도 있을 것이다. 그러나 당시 해군의 군종 활동은 '정훈'(政訓) 업무의 일부일 따름이었다. 문제는 군종이 정훈의

하위 활동이 되면 군종의 업무 자체가 심하게 왜곡되거나 본말이 전도되기 쉽다는 것이다. 본연의 '종교' 업무는 뒷전에 밀린 채 군종이 전투력 고양이나 사기 유지를 위한 방편으로, 기껏해야 군인들의 도덕적 타락을 막는 정도의 기능으로 전락하기 십상인 것이다. 무엇보다도 당시 해군의 상황은 군종이라고 이름붙일 만한 '활동'은 분명히 존재했지만, '제도로서의 군종'은 부재한 상태에 머물러 있었다는 것이 본질적인 한계였다. 오로지 특정인의 개인적 선호와 후원에만 의존하는 군종 활동이 지속성을 확보하는 것도 사실상 불가능한 일이었다.

역시 앞에서 서술한 바 있듯이, 국가 차원에서 한국 군종이 독립적인 병과로 '제도화'되도록 처음 권유한 이들은 극동사령부의 미군 군종장교들, 그리고 전시에 일시적으로 '문관 군종'으로 일하던 미국인 선교사들이었다. 1951년 여름까지 극동사령부에는 300명이 훨씬 넘는 미군 군종장교가 배치되어 있었고 그들 중 상당수가 한국에 주둔했다.[1] 바로 이들이 한국 군종제도의 산파 역할을 떠맡고 나섰다. 미국 군종 및 선교사들은 자신들의 주도로 한국군 군종제도를 창립하기로 결정했을 뿐 아니라 국방부 장관, 대통령 등을 직접 만나 군종제도 설립을 위한 '평탄화' 작업을 벌였다. 실제로 이런 작업이 주효하여 군종제도 설립은 탄탄대로를 통해, 그야말로 일사천리로 진행되었다. 한국 공군 군종의 창설 과정에서도 미군 제5공군 군종 책임자가 깊숙이 개입했다. 1951년 가을 공군에서 군종제도 창설 작업이 진행되었을 때 제5공군 군종업무의 책임자인 패터슨 대령이 핵심적인 역할을 수행했던 것이다.

냉전체제의 '유사종교성'(quasi-religiosity)도 미군 군종장교들이 한국에 군종제도를 도입하는 데 적극적으로 나섰던 이유 중 하나였을 것이다. 로이 허니웰에 의하면 "미국 병사들 대부분이 한국전쟁을 하나의 정신전(Spiritual War)으로 느낀다고 단언했다.……어느 군종장교가 말했듯이 신앙은 군인이 지닌 가장 중요한 무기가 되었다."[2] 한국에서 최초의 군종 관련 논문을 쓴 조병직 군목도 유사한 점을 강조했다. "(군종제도는—인용자) 어떤 의미에서든 자유 우방군과 공산군과를 질적으로 구분 짓는 표지가 되는 것이라 해서 좋을 것이며 한 걸음 더 나아가서 자유이념의 상징적 제도 또는 자유군의 정신적 내지 사상적 토대가 되고 있다고 할 수도 있는 것이다."[3]

군종제도 창설 후에도 미군 군종장교들은 한국 군종에 대한 지원을 계속했다. 그중 하나는 '군목자문위원회'라는 조직을 통한 지원 활동이었다. 이런 활동의 일단을 "군종 업무를 발전시키기 위하여 1953년 2월 4일에 군목자문위원회 모임을 미 군사고문단 사무실에서 가졌"다는 기록을 통해서도 확인할 수 있다. 1960년대 초까지도 한국군과 미군 군종들은 미8군 군종부와 육군본부 군종감실이 중심이 되어 매월 정례적으로 '한미 합동 군목회의'를 개최하고 있었다.[4] 해군 군종감실은 1958년 10월부터 적어도 1974년까지 미군 군종장교 중 한 사람을 '군종고문'으로 선임했다. 초대 군종 고문이었던 윌버 러미스 대령부터 13대 군종 고문인 제럴드 쿡 소령에 이르기까지 16년 사이에 모두 13명의 미군 군종장교가 한국 해군 군종고문으로 위촉되었다.[5]

1961년 3월 6~10일에는 닷새 동안 한국군과 미군 군목 60여 명이 참석한 가운데 미8군 종교수양관에서 '한미 합동 군목 보수교육'이 실시되었다. 그 후로도 미군 측이 한국군 군목들의 자체 보수교육을 위해 장소와 경비 일부를 제공했다.[6] 육군 군종감이던 조충원 대령은 1969년 5월 현재의 상황을 소개한 바 있다. "1962년부터 한남동에 위치한 8군 종교수양관(Religious Retreat Center)에서 침식을 제공하고 우리 측에서 강사를 초빙, 매회 70여 명의 군목들이 4~5일간 보수교육을 받는 일이 시행돼왔는데 매년 3~4회 실시하여 전 군목이 한 번씩 참석하고 있으며 금년에도 4회에 걸쳐 250여 명을 교육시킬 방침이다."[7]

한국군 군인교회들이 '천막교회' 신세를 면하는 데도 미8군 군종부와 미 육군 군종감실이 지대하게 기여했다. 1964년 여름 한국군 군종장교들이 한미 합동 군목회의 석상에서 군인교회 건축을 위한 재정 지원을 부탁하자, 주한미군 군종들이 본국의 육군 군종감실과 전 세계에 배치된 미군 군종들, 그리고 미국 교회들에 호소하는 등 건축기금 마련을 위한 모금 활동에 백방으로 나섰다.[8] 최문희 군목에 의하면 "1964년도까지 약 200여 동의 교회당이 육군에 마련되었으나, 상급 사령부를 제외하고는 임시 토조 막사나 콘세트 건물이 대부분이었다. 1964년 여름 수도사단 포사 교회당이 홍수로 붕괴되면서 근무 중인 군종하사관 1명이 압사 순직한 사고를 계기로 주한미군 군목들이 모금운동을 벌이기 시작하였다. 그리하여 자재비의 반액을 보조하면 건축할 부대에서 나머지 반을 부담, 시공토록 하는 합동공사(joint project)가 추진되었고 다시 기타 해외 주둔 미군교회에서 특별헌금을 거두어 67년까지 이 공사를 계속하는 중에 총 35동의 보록(블록—인용자) 반영구(半永久) 건물 교회당이 준공되었던 것이다. 앞으로 76동만 더 건축하면 육군의 군인교회 중 토조 막사 등 가건물은 다 도태될 것인데 이것도 미군 측과 합동공사로 추진토록 지난 (1968년—인용자) 1월 초순에 내한했던 미 육군 군종감 샘슨 군목(소장, F. L. Sampson)과 협의한 바 있다."[9] 이처럼 주한미군 군종장교들의 후원과 활약에 힘입어 1964년부터 1960년대 말까지 한국에서 군인교회 건축 붐이 일어났고, 이에 자극받은 한국교회가 1970년대 초부터 군인교회 건축 모금 활동을 이어받았다.

(2) 학습과 모방: 한국

1950~1960년대에 한국 군종장교들은 미국 군종의 제도와 프로그램들을 적극적으로 수용했다. 그 핵심을 '모방'과 '학습'으로 요약할 수 있다. 극동사령부 미군 군종장교들의 권유에 따라 한국에서 군종제도를 창립하는 데 실질적인 역할을 담당한, 각기 개신교와 천주교를 대표한 두 명의 재한 미국인 선교사들(윌리엄 쇼 목사와 조지 캐럴 신부)이 한국정부와의 본격적인 접촉에 앞서 미군 고문단 책임자들과 만나 "만일 한국군이 군종제도를 가진다고 하면 군목의 책임과 임무를 수행할 수 있도록 미국 군목과 같이 계급을 주어야 할 것이다"라고 미리 합의했던 사실에 대해서는 이미 앞서 밝힌 바 있다. 미국인 선교사들과 미군 측은 한국 군종을 미국식 군종제도를 본떠 만들어야 한다는 지향을 처음부터 분명히 했던 것이다.

군종의 신분이 아직 민간인(문관)에 머물러 있던 1953년 5월 12일에 '3군 군목부장 회의'가 열렸다. 이 회의에서는 "군목에게 계급을 부여해야 된다는 문제를 놓고 주로 토의했으며, 또 병과로서의 독립을 위해서도 노력했다. 그 결과로 1953년 7월 28일 작전참모부에 군종감실 편제표를 작성 제출하게 되었다." 군종들의 노력은 '군종감실 설치령'으로 통용되는 1954년 1월의 육군본부 일반명령 제9호로 결실을 맺었다.[10]

군종 조직을 육·해·공군으로 구분하고 각 군에 군종장교들의 책임자를 두는 것, 명령체계에 따른 지휘관-군종 관계를 강조하는 것 등의 측면들에서 미국-한국 군종의 구조적 유사성이 두드러지게 나타났다.[11] 군종의 '하드웨어'만 유사했던 것이 아니었다. 군종의 '소프트웨어' 또한 대단히 유사했다. 한국 군종들은 초기부터 미국 군종장교 교범의 번역본을 군종장교 교육/재교육을 위한 교범으로 삼았다. 또 미국 군종의 핵심적인 장병 교육 프로그램을 직수입하여 시행했을 뿐 아니라, 교육 프로그램의 교재 역시 미국 것을 번역해서 사용했다. 한국의 군종장교들은 일찍부터 미국 군종학교에 가서 위탁교육을 받았다. 이런 일련의 과정을 거치면서 한국 군종의 제도와 활동은 미국의 그것과 일란성 쌍둥이처럼 비슷해졌다.

무엇보다 군종의 업무·기능·조직과 관련된 기본틀 자체가 미국 군종을 모방한 것이었다. 1953년 4월에 처음 발간된 군종교범은 미국 군종교범을 그대로 번역한 것이었다. 아직 군종의 신분이 '문관'(민간인)이던 한국에서 '현역장교'인 군종을 대상으로 한 교범을 그대로 사용할 수가 없어서 약간의 수정을 가해 군종교범을 제작했다고 한다. 그럼에도 불구하고 1953년 군종교범은 여전히 미국 교범의 복제판에 가까웠다. 마침내 한국 현실을 보다 적극적으로 반영한 군종교범이 만들어진 것은 1976년의 일이었다.[12] '군종교범 독립'에 무려 23년이라는 긴 세월이 소요되었던 것이다.

한국군은 미국 군종감실이 개발하여 1947년부터 전체 부대에서 시행하던 '인성지도'(Character Guidance)라는 프로그램을 직수입하여 시행했다. 이 프로그램의 전성기였던 1950년대에 미군의 모든 신병들은 기초교육 과정에서 4회 강의, 전문교육 과정에서 2회 강의를 이수해야만 했고, 다른 모든 장병들도 월 1회 1시간가량의 프레젠테이션에 참석하도록 요구받았다.[13] 한국군 역시 1955년 1월부터 이 프로그램을 '인격지도교육'이라는 이름으로 육군 전 장병을 대상으로 시행했다. 1963년 6월에는 미국의 교재를 번역한 인격지도교범도 출판되었다.[14]

1956년부터 한국군 군종장교 중 일부가 미국 군종학교에 파견되어 3개월 혹은 6개월씩 위탁교육을 받게 되었다. 1975년까지 모두 20명의 육군 군종장교들이 미국 군종학교의 교육과정을 이수한 후 귀국했다.[15] "모든 병과에서 미군의 신교리(新敎理)를 배우기 위해 미국으로 해마다 군원(軍援)에 의한 교육을 받으러 가게 되었는데 우리 병과에서도 해마다 3, 4명의 군종장교 쿼타를 얻어 미 군목학교로 고군반(高軍班) 3개월 초군반(初軍班) 6개월간의 기간으로 교육을 받을 수 있게 되었다."[16] 1960년 8월에 차몽구·신현균 군목이 1차로, 1961년 1월 박창선·유영근 군목이 2차로 미국 해군군목학교로 유학을 떠나는 등 1960년부터 한국의 해군 군종장교들도 미국에서 위탁교육을 받기 시작했다.[17]

2. 이질화 단계: 1970년대 이후

한–미 군종 간 상호작용 패턴의 두 번째 단계는 1970년대부터 현재까지의 시기에 해당한다. 이 기간 동안에는 미국과 한국의 군종이 점진적인 '이질화'를 촉진하는 상호작용을 해왔다고 볼 수 있다. 미국 군종은 1차 대전 직후인 1920년에 "관료화된 전문직(bureaucratized profession)으로서의 군종"을 향한 조직 형성의 긴 여정을 마감했다.[18] 그로부터 50여 년이 지난 1970년대 초에 이르러 군종장교들은 미국 군종사에 남을 획기적인 전환을 시도했다. 베트남전쟁을 계기로 군종 제도에 대한 격렬한 비판이 제기되었고, 그로 인해 고위 군종장교들 사이에 위기의식이 확산되고 공유된 것이 이런 변화를 가능케 한 결정적인 힘이었다.

1960~1970년대에 미국에서 벌어진 논쟁은 이 나라 역사 전체로 보면 군종제도에 대한 다섯 번째의 도전에 해당한다. (1) 첫 번째 도전은 건국 초기로 소급된다. 미국 '건국의 아버지' 중 한 사람이자 제4대 대통령이기도 했던 제임스 매디슨은 정부 기금으로 성직자에게 봉급을 지급하는 것에 대해 자주 반대 입장을 표명하곤 했다. 그는 정부로부터 봉급을 받는 성직자가 아니라, 평신도(장교)가 종교의례를 이끄는 게 장점이 많다고 주장했다고 한다.[19] (2) 1840~1850년대에도 국가가 봉급을 지급하는 채플린 제도에 대한 시민들의 비판이 고조되었다. 당시 많은 시민들이 군종을 포함한 정부 채플린 제도를 폐지하라고 요구하는 청원서를 의회에 제출했다. 당시 의회는 이 제도가 헌법에 위배되는 것이 아니라는 결정을 내렸다. (3) 1870년대에도 자유주의동

맹(Liberal League)을 주축으로, 그리고 미국세속주의연합(American Secular Union), 자유사상연합(Free Thought Federation), 미국무신론협회(American Association for the Advancement of Atheism) 등이 가세한 가운데, 정부에 의한 모든 형태의 종교 개입을 제거하기 위한 강력한 캠페인이 전개되었다. 이들은 특히 의회와 군대를 포함하여, 공공예산이 지원되는 모든 제도에서 채플린의 고용이 폐지되어야 한다고 주장했다. (4) 1920년대에는 연방정부 예산으로 채플린의 봉급을 지급하는 것을 중단하라는 소송이 제기되면서 군종 논쟁이 재연되었다. 법원은 1928년에 이 요구를 기각했다.[20] 아울러 1차 대전 직후 '평화주의로의 선회'(pacifist turn)에 따라 군종에 대한 논쟁이 재연되었고, '군종의 민간화와 탈(脫)군대화'를 추진하려는 움직임도 나타났다. 해들리와 리차즈에 의하면 "제1차 세계대전 이후 군대는 급속히 해체되었다. 이와 동시에 미국의 여러 교회 안에 일어난 평화주의로의 선회는—특히 교회연합회의 회원을 거느린 교회들 가운데서—군목제도에 대한 비판을 야기하였다. 몇몇 주요 교단들은 민간 군목제도를 인정하려는 경향을 나타냈다. 이러한 압력 아래서 군목제도는 심각한 토론의 주제가 되었다."[21]

베트남전쟁을 계기로 군종은 다시 한 번 "군인들 사이에 종교를 명백하게 장려하고 증진시키는 국가 후원의 제도"라는 거센 비판에 직면하게 되었다.[22] 1960~1970년대의 군종 논쟁은 교회 바깥의 사람들만이 아니라 교회 내의 주요 인사들까지 적극적으로 참여했다는 점에서 미국 역사상 다섯 차례의 논쟁 중 가장 격렬했을 뿐 아니라 파급 효과도 가장 넓게 미쳤다고 평가할 만하다. 또 그 때문에 군종장교들 자신들도 이 논쟁의 직접적인 영향권 안으로 빨려 들어가지 않을 수 없었다. 바로 이런 긴박한 상황을 배경으로 1970년대 이후 미국 군종이 의미 있는 방향전환을 시도했던 것이다.

반면에 역시 베트남전쟁에 적극적으로 개입했던 한국 군종은 1970년대에도 이전의 역할 및 행동 패턴을 유지했음은 물론이고, 오히려 더욱 극단적으로 밀고나갔던 쪽이었다. 전군신자화운동에 대한 천도교·대종교 측의 한 차례 문제제기를 제외하면, 1960~1970년대에 군종에 대한 비판적 목소리는 (군종들과 파견 교단에서는 물론이고) 한국사회의 어디에서도 나오지 않았다. 그 결과 이전까지 '강한 유사성'으로 특징지어지던 미국과 한국의 군종은 점점 '상이한 군종 유형들'처럼 변해갔다.

(1) 거대한 전환: 미국

1970년대 이후 한국-미국 군종의 이런 엇갈린 역사적 선택, 상이한 발전경로는 궁극적으로 '베트남전쟁에 대한 반응'의 차이에서 비롯되었다고 말할 수 있다. 여기서 우리는 '전쟁과 군종의 이중적 관계', 혹은 군종에게 기회이자 위기일 수도 있는 '전쟁의 양면적 효과'를 발견하게 된다. 이 책 서두에서 언급했듯이 군종제도가 전쟁을 자양분으로 성장해왔음은 명백한 역사적 사실이다. 서구사회들에서 전쟁은 군종의 제도적 발전과 조직 확대를 촉진하는 거대한 동력원이었다. 실제로 많은 나라들에서 전시는 군종의 전성기이자 비약적 발전기였던 반면, 평시는 군종 활동의 침체기였다. 그러나 전쟁이 항상 군종에게 긍정적으로만 작용하는 것은 아니었다. 어떤 전쟁들, 특히 대중의 지지를 받지 못하거나 '불의한 전쟁'(unjust war), 나아가 '더러운 전쟁'(dirty war)이라고 비난받는 전쟁은 군종에 심각한 위기를 초래하기도 했다. 전쟁의 죄에 대해 예언자적 고발에 나서기는커녕 적극적인 정당화에 나서거나 침묵의 동조 태도로 일관할 경우 군종은 강한 도덕적 비난에 직면하기 쉬우며, 나아가 '군종 무용론(無用論)'이 사회에 확산되기 쉽다. 물론 이런 불리한 상황을 성찰의 계기로 활용함으로써 군종의 내적 쇄신과 질적 심화를 이룰 수도 있을 것이다.

2차 대전 이후의 독일과 영국, 알제리전쟁 당시의 프랑스, 베트남전쟁 당시의 미국, 그리고 '흑백 내전'을 수반한 아파르트헤이트와 불법적인 나미비아 군사점령에 대한 비판이 고조되었던 1970년대의 남아프리카공화국에서 실제로 군종제도 자체가 의문시되거나 논쟁의 초점으로 부각되는 일들이 벌어졌다. 교회가 비판하는 군사 활동을 군종들이 정당화한다는 비판이 교회 내부에서도 거세게 제기되었다.[23] 1차 세계대전 후 공산화된 소련, 2차 세계대전 후 공산화된 (폴란드를 제외한) 동유럽 국가들에서는 군종제도가 일제히 폐지되었는데,[24] 전쟁을 계기로 '군종 무용론'을 지지하는 여론이 압도적이었던 탓이 컸다. 2차 대전 후 분단된 독일에서 동독의 경우도 그런 예에 속할 것이다. 그러나 서독의 경우엔 부정적 여론을 군종의 내적 성찰과 쇄신의 계기로 활용한 쪽에 가까웠다.

2차 대전 당시 독일 군종들은 1차 대전 때처럼 "값싸고 들뜬 애국주의"에 지배되지 않았고 그들 자신이 골수 나치였던 것도 아니었다. 그러나 그들은 군종이 장병의 사기와 정신력 고양에 유용한 도구임을 스스로 입증하려 애썼고, 소수의 예외에도 불구하고 말·행동·침묵으로 나치 군대의 악행들을 용서하고 축복함으로써 가해자 편에 섰고, 죄(罪)의 관면을 남용했다.[25] 서독에서는 1955년에 군대가 재건된 데 이어 2년 후인 1957년에는 군종제도도 재건되었다. 과거의 과오에 대한 뼈저린 반성의 산물인 '전후 시대 군종'은 1945년 이전의 그것과 판이했다. 군종의 책임자(Militärbishof) 직책에 민간인 신분인 일반 교구의 주교가 선임되었고 그는 오직 파트타임으로만 군종을 운영했다. 군종 성직자들은 군대식 규율·법규의 적용을 받지 않으며, 군복 착용을 요구받지 않고, 평생의 항구적인 직업이 아니라 6년 혹은 7년 동안의 일시적인 임명을 받을 뿐이었다. 이로 인해 서독의 군종은 다른 나라의 군종들에 비해 군대로부터 한층 자율적이고 독립적일 수 있었다. 물론 이것은 군종들이 군대의 통제 아래 놓였던 제3제국의 경험을 반복할 것에 대한 교회의 우려가 반영된 제도였다.[26] 이런 대대적인 전환 덕분에 2차 대전 이후의 서독 군종은 군대조직 속의 "장교"이자 "인사이더"가 아닌 "항구적인 아웃사이더"였고, 군인들의 사기를 북돋는 "치어리더"가 아닌 "비판적인 양심의 목소리"로 기능할 수 있었다.[27]

1970년대의 남아프리카공화국도 서독과 유사한 측면을 갖고 있었다. 남아프리카공화국 교회들 안에서 군종제도를 둘러싼 찬반 논란이 분분한 가운데서도 "교회의 사역이 군대에 의해 사기 고양을 위해 이용되어선 안 된다"는 폭넓은 합의가 형성되었다. 뿐만 아니라 1974년에 남아공교회협의회(South African Council of Churches: SACC)는 소속 교단의 청년 신자들에게 불의한 전쟁에 참여하는 대신 '양심적 병역거부'를 감행하라고 촉구했다.[28] SACC는 국가의 통제로부터 자유로운 '독립 군종제도', 즉 군복과 구분되는 별도의 제복을 입고 국가로부터 봉급을 받지 않는 군종들로 구성된 제도를 제안하기도 했다. 아울러 일부 교단들은 군종들에게 군복을 입지 말라고 명령할 수도 있다고 경고하는가하면, 기존 군종들을 군대로부터 철수시키고 그 대신 '해방운동' 진영에 군종을 파견하기도 했다.[29]

베트남전쟁 당시의 미국도 이와 유사한 상황이었다. 특히 1970년대 초에 이르러 군종제도는 교회와 군대 안팎에서 거센 도전에 직면했다. 군종장교들은 민간인학살과 같은 전쟁범죄들에 제대로 대처하지 못했다. 정작 용기 있게 베트남전쟁의 불의를 고발하고 나선 이들은 군종이 아닌 일반 장교와 병사들이었다. 고통과 혼란에 빠진 병사들은 군종장교가 아닌 지휘관을 상담자로 삼았다.[30] 베트남전쟁은 개인과 제도 수준 모두에서 '군종의 실패'가 두드러졌던 시기였다. 하버드대 로스쿨 학생 2명이 군종제도가 헌법의 정교분리 원칙에 위배되는 제도라며 소송을 제기하는가 하면, 해군사관학교 학생들은 강제적인 예배 출석 지시에 항의하여 소송을 제기했다. 법원은 하버드대 학생들의 소송에서는 군종이 '종교자유' 원칙을 충족시키기 때문에 헌법적으로 필요한 제도라고 판단했지만, 해군사관학교의 강제적인 예배 출석 지시는 헌법의 '종교자유' 원칙에 위배되는 불법적인 조치로 판단했다.[31]

1973년에는 미국시민자유연맹(American Civil Liberties Union: ACLU)도 군종제도가 종교자유라는 헌법적 권리를 군인들도 누릴 수 있도록 돕는 '합헌적' 제도라던 종전의 입장을 철회했다. ACLU가 군종제도 위헌이라는 입장으로 선회한 논거는 두 가지로 압축된다. 첫째, 군종의 선발, 계급, 제복, 급여, 승진, 업무의 범위 등의 영역들에서 확인되는, 군종에 대한 군대 측의 광범위한 통제, 둘째, (군인들의 종교적 욕구보다는 군사적 편의와 관련된 이유들로 인한) 주요 교단들에 의한 군종 선발과정 통제가 소수파 종교집단들을 심각하게 차별한다는 게 바로 그것이었다. 요컨대 '군대(국가)에 의한 군종 통제'와 '소수파 종교들에 대한 차별'이 군종제도의 합헌성을 부정하는 핵심 근거였던 셈이다. 이런 위헌적 상황을 타개하기 위한 대안으로 ACLU가 제시한 것이 '자유 접근'(free access) 정책이었다. 군인들의 종교자유는 헌법적으로 중립적인 자유 접근 정책에 의해, 즉 (1) 자기가 속한 교단의 성직자에 대한 자유로운 접근권, (2) (그로부터 연역되는) 성직자의 군대에 대한 자유로운 접근권 보장에 의해 더 잘 실현될 수 있다는 입장이었다.[32] 역시 1973년에 미국 의회(하원)는 1974년도 국방예산안을 심의하면서 부대 인근 종교시설에 대한 접근 가능성을 들어 군종 인원의 감축 필요성을 제기하기도 했다.[33]

교회 안에서도 군종제도에 대한 다양한 비판과 대안들이 제시되었다. 군종 논쟁을 주도적으로 제기한 몇몇 단체들도 새로 등장했다. 저명한 흑인신학자인 하비 콕스가 편집해서 1973년에 출판한 책 『군종: 종교적 군대에서 군대식 종교로』(Military Chaplains: From a Religious Military to a Military Religion)로 유명해진 '베트남전쟁에 대해 염려하는 성직자·평신도협의회'라는 단체도 그 중 하나였다.[34] 1971년에는 "군종 활동에서 군사주의를 제거하고 군종의 독립성 확립을 위해" 현역 및 예비역 군종장교들도 참가한 교회 기관 종사자들의 모임인 '탈군대화된 군종을 위한 연합'(Coalition for a Demilitarized Chaplaincy: CDC)이 결성되었다.[35]

여러 교단들, 특히 진보적인 개신교 교단들도 군종에 대한 연구에 착수했다.[36] 점점 많은 교단들이 베트남전쟁을 '불의한 전쟁'으로 인식해감에 따라, 군종제도를 근원적으로 재성찰하는 작업도 자연스럽게 활발해졌던 것이다. 연합그리스도교회(UCC)도 그런 교단 중 하나였다. 이 교단은 1973년에 열릴 제9차 총회를 위해 준비한 태스크포스 보고서에서, (1) 군종에 대한 군대 측의 규제가 종교적 사명을 군의 세속적 목적에 종속시키도록 요구하고 있으며, (2) 이런 잘못된 우선순위로 인해 군종들이 국가의 정책 및 관행에 대한 신의 심판을 설교하는 예언자로서의 역할을 수행할 수 없게 되었다고 판단했다. 아울러 UCC 교단은 이 보고서를 통해 (3) 군종은 정부 행위를 축복만할 것이 아니라 교회와 국가라는 두 기대 사이의 모순의 표지(sign of contradiction)가 되어야 한다고 주장했다.[37]

1962년에 마틴 시걸은 군인들에게 종교적 서비스를 제공하는 별도의 민간단체(religious civil service)를 설립하여 군종제도에 대한 군대 통제를 시민적 통제로 전환해야 한다고 주장한 바 있다.[38] 실제로 1970년대에 버지니아 주에서 이와 유사한 실험이 시도되었다. 이곳에서는 교회-국가 분리를 엄격하게 이행하는 '제도(기관) 채플런시'(institutional chaplaincies) 체계를 구축하기 위해 11개의 교단들이 공동으로 운영비를 제공하는 기구를 설립했다. 이 기구는 풀타임 책임자 1명과 7명의 유급 채플린, 그리고 월 1회씩 자원봉사를 제공하는 200명의 성직자들로 구성되었다. 여기서 교회의 역할은 채플린을 제공하는 것이고, 주정부의 기능은 제도(기관) 수용자들에 대한 접근권을 교회에 제공하는 것이었다.[39]

찰스 루츠는 1960~1970년대 미국에서 전개된 군종 논쟁 과정에서 다양한 대안들을 제안한 개인 혹은 집단들을 크게 세 가지 이념형적 그룹들로 범주화했다. 첫 번째 그룹은 '군종 폐지론자들'이었다. 이들은 군종들을 군대에서 철수시키고 교회가 봉급을 지급하는 민간인 군종 활동을 제공하거나, 군종을 캠퍼스선교와 비슷하게 군인들에 의한 자발적인 봉사로 대체하려 했다. 두 번째 그룹은 '군종 개혁주의자들'이었다. 이들은 군종 활동에 참여하는 교단에 더 강력한 권위와 권한을 부여함으로써 군종에 대한 민간 통제를 강화하고, 반면에 군종의 행동에 영향을 주는 군대 측의 명령을 최소화해야 한다고 주장했다. 아울러 이들은 '계급과 군복의 배제'와 같은 군종체계의 변화를 옹호했으며, 여성·청년이나 군대 경험이 없는 이들을 추가하는 방식으로 군종 요원의 선발 폭을 확대하는 것을 지지했다. 세 번째 그룹은 '군종 다원주의자들'이었다. 이들은 현 체계의 개혁을 추구함과 동시에 군종 영역을 군대 및 민간 부문 모두를 포함하는 방식으로 다원화하는 방식을 추구했다.[40]

어쨌든 1960~1970년대의 미국사회에서 군종은 온갖 의견들이 분출하고 부딪치는 무대이자, 시민사회의 '뜨거운 감자'로 부상했다. 이런 백가쟁명의 상황 자체가 군종의 혁신을 시도하기 위한 우호적인 환경과 강력한 사회적 압력을 만들어냈다. 물론 대다수의 미국 군종들, 특히 고위 군종장교들은 군종장교 파송을 중지하라는 요구도, 군인 신분의 군종을 민간인으로 교체하라는 요구도, 군종들에 대한 군 통제를 민간 통제로 대체하라는 요구도, 전투에서의 명령불복종 요구도 받아들이지 않았다.[41] 이미 평생 직업으로 오랫동안 군종장교 생활을 해왔던 이들이 이런 요구들을 수용하기는 쉽지 않았을 것이다. 그럼에도 불구하고 군종들이 외부로부터의 도전을 엄중한 사태로 판단했음은 분명했다. 군종장교들 사이에서 공유된 위기의식은 대대적인 군종 개혁을 추진할 원동력으로 작용했다.

미국에서 1920년대 초의 군종 개혁이 주로 군종의 '조직' 측면에 초점이 맞춰져 있었다면, 1970년대 초의 개혁은 군종의 '역할/기능' 측면에 중점이 두어졌다. 러블랜드는 1970년대에 진행된 군종 역할의 변경을 "사기 증진자(morale builder)에서 도덕 옹호자(moral advocator)로의 전환"으로 요약했다. 분석적으로 볼 때 이 변화는 다음 두 가지를 내포한다. (1) 군종의 전통적인 '사기 증진자 역할'을 점진적으로 축소하는 반면 '도덕지도 역할'은 대폭 확대하는 것, 그리고 이와 동시에 (2) 사기 증진자 역할의 내용도 (군인들에게 전투의지를 고취하는 방식이 아니라) 군대의 인간화·자유화·참여·소통과 같은, '군인공동체의 삶의 질 향상'에 초점을 두는 방향으로 변화시키는 것이었다. 군종은 이제 '군인들의 인권 옹호자' 역할까지 능동적으로 떠맡으려 나섰다.

바로 이런 맥락에서 미국 군종장교들은 군종의 기능을 '전투력'과 직접적으로 연관시키는 발상 자체를 거부하게 되었다. 이 대목이 정말 중요했다. 바로 이런 발상의 전환이 그야말로 군종 역사의 획기적인 전환을 가능케 했다. 특히 1970년에 미국 육군 군종감실은 "군종이 군인들의 전투 동기화를 위해 신앙을 주입한다"는 관념을 거부하면서, "군종은 훌륭한 투사를 만드는 조건화 과정의 도구가 아니며, 위대한 영적 힘을 지닌 군인이 일반적으로 훌륭한 군인이라는 사실은 군대가 종교프로그램을 지원함으로써 얻을 수 있는 '보너스'에 지나지 않는다"고 선언했다. 아울러 미국 군종장교들은 정부의 군사-외교 정책에 대해서도 간헐적으로나마 예언자적 비판의 목소리를 내기 시작했다. 1982년에 육군 군종감인 커미트 존슨 소장이 레이건 정부의 핵무기 정책 및 엘살바도르 독재정권 지원을 비판하는 공식문서를 발표했던 일은 특별히 주목할 가치가 있다.[42] 1970년대 중반에 해군 군종감을 지낸 허치슨 역시 자신의 저서에서 (1) 군종 활동은 전투행위라는 목적에 부수적일 따름이며 전투력 향상이 군종의 본령이 아니라는 것, (2) 종교가 군대의 목적 달성을 위한 수단이나 도구로 이용될 위험을 피하기 위해서는 군종에 대한 교회의 통제가 더욱 강화되어야 한다고 주장한 바 있다.[43]

1970년대의 미국에서 시도된 이러한 역할 전환은 기나긴 군종 역사에서 중대한 분기점이 도래했음을 의미한다. 군종 기능의 역사적 연원을 전승 기원의 전쟁의례나 승리의례, 전사(戰士)의례에서 찾을 수 있고,[44] 다소간의 변형을 거쳤을지언정 그런 전통이 무려 천 년 이상이나 유지되어 왔기 때문이다. 더구나 오늘날에도 통치자들과 군대 지휘관들은 군종들로 하여금 "열심히 싸우고 용감하게 죽음과 직면하도록 군인들을 준비시키는 사기 충전자(morale booster)"[45]로서의 역할을 수행하도록 기대하고 압박한다. 부대 지휘관의 '참모장교'인 군종들이 이런 기대와 압박을 뿌리치는 것은 결단코 쉬운 일이 아니다. 미군 군종들에 비해 한국 군종들이 대체로 새 신자 영입을 뜻하는 '선교·포교'를 더욱 강조하는 경향이 있기는 하나, 지휘관들의 성향은 한국에서도 별반 다르지 않다. 군목 출신인 김기태에 의하면 "군목들은 그들의 활동의 비중을 선교에 많이 둔다. 그러나 군은 장병들의 정신전력 증강에 군종 활동이 기여하기를 기대한다. 때로는 이것이 군목과 지휘관 간에 긴장을 고조시키기도 한다."[46] 그럼에도 1970년대 이후 미국 군종들은 지휘관들과의 마찰을 자초할 수도 있는 힘들고 고통스런 길로 발을 내딛었다.

(2) 기존 패턴의 확대재생산: 한국

미국 군종이 거대한 방향 전환을 시도하던 바로 그 시기에 한국의 군종장교들은 종전의 패턴을 고수했고, 나아가 더욱 강화했다. 다시 말해 한국 군종은 전통적인 '사기 증진자' 역할을 계속 고집했을 뿐 아니라, 이를 아예 '신앙전력화'라는 모토로 정식화했다. 한국 군종 지도자들은 창립 이래 '정신전력'이나 '무형전력' 등의 용어를 즐겨 사용하면서 군종 활동을 군인의 전투력 향상과 긴밀하게 결부시켜왔다. 반면에 예나 지금이나 군인의 삶의 질 향상이나 인권 옹호를 위한 활동은 군종의 업무 리스트에서 대체로 빠져 있는 편이다.

한국 군종 사이에 전설처럼 전해지는 무용담들 역시 군종장교들이 군인의 전투력 향상과 전투 승리에 공헌했다는 이야기가 대부분이다. 전형적인 사기 증진자 역할을 강조하는 내용인 셈이다. 다음 두 가지 일화는 한국전쟁 시기의 일들인데, 두 번째는 사창리전투와 뒤이은 용문산전투 즈음의 사건을 다루고 있다.

> 어느 날 정일권 대장이 손원일 국방부 장관에게 다음과 같은 보고를 했다. 중공군의 남침이 치열하여 국군은 점점 남쪽으로 밀려 내려만 오고 모두 용기를 잃고 있었으며 아무리 위험을 헤쳐 나가자고 외쳐도 연대장의 명령이 도무지 통하지 않아 한 사람

도 일어날 생각조차 안하고 있을 때였다. 연대장은 생각 끝에 군목을 찾아가 도와달라고 부탁하였다. 그 목사는 곧 일어서서 장병들과 함께 찬송을 부르고 기도를 한 후 "국군 여러분, 당신들의 한 발자국 전진은 대한민국의 전진이요, 당신들의 한 발자국 후퇴는 곧 대한민국의 후퇴입니다. 우리들이 최선을 다할 때 하나님도 반드시 우리들을 도와줄 것을 믿습니다. 다 일어납시다" 하며 확신에 찬 목소리로 말하였다. 이에 힘을 얻은 국군은 일제히 일어나서 고지로 고지로 전진하여 위기를 면했다고 하며 군목제도의 실시에 감사하는 보고서를 제출하기도 했다는 것이다.[47]

그날 밤, 구사일생으로 살아남은 사람들은 나를 포함해서 3명뿐이었다. 부대로 귀대한 나는 즉시 목사님을 찾았다. 마침 그곳에 신부님도 계셨다. 내가 하나님께 드렸던 기도를 말씀드리고서, 우선 남은 전쟁을 이기기까지 함께해주시길 부탁드리니 두 분 모두 쾌히 승낙하셨다. 용문산전투에 앞서 그분들을 모시고 전 부대원들에게 세례를 받게 했다.……세례를 받고서 정신무장이 된 우리 부대원들은 그 전투에서 적 4천 5백 명을 생포하는 대승을 거두었다. 훗날 나는 국방부에서 전사를 보고하는 가운데서 말했다. "이 전투의 승전 원인은 두 가지였다. 하나는 항공기의 엄호가 주효했고, 또 하나는 믿음이었다. 모든 병사들이 세례를 받고 나서 죽음의 공포를 떨치고서 담대히 나가 싸웠기 때문이다."[48]

베트남전쟁에서도 군종들의 활동은 장병 사기 증진과 전투력 향상에 맞춰져 있었다. 다음 두 인용문은 베트남전쟁과 관련된 일화를 소개하고 있다.

월남에서 대대장을 하는 동안……작전을 앞에 둔 병사들은 개방된 매점의 음식도 잘 먹지 않고 시무룩한 시간을 보내고 있음을 알게 되었다. 나는 이들의 심적 불안을 씻어주어야만 한다고 생각했다. 그래서 연대에 요청하여 목사님으로 하여금 간단한 예배로 정신교육의 시간을 갖게 했다. 그런 이후부터 병사들의 모습이 완전히 달라졌다. 체육 활동도 하고 매점의 음식물도 그들만 오면 바닥이 날 정도였다. 병사들은 즐거운 마음으로 작전에 임하였고 전투를 두려워하지 않았다. 하나님은 의로운 자를 돕고 믿는 자를 보호한다는 것을 목사님으로부터 듣고 병사들이 마음의 안식을 찾게 된 것이다.[49]

월남 서부지역의 전세는 하루 이틀 견딜 여유밖에 없는 풍전등화의 상황이었다. 안케패스작전의 첫날부터 사단 군종부와 각 연대교회는 작전이 승리할 때까지 특별기도회를 계속하고 있었다.……하나님을 향해 부르짖는 맹호교회의 기독 장교와 신우회 회원 150여 명의 통성기도가 기폭제가 되어 맹호 전 장병이 합심해서 기도를 계속하였는데, 어느 포부대의 포사격보다 맹렬했고 그 열기는 뜨거웠다. 그 당시, 내가 출석하는 서울 영락교회 1만 5천 명 성도들은 맹호부대 1만 5천 명 장병들을 위하여 일 대 일 기도운동을 전개하고 있었다. 그것을 비롯하여 한국의 전국 교회

가 기도부대가 되어 배후에서 기도로 우리 군대를 지원하고 있었
다.[50]

한국의 군종 성직자들과 군부 지도자들은 군종 활동을 반공투쟁, 공산주의와의 심리전 내지 사상전의 일환으로 간주하는 경향이 강했다. 한국전쟁 기간 중의 여러 포로수용소에서 전개된 군종 활동을 두고 "지금까지 공산주의의 대의를 내세워 행해진 선전 중 가장 결정적인 패배"를 안겨주었다고 평가하거나,[51] "포로전도사업"뿐 아니라 "사상계몽과 반공운동으로서도 큰 성과"를 거두었다고 평가하는 것이 단적인 예이다.[52] 군종제도 창설 5주년을 맞는 1956년에 육군참모차장 장도영 장군이 군목들에게 "공산주의 사상과 대항하는 기독교가 부흥하여 군대에 군목이 있다는" 것을 자랑스럽게 생각한다고 치하했던 것에 대해서도 같은 해석이 가능할 것이다.[53] 군종장교들은 독자적으로, 혹은 정훈 등 다른 병과와 협력하여 장병을 대상으로 한 반공교육을 정기적으로 시행했다. 예컨대 해군 군종의 경우 "1961년 7월 반공 정신무장을 위해 정신교육대를 해군종합학교 내에 설치하고 해군 전체 하사관과 병사를 대상으로 1개월 혹은 1주간의 정신교육을 실시하고" 있었다.[54] 1963년부터는 휴전선 인근 전방부대에서 '대북 종교방송'이 시작되었다.[55] 대북 종교방송 역시 군종장교들의 임무였을 것이다.

1970년대의 풍경도 그 이전 20년과 그다지 다르지 않았다. 앞에서도 인용했듯이, 한국적인 맥락에서 군종은 교회가 기대하는 '선교'와 군대가 기대하는 '정신전력에의 기여' 사이에서 역할갈등 내지 역할긴

장을 겪을 수도 있었다. 그러나 1970년대를 지배한 '전군신자화운동'은 이런 갈등이나 긴장의 소지를 원천적으로 제거해주었다. '선교·포교'와 '정신전력에의 기여'라는 두 목표가 이 운동 안에서 아무런 모순 없이 융합되고 일체화되었기 때문이다. 당시 군 당국은 모든 장병들로 하여금 종교를 갖도록 만듦으로써 '반공사상 무장'과 '군내 사고예방'이라는 두 가지 '세속적인' 목표를 달성할 수 있다고 믿었다. 전군신자화운동은, 첫째, 반공 사상무장을 통한 '정신전력 강화', 둘째, 사고예방에 의해 전투병력 감소 및 장병의 사기 저하 사태를 방지함으로써 '전투력 유지'에 공헌하는 두 가지 방식으로 전투력 향상에 기여한다고 주장되었다. 요컨대 "종교를 통한 전력화(戰力化)"가 전군신자화운동의 목적으로 표방되었다.[56]

전군신자화운동이 한창 진행되던 1976년에는 '신앙전력'이라는 "한국 군종제도의 신조어"가 탄생했다.[57] 이 용어의 창안자는 다름 아닌 박정희 대통령이었다. "1976년 6월 26일 문은식 군종감 재임 시 당시 박정희 대통령으로부터 '신앙전력화'(信仰戰力化)라는 휘호를 받아 군종 병과의 업무지침으로 오늘까지 내려왔"던 것이다.[58] 이렇게 1976년에 군종의 '업무지침'이 된 신앙전력화라는 모토는 이후에도 고위 군종장교들에 의해 금과옥조처럼 여겨졌다. 다음은 대통령으로부터 휘호를 받은 당사자였던 문은식 군종감의 말이다.

신앙을 가질 때 이 땅 위에서의 신앙에 기초한 보람 있는 생애가 영원한 세계에서 영생으로 보답된다고 확신될 때, 우리는 우리의 생명을 값지게 희생할 수 있는 것이다. 신앙을 통하여 희생정신과 사생관이 확립되면 거기에는 불굴의 용기와 초인적인 투지력이 있어 투철한 군인정신으로 총화될 수 있다. 그래서 군종업무의 방향을 신앙전력화로 삼고 신앙을 통한 군 전투력 향상에 기여하려 한다.……군인들에게 인격지도교육을 통해 가치관을 확립하고 신앙을 통한 사생관을 세우며 인간 선도를 통한 병영생활의 명랑화를 기하려는 것이 군종 활동의 대종이다. 따라서 군종업무는 군의 전투력 증강에 직결되고 있는 것이며 신자화운동은 무신론자 공산당과의 사상대결을 위한 정신무장인 것이다. 따라서 군종업무의 목표인 신앙전력화는 군인들의 사상적 윤리적 무장의 구심점이라 볼 수 있어 군종 활동은 더욱 강화되어야 할 것이다.[59]

1980년대 이후에도 같은 기조가 유지되었다. 예컨대 1984년의 '군종업무 강화 지침'은 군종 활동의 목적을 "신앙심을 필승의 신념으로 승화하여 정신전력 함양에 기여함"이라고 명시했다. 부연하자면 "종교활동으로 필승의 신념을 배양하고 사생관을 확립하며, 교육 활동으로는 바른 가치관과 윤리관을 확립하고, 선도 활동으로 건전한 병영생활과 전력 저해요소를 제거함으로써 정신전력에 기여한다"는 것이다.[60] 심지어 2000년대에도 같은 목소리가 앵무새처럼 반복되고 있었다. 2003년에 현역 군종장교인 이현식 목사는 다음과 같이 말했다. "군대에서의 종교 활동은 무엇보다도 신앙심을 무형의 전투력으로 승화시키는 기능을 담당하고 있습니다. 각종 종교의식을 통해서 두려움과 공포를 물리치고 담대하게 군 복무(전쟁)에 임할 수 있도록 돕는 역할

입니다. 그래서 군에서는 '신앙전력화'라는 말도 있습니다."[61] 2009년에
도 육군의 군종 병과 책임자이던 유병조 신부는 군종 병과의 임무와
역할을 "신앙전력화와 사생관 확립"으로 규정했다. 그는 이런 취지에서
"종교 활동을 통한 군의 무형전력 극대화", "신앙심을 통한 사생관 확
립 등 무형전력의 극대화", "유사시에 신앙이 전력이 되어야 한다"는 주
장을 개진했다.[62] 상대적으로 후발주자였던 불교의 군종장교들도 그리
스도교 군종장교들과 별반 다르지 않은 인식을 보여준다.[63]

　미국 군종에게 1970년대가 베트남전쟁을 계기로 불붙은 격렬한 '논
쟁과 개혁의 시간', 나아가 '위기의 시간'이었다면, 한국 군종에게는 전
군신자화운동으로 대표되는 '축복과 은혜의 시간'이자 '기적을 만들어
내는 경이로운 시간'이었다. 전군신자화운동은 1970년대 전반기에 가
장 활발했으나, 적어도 공식적으로는 1970년대 내내 진행되었다. 전체
군인을 종교 신자로 만들겠다는 이 운동이 전체 경찰관과 유치인들,
나아가 전체 교도관과 재소자들마저 신자로 만들겠다는 운동으로 들
불처럼 번져나가는 동안, 교단 내부에서도 행복감과 기쁨, 감격이 교
차했다. 이런 엄청난 기적을 선물해준 장군들, 그리고 역시 장군 출신
인 대통령에게는 찬사가 쏟아졌다.

　군종 활동이 반공주의 사상교육이나 공산주의와의 심리전·사상
전의 수단으로 간주되어온 전통, "종교를 통한 전력화"라는 전군신자
화운동의 목적, 1976년 이후 군종 병과의 업무지침이 된 '신앙전력화'
라는 모토에서 발견되는 공통점이 있다. 이런 사실들은 군종장교들
이 군대를 지배하는 가치나 지배이데올로기를 내면화하고 있고, 그
가치·이데올로기에 대해 과잉동조로 기울어 있음을 입증하는 가식

적인 징표이다. 그런 면에서 이런 현상들은 정교유착의 위험스런 불씨를 품고 있다고도 말할 수 있다. 뒤에서 보다 상세히 다루겠지만, 1970~1980년대는 군종장교들을 매개로 한 정교유착의 사례가 유난히 많았던 때이기도 했다. 신앙전력화라는 모토에서 드러나는, '사기 증진자' 역할의 굳건한 고수는 '전쟁 정당화'로도 이어질 수 있다는 점에서 신학계의 '평화주의적 전환' 경향과도 충돌할 수 있다(이에 대해서도 뒤에서 다시 다룰 것이다).

1970년대 들어 개신교와 천주교 지도자들 사이에서, 특히 노동현장·도시빈민촌·농촌·대학을 중심으로 활동한 이들 사이에서 민주화운동과 인권운동이 확산되었다. 그 와중에 많은 이들이 군사정권에 의해 온갖 고통을 당하고 있었다.[64] 그러나 전군신자화운동은 군종과 직간접적으로 연루된 종교지도자들의 비판의식을 거의 완전하게 마비시켰다. 정권과의 관계 방식 면에서 '긴장어린 대결'과 '달콤한 밀월'이 그리스도교 교회들 내부에 불편하게 공존하던 시대였다. 정부 정책에 대한 무조건적이다시피 한 지지 태도에 기초한, 정부-종교 사이의 달콤한 밀월 분위기가 군종 안팎을 지배하고 있었다. 이런 일련의 상황과 사건들 역시 비슷한 시기에 미국의 군종장교들이 미국정부의 군사-외교 정책에 대해 예언자적 비판의 목소리를 내려고 노력했던 사실과 대조된다.

3. 맺음말

우리는 이 장에서 군종과 전쟁 사이의 '이중적인 관계'에 대해 살펴보았다. 전쟁은 군종을 양적으로 팽창하게 만든 따뜻한 요람이기도했고, 군종을 위기로 몰아가는 거친 폭풍우이기도 했다. 대부분의 전쟁들은 군종에 호의를 베풀었지만, 어떤 전쟁들은 군종에게 가혹한시련을 안겨주었다.

미국에서 베트남전쟁은 군종제도를 격렬한 논쟁의 한복판으로 끌고 갔다. 베트남전쟁을 계기로 벌어진 논란은 수많은 이해당사자들로하여금 '군대조직으로 과도하게 통합된 군종제도'에 내포된 위험들에대해 비판적으로 성찰하도록 강제했다. 종교와 군대 사이의 '건강한균형', 군종이 전쟁·군대·지배의 편리한 도구로 전락하는 것을 방지하기 위해 '필수적인 균형'이 깨져버린 '군대종교'(military religion) 혹은'군대화된 종교'(militarized religion)의 위험에 대해서 말이다. 이런 비판적인 성찰이 미국 군종제도의 내적 혁신을 이끈 원동력이었다. 그런데 같은 기간 동안 한국에서는 군종이 거대한 '무성찰성의 제도'라는사실이 점점 더 뚜렷해졌다. 이에 대해서는 다음 장에서 더욱 자세히살펴볼 예정이다.

관료화된 전문직업주의를 전제하고 지향한다는 양국 군종의 공통점에도 불구하고, 지원병제와 징병제의 차이가 작용하는 가운데1960년대 후반부터 한국 군종에서는 '규범과 현실 사이의 모순' ─ 전문직업주의에 기초한 장기복무를 지향하는 규범적 기대와 대부분의군종장교들이 단기의무복무만 마치고 전역해버리는 현실 사이의 모순과 충돌―이 증폭되었다. 이것 역시 한·미 군종의 점진적 이질화 과정을 보여주는 한 측면이라고 할 수 있다(이에 대한 상세한 분석은 이 책 8장에서 이루어질 것이다).

베트남전쟁 기간이 미국에서 '군종의 위기'였다면, 한국에서는 정반대로 '군종의 전성기'였다. 1970년대의 전군신자화운동은 군종 전성기의 탁월한 상징이었다. 아울러 한국전쟁 이후 한동안 침체에 빠져 있던 천주교의 군종 활동도 베트남전쟁을 계기로 재활성화되었다. 불교계에서도 베트남전쟁 덕분에 숙원이던 군종 참여가 드디어 결실을 맺었고, 이후 열정적으로 군종 활동에 매진했다. 각 교단들도 베트남전쟁 시기에 경쟁적으로 군종 활동 후원에 나섰다. 베트남전은 한국에서 군종조직의 역동적인 확대, 그리고 군종 활동의 전반적인 활성화를 이끈 촉진요인으로 기능했다. 한국·미국 군종은 한국전쟁에 이어 베트남전쟁까지 나란히 함께 겪었지만, 두 번째 전쟁이 끝날 무렵이 되자 둘은 더 이상 같은 길을 가는 동행(同行)이 아니었다.

5장

압축성장과
무성찰성

앞 장에서 살펴본 대로 지난 60여 년 동안 한국과 미국 군종 사이의 상호작용은 '동질화'와 '이질화'의 두 단계를 경과해왔다. 1단계의 동질화 과정이 한국 군종장교들의 주체적인 선택이었듯이, 2단계의 이질화 과정 역시 한국 군종장교들에 의한 주체적인 선택의 결과로 보아야 마땅할 것이다. 이런 단계들을 거치면서 '압축성장'(compressed growth)과 '비(非)성찰성 혹은 무(無)성찰성'(non-reflexivity)이라는, 한국 군종제도의 두 가지 현저한 특징들이 형성되고 표출되었다는 사실이 중요하다. 1단계의 동질화 과정에서는 '모방에 의한 압축성장'이라는 특징이 뚜렷했다. '무성찰성'이라는 특징은 1단계와 2단계 모두에서 나타났지만, 2단계에서 보다 선명하게 부각되었다.

1. 모방에 의한 압축성장

한국 군종조직의 '모방에 의한 압축성장'이 두드러졌던 1950~1960년대에 먼저 주목해보자. 미국에서는 '현역 정규 장교들로만 구성된, 상대적으로 자율적이고 위계적인 군종감실 체제'가 형성되는 데

300년 가까운 긴 세월이 필요했다. 그런데 한국 육군에서는 이런 체제가 형성되기까지 채 4년도 걸리지 않았다. 해군과 공군에서는 초기 군종조직의 발전 속도가 육군보다 더욱 빠르게 진행되었다. 한국 군종 체계의 핵심적인 구조 내지 골격은 1951~1954년 사이에 사실상 완성되었고, 그 후 첨가된 변화들은 대부분 부수적이거나 소소한 변주(變奏)에 지나지 않는다고 말해도 좋을 정도였다.

미국 극동사령부의 군종장교들과 재한 미국인 선교사들은 처음부터 한국에 미국식 군종제도를 이식하는 데 큰 관심을 갖고 있었다. 이런 관심은 현실로 구체화되어, 미국인 선교사들은 "정규 장교로 임명된 그리스도교 성직자들로 군종단이 구성된 것은 미국의 피(被)선교지 중 한국이 처음이었다"는 사실을 자신들의 역사책에 자랑스럽게 기록할 수 있게 되었다.[1] 앞에서 얘기했듯이 한국에서 군종제도 창립에 나선 개신교·천주교 대표격인 선교사들과 한국군에 대한 미군 고문단 대표들 사이에는 군종을 '현역 정규 장교'로 구성한다는 것, 즉 "미국 군목과 같이 계급을 주어야 할 것"에 대한 명확한 합의가 존재했다. 1951년 2월 당시 육군에서 군종이 '민간인 자원봉사자'에 가까운 '무보수 촉탁' 신분으로 출발했던 것은 사실이지만, 그것은 어디까지나 정부 예산 부족으로 인해 어쩔 수 없이 선택된 '잠정적인' 조치였을 따름이다. 군종에게 봉급을 지급할 재정 여력이 없다는 이승만 대통령의 하소연에 군대가 피복과 식량만 제공하고 군종의 활동비와 생활비는 선교부와 교단이 자체적으로 조달하는 방식으로 절충이 되었던 것이다. 더구나 군종들은 민간인 신분이었음에도 불구하고 항시 군복을 착용했을 뿐 아니라, 군종으로 정식 임용되기 전에 군사훈련까지 받았다. 당시 군 당국은 민간인 신분이었던 군종을 '사실상의 군인'처럼 취급했던 것이다.

군종의 신분 전환을 촉진 혹은 강제한 다른 요인도 있었다. 만약 전쟁이 끝난 이후에도 군종의 신분이 '민간인 자원봉사자'(무보수 촉탁)로 유지되었다면, 대부분의 군종들이 민간 교회에서의 기회를 찾아 군대를 떠나고 말았을 것이다. 불안정하고도 선호도 낮은 '무급(無給) 봉사직'을 고수할 경우 군종 요원들의 대대적인 이탈로 군종제도 자체가 붕괴될 수도 있었다.[2] 이런 상황에서 이승만 정부는 전쟁이 끝나기 전인 1952년 6월에 군종의 신분을 대위~중령 대우를 받는 '유급(有給) 문관'으로 재빨리 전환했으며, 그로부터 불과 1년 반 만인 1954년 12월에는 다시 '현역 정규 장교'로 신분을 전환했다. 공군의 경우에는 '무보수 촉탁' 단계를 건너뛰어 1952년 3월에 최초의 군종 요원을 '유

표 5-1 **한국 군종제도의 발전(1): 군종 요원의 신분**

육군	해군/해병대	공군
	1948.9. 현역장교(정훈) 선발	
	1949.2~1951.5. 현역장교(정훈)와 문관 혼재	
1951.2. 최초의 군종 요원 선발(무보수 촉탁)	1951.6. 해병대 최초의 현역 군종장교 임관 1951.11. 해군 최초의 현역 군종장교 임관	
1952.6 군종 신분을 유급 문관으로 전환		1952.3. 최초의 군종 요원 선발(문관)
		1953.4. 군종 신분을 현역장교로 전환
1954.12. 군종 신분을 현역장교로 전환		

급 문관' 신분으로 선발했고, 1년여가 지난 1953년 4월에는 군종 신분을 '현역장교'로 전환했다. 육군보다 더 일찍 군종제도를 도입했던 해군의 경우 '무보수 촉탁' 단계는 아예 존재하지 않았고, 1948년 9월부터 1951년 5월까지 현역장교(정훈 병과)와 문관 신분이 혼재하다가, 1951년 6월(해병대)과 11월(해군)에 '현역 군종 병과 장교'를 선발했다. 〈표 5-1〉에 이 과정이 요약되어 있다.

미국에서 군종이 '일시적 계약직인 민간인' 신분을 넘어 '장기복무 평생 직업인 임관된 장교' 신분으로 바뀌기 시작한 것은 1812년 해군에서부터였다. 육군의 경우에도 남북전쟁 때부터 이런 전환이 시작되었지만 19세기 말까지도 이 과정은 완료되지 못했다.[3] 미국에서는 200~300년이 걸렸던 일이 한국에서는 4년도 안 되는 짧은 기간 내에 신속히 진행되었던 것이다.

미국과 비교할 때 독립적인 군종감실이 등장하는 과정도 초고속으로 진행되었다(〈표 5-2〉 참조). 육군의 경우, 1951년 2월 육군본부 인사국에 설치된 '군승과'(軍僧課)가 같은 해 4월 '군목과'(軍牧課)로 개칭되었고, 1954년 2월에는 인사국의 통제에서 벗어나 독립적인 '군종감실'로 승격되었다. 최초의 군종 부서가 등장한 때부터 독립적인 군종감실이 설치되기까지 겨우 3년밖에 걸리지 않았던 것이다. 해군의 경우 육군보다 2개월 빠른 1950년 12월에 해군본부 '군종실'이 창립되었고, 이후 해군본부 인사국 산하 '군종과', 행정참모부 산하 '군종실'로 개편되었다가 1955년 2월에 '군종감실'로 승격되었다. 여전히 해군본부 행정참모부장 통제 아래 있던 군종감실이 참모총장 특별참모부서로 독립한 것은 1960년 2월의 일이었다. 공군에서는 1953년 4월에 공군본

표 5-2 **한국 군종제도의 발전(2): 군종의 조직화와 제도화**

국방부	육군	해군	공군
		1950.12. 해군본부 군목실 설치	
	1951.2. 육군본부 군승과 설치(동년 4월 '군목과'로 개칭)	1951.5. 해병대사령부 군목실 설치 1951.11. 해군-해병대 군종실 통합	
1952.5. 군종실 설치		1952.9. 군목실이 독립부서로 개편됨	
		1953.8. 군목실이 행정참모부 산하로 편입됨	1953.4. 공군본부 군종실 설치
	1954.2. 군종감실 승격		
		1955.2. 군종감실 승격	
		1960.2. 군종감실 독립	
			1962.2. 군종감실 승격

부 인사국 소속으로 '군종실'이 설치되었다가 1962년 2월 독립적인 '군종감실'로 승격했다.[4] 미국에서 공군이 육군 및 해군과 유사한 군종 조직을 갖춘 시기가 1949년이었으니, 한국과도 거의 차이가 없는 셈이었다.[5] 미국 육군에서 일정한 관료적 자율성을 향유하는 독립적 군종감실(office of the chief of chaplains)이 탄생한 때가 1920년이었고, 해군은 이보다도 늦었다.[6] 미국에서 300년이 필요했던 일을 이루는 데 한국에선 3~10년이면 충분했던 것이다.

군종의 조직과 배치 방식에서도 한국의 압축성장이 두드러졌다. 미국 육군의 경우 군종을 부대 단위로 배치하는 '전술부대 군종제도'(tactical-units chaplaincy)와 지역 단위(주로 개척지구)로 배치하는 '포스트 군종제도'(post chaplaincy)가 복잡하게 전개되었다. 전술부대 군종도 '연대 군종'(regimental chaplain)과 '여단 군종'(brigade chaplain) 사이를 오락가락했다. 미국 해군의 경우엔 처음부터 군종을 군함에 직접 배치하는 '함정 군종제도'(shipboard chaplaincy)가 오랫동안 유지되었다. 1917년에 가서야 최상급 부대인 해군성에 근무하는 감독 군종을 임명하고 이후 하급 부대 군종들(fleet chaplain 및 district chaplain)을 단계적으로 배치함으로써 육군의 전술부대 군종제도와 유사한 체계가 정립되었다.[7] 그런데 한국 육군은 처음부터 '전술부대 군종제도'로 직행했다. 한국 해군의 경우에는 군종들이 해군본부에서부터 하급 부대 방향으로 차차 배치되어나가고 '함정 군종'은 나중에야 등장하는, 말하자면 미국과는 역순으로 군종 조직 및 배치 방식이 전개되었다. 미국 군종제도가 겪은 오랜 시행착오의 과정을 단숨에 건너뛴 것이다.

이 밖에 군종 조직과 활동의 거의 모든 측면들에서 한국은 압축성장을 거듭했다. 미국에서 군종의 역사는 이주의 역사와 정확히 일치한다. 최초 정착민들 스스로가 군종을 동반했으므로 1609년에도 군종이 존재했고, 메이플라워호 도착 이후 17년 동안에도 군종이 존재했다고 한다.[8] 미 대륙에 식민지체제가 구축되어 영국군이 주둔하면서부터는 이미 완숙하게 발전한 상태이던, '전술부대 군종제도'를 축으로 한 영국 군종제도가 그대로 이식되었다. 유럽 출신 정착민들은 거주지를 중심으로 민병대를 조직했고, 민병대가 출정하게 될 경우에는 지역 교회의 성직자들이 자연스럽게 군종 자격으로 동행했다. 이것이 미국에 독특한 지역 단위의 군종, 즉 '포스트 군종제도'의 원조가 되었다.

리처드 버드는 미국 군종제도의 발전 과정을 개관하면서 남북전쟁 직전까지의 성취를 여섯 가지로 요약했다. 그것은 ① 군종업무가 규정에 의해 명문화된 것, ② 군종의 봉급과 계급이 다른 장교나 민간 성직자보다 안정적이었던 것, ③ 군종들이 군대 스타일의 유니폼에 점점 익숙해진 것, ④ 공식적 자격을 갖춘 성직자들만이 군종으로 임용되게끔 한 것, ⑤ 해군에서 군종의 연령 제한을 도입한 것, ⑥ 군종들이 무기 휴대에서 벗어나 전통적인 비전투원 역할에 근접해 간 것 등이었다. 아울러 버드는 남북전쟁 직전까지도 여전히 낙후되어 있던 측면으로 다음 다섯 가지를 꼽았다. 그것은 ① 감독 책임을 지는 군종을 포함한 독자적인 군종조직이 부재한 것, ② 군종조직의 부재로 인해 입법 과정에 영향을 미치고, 개개 군종의 임무 수행을 감찰하고, 자원 및 능력의 최적 활용을 조정하고, 정기/부정기 간행물을 통해 전문지식의 성장을 촉진할 역량이 제한되었던 것, ③ 교회·교단이 여전히 실질적으로 군종을 경시하고 있었던 것, ④ 교회·교단의 군종 경시로 인해 정치 과정을 통한 개혁에 미쳐야 할 군종의 영향력이 제한되었던 것, ⑤ 군종의 역할을 다른 영역, 특히 교육 쪽으로 다변화하려는 경향이 잔존하며, 이런 원심력의 경향이 군종의 제도적 발전에 악영향을 끼치고 있다는 점 등이었다.[9]

버드는 남북전쟁 즈음에 확인되는 제도적 성취들이 더욱 진전됨과 동시에, 그때까지 여전히 남아 있던 여러 한계들이 최종적으로 극복된 시점이 1차 대전 말부터 그 직후 시기인 1917~1920년 무렵이었다고 보았다. 바로 이 시기에 ① 군종감실의 창립으로 정점에 이른 군종조직의 관료화와 전문화, ② 계급구조와 정기적 승진, 유니폼, 계급장

착용의 정착, ③ 군종의 역할에 대한 분명한 정의, 군종 임무의 단순화와 명료화, ④ 학력 기준이나 연령 제한을 포함하는 군종의 전문가적 자격기준 강화, ⑤ 군종학교와 정기적 회의, 출판물 등 군종 전문화에 기여하는 직무교육 체계 완비, ⑥ 군종에 대한 교회·교단의 감찰과 추천 시스템 구축, ⑦ 개별 군종의 직무 수행에 대한 보고체계 도입 등이 사실상 완료되었다는 것이다.[10]

미국에서는 식민지 개척기부터 20세기 초까지 약 400년에 걸쳐, 특히 군종제도가 눈부신 발전을 이룬 남북전쟁 시기부터 1차 대전 직후까지의 약 60년 동안 집약적으로 진행되었던 제도적 변동이 한국에서는 군종 창립 후 10년 이내에 대부분 완료되었다. 여기에는 (이미 위에서 밝힌 사항들 외에도) 군종장교의 교육 및 재교육 기관, 군종장교들의 정례적인 회의체들, 군종 관련 정기간행물을 포함한 출판물들, 민간인 성직자·교역자와의 협력체계 등이 포함된다. 아울러 앞에서 밝혔듯이 군종업무 규정, 군종업무 매뉴얼 및 군종교육 교재, 일반 장병들을 대상으로 하는 군종장교의 교육 교재도 미국의 그것들을 참조하거나 번역하여 일찍부터 사용하고 있었다. 미국에서 군종학교가 설립된 것은 육군의 경우 1918년, 해군은 1942년의 일이었다. 미국에서 군종업무 매뉴얼이 발행된 것은 해군의 경우 1918년, 육군의 경우에는 1926년의 일이었다.[11] 그런데 한국에서는 군종제도가 창설된 지 2년 만에 (미군 군종 매뉴얼의 번역판인) 군목교범이 출판되었고, 1959년 12월에는 육군에 상설적인 군종교육기관인 '군종교육대'가 설립되었다. 1964년 1월에는 군종교육대를 위한 독립적인 건물이 준공되었다.[12] 군종 출범 후 10년도 되지 않은 1960년 8월에는 군종들의 교양잡지인 《군종》이

창간되었다.[13] 민간인 신분의 종교인들을 군종장교의 조력자로 활용하는 미군의 전통과 유사하게, 한국에서도 '보조군목제도'가 육군 군종제도 창립 직후인 1951~1957년 사이에 도입되어 운용된 바 있다.[14] 해군에서는 1959년부터 다른 병과 소속의 장교들을 '보조군목'으로 임명하는 독특한 제도를 운영했다. 해군의 보조군목제도가 1966년 7월 현재까지도 존속하고 있었음을 확인할 수 있다.[15]

약간의 시차를 두고 1960~1970년대에는 군종하사관제도와 예비군 군종제도가 차례로 등장했다. 우선, 1967년에 '대대 군종하사관 제도'가 정식으로 도입되었다.[16] 그 이전에도 군종장교의 업무를 돕는 하사관이 군종 부서에 배치되어 있었지만, 군종장교 부족으로 군종이 미처 배치되지 못한 대대급 부대까지도 군종하사관들이 배치되기 시작한 것이다. 군종에 참여한 종교와 교단들에게 또 다른 특혜를 제공하는 맥락에서, 1970년대에는 예비군군종제도가 등장했다. 1968년에 '향토예비군'이라는 이름으로 예비군제도가 부활하자 1972년부터 '향군종'(鄕軍宗)으로 불리기도 한 예비군 군종제도가 신설되었던 것이다. 이 역시 미국의 예비군종(reserve chaplain) 제도와 유사한 것이었다.

미국에서 군종의 제도적 성장을 제한하던 많은 요소들이 한국에서는 처음부터 아예 존재하지 않았다. 대표적인 것이 '군종에 대한 교회와 교단의 무관심' 문제였다. 버드도 지적했다시피 남북전쟁이 발발할 때까지는 "교회와 교단이 실질적으로 군종을 경시"하고 있었다. 허치슨도 "교회들은 군목이 존재한 이후 백 년 동안은 군 목회에 대해 도대체 관심을 갖지 않았으며, 단지 세계 제1차 대전 이후에야 군 목회에 대한 적극적인 역할을 떠맡았다"고 지적했다.[17] 미국에서 군종 요원을 선발할 때 교단의 인준 절차를 제도화한 것은 1899~1913년 사이의 일이었다. 해들리와 리차즈에 의하면 "1899년과 1901년 사이에 자질이 있는 목사들이 자신들의 교단으로부터 정당하게 인준 받은 군목으로서 봉사할 수 있도록 하는 법률안을 제정하였다. 1913년에는 새 군목들을 위한 교회의 인준이 일상적인 과정으로 요구되었다. 이런 요구는 다양한 신앙집단과 그들을 대표하는 군목 간의 연대를 강화하였다."[18] 미국에서는 이처럼 교회의 무관심이 군종들을 오래도록 괴롭힌 요인이었다. 그러나 한국에서는 정반대였다.

앞 장들에서 살펴본 바와 같이 한국에서는 군종제도의 도입 자체가 교회·교단의 적극적 관심과 개입의 산물이자 성취였다. 개신교와 천주교의 주요 교단 대표들과 선교회 대표들이 공동으로 군종제도추진위원회를 조직하고 대통령, 국방부 장관과 직접 교섭했다. 교단과 선교사 대표들은 군종제도 도입을 설득하기 위해 9월 5일, 9월 19일, 9월 25일 등 1950년 9월에만도 세 번이나 이승만 대통령을 면담했을 정도였다. 교단과 선교회는 무보수 촉탁 시기에는 군종들의 생활비와 활동비를 기꺼이 부담했고, 군종들이 유급으로 전환된 뒤에도 지속적으로 후원금을 제공했다. 1980년대 이전까지 교회와 법당 등 거의 모든 종교시설들이 교단의 지원으로 혹은 신자들 자력으로 건축되었다. 군종-교단 관계에서도 모방과 학습에 의한 압축성장이 두드러졌던 것이다. 한국전쟁 종전 후 얼마 동안 교단의 관심이 다소 수그러든 것처럼 보였지만, 베트남 파병 이후에는 군종 후원 열기가 되살아났다. 개신교와 천주교, 불교는 1970년대 초에 군종 후원 조직을 결성하고 전군 신자화운동을 적극적으로 지원했다. 군종 활동을 재정적으로 후원하는 범교단적 조직들의 등장도 미국에 비해 대단히 빠른 편이었다.

2. 무성찰성

　모방에 의한 압축성장의 가장 중요한 부산물 중 하나가 바로 '성찰성의 부재'였다. 앞서 언급했듯이 한국 군종의 무성찰성은 한-미 군종 간 상호작용 패턴의 첫 번째 단계(1950~1960년대)와 두 번째 단계(1970년대 이후) 모두에서, 다시 말해 한국 군종 역사 60여 년 전체에 걸쳐 나타나지만, 두 번째 단계에서 더욱 도드라졌다. 1970년대 이후 개신교와 천주교 내부에서 진보적 신학이 확산되고 민주화·인권운동이 발전했음에도 불구하고, 군종제도가 비판적 성찰의 대상으로 떠오른 적은 전무했다.

　주로 외부의 자극에 힘입어 급작스럽게 제도가 설립되고, 전혀 다른 역사적 맥락 속에서 오랜 기간 동안 온갖 시행착오와 갈등·논쟁·고뇌를 겪으면서 형성된 제도가 완제품 형태로 직수입되다보니, 군종제도에 내재한 위험이나 잠재적 딜레마 등에 대해 차분하게 따져볼 겨를이 없었다. 기성품으로 주어진 미국 군종제도 속에 압축되어 있던 시간을 해체하여 제도 형성의 역사적 맥락을 찬찬히 되새김질해보는, 일종의 '추체험'과 같은 것의 필요성을 주장하는 이는 아무도 없었다. 한국 교회지도자들과 군종장교들에게 미국의 군종제도는 단지 배우고 따라야 할 이상적이고 선진적인 제도일 따름이지, 비판적 성찰의 대상이 전혀 아니었다. 비판적 성찰의 대상이기는커녕 군종은 한국

교회의 위대한 성취이자 자부심의 대상이었다. 개신교를 대표하는 교단연합단체로서 한국기독교교회협의회(NCCK)의 전신이기도 한 한국기독교연합회가 1957년에 "대한민국 국군에 군목제도가 창설되었다는 것은 한국 선교사(宣敎史)에 있어서 획기적인 사실(史實)"이라고 극구 칭송했던 것도 이런 맥락에서 이해될 수 있다.[19]

한국 군종이 '무성찰성의 함정'에 빠진 중요한 이유가 '미국 군종 모델을 신화화'한 것, 혹은 '미국 모델의 신화'에 사로잡힌 데 있다고 필자는 생각한다. 따라서 무성찰성의 함정에서 벗어나려면 무엇보다 먼저 '미국 모델의 신화'에서 깨어나야 할 것이다. 미국식 군종 모델은 군종제도의 유일한 모델이 결코 아니다. 뿐만 아니라 미국식 모델에 내재된 위험도 뚜렷한 편이다. 어느 나라에서든 군종은 교단과 군대에 이중적으로 소속된다. 그러나 '이중적 소속'이라는 보편적인 현상 속에서도 군종에 대한 군대/교단 각각의 통제력이 구체적으로 어느 정도인지, 그 통제력이 어떻게 관철되는지는 나라마다 다를 수밖에 없다. '군종의 유형적 다양성'을 인정하는 것 자체가 무성찰성에서 탈출하는 중요한 출발점이 된다. 이런 관점에서 두 가지 방식으로 군종의 유형화를 시도해보자.

(1) 완전한 통합 유형

먼저, 필자는 군대조직으로의 '통합' 정도, 혹은 군대조직에 대한 '일체화/동일시'의 정도에 따라 개별 군종 사례들의 유형화가 가능하다고 생각한다. 다시 말해 군종들이 군대조직에 얼마나 통합되어 있는지, 군대조직과 얼마나 일체화되어 있는지에 따라 (1) 완전한 통합 유형, (2) 부분적 통합 유형, (3) 자율 유형 등 최소한 세 가지의 이념형적 유형들을 구분해낼 수 있다고 본다.

첫 번째로, '완전한 통합 유형'(full integration type)은 군대와의 적극적이고 능동적인 일체화/동일시로 특징지어진다. 따라서 이 유형을 '군대화 유형'(militarization type)이라고도 명명할 수 있을 것이다. 이 유형에서는 군종에 대한 군대의 통제력이 매우 강한 반면, 교단의 통제력은 상대적으로 약하다. 완전한 통합 유형에서 군종들은 복무기간이 길어질수록 교단의 기대·지시보다는 군대의 기대·지시에 더욱 적극적으로 반응하는 경향을 보이기 쉽다. 이 유형에서 군종은 정규 장교로서 지휘관의 명령과 각종 군율, 군대 관행의 지배를 받는다. 군종은 군대의 온전한 구성원이며 평생의 직업으로 수행되는 전문직이다. 국가는 군종에게 장병에 대한 자유로운 접근권을 보장하며 군종 활동을 위한 대부분의 재정을 제공한다. 그런 만큼 군종의 승진이나 보직 배치는 전적으로 군대의 권한에 속한다.

군종은 교단의 파송을 받은 '성직자'이자 지휘관의 '참모장교'라는 이중성을 지닌 존재로 인정받긴 하나, 군대조직에 대해 그가 확보했거나 실질적으로 행사하는 자율성 수준은 높지 않다. 교단 역시 군종을 선발·추천하는 권한을 행사하고 정기적으로 회의 등에 소집할 수 있지만, 군종의 일상적인 업무에 개입하거나 인사권을 행사할 수는 없다. 특히 특정 군종장교가 교단의 규범에 배치되는 행동을 할 경우, 혹은 국가가 교단이 용인할 수 없는 수준의 군사 행동을 보일 경우, 교단이 개별 군종장교 혹은 군종단 전체를 소환하거나 군대로부터 철수시킬 권한을 갖는지는 여전히 불분명하다.[20]

해당 국가가 '정교분리'를 법제화한 나라일 경우 완전한 통합 유형은 위헌·위법 논란에서 결코 자유롭지 못하다. 이 유형은 피터 몰이 '전통적 입장'이라고 부른 것과 유사한데, 이런 명명법 자체가 암시하듯이 전 세계 군종조직 중 가장 많은 사례들이 이 유형에 해당된다고 볼 수 있을 것이다. 1920년대에 완성 단계에 도달한 미국의 군종이야말로 이 유형의 가장 전형적인 사례이며, 미국 모델을 고스란히 모방한 한국의 군종 역시 당연히 이 유형에 속한다. 이탈리아도 군종이 현역장교 신분으로 충원되는 것은 유사하지만, 처음 중위로 임관하여 중령까지는 '자동으로' 승진하고, 오직 대령 이상의 고위직에 대해서만 선발 원칙을 적용한다는 특징이 있다. 군종사관학교 입교 5~6년 후 사제 서품 및 중위 임관, 6년 후 대위 진급, 11년 후 소령 진급, 4년 후 중령 진급까지 26~27년의 임기를 보장하는 것이다.[21] 현역장교 신분이기는 하나 진급 경쟁 때문에 군종들이 군대에 과도하게 통합되는 사태를 미연에 방지하려는 장치일 것이다.

완전한 통합 유형에 속하는 군종들은 두 가지 위험에 노출되기 쉽다. 첫 번째 위험은 군종이 병사들에게 '군대의 대변인'이라는 이미지로 비치는 것이다. 이 위험은 장기적으로 군종제도 자체의 효율성을 저하시킬 수도 있다. 두 번째 위험은 군종이 소속 교단의 입장과 무관하게, 심지어 소속 교단의 입장에 반해서 군 당국의 선전원 내지 대변인 노릇을 하는 것이다. 군인 충원 방식이나 특정 전쟁에 대한 지지 문제 등이 특히 예민한 쟁점일 수 있다. 1947년 당시 미국에서 대부분의 교단들이 평시 징병제에 확고히 반대 입장을 표명하는 와중에도 군종들이 군대에 의한 '사실상의 징병제' 캠페인에 동원되었던 게 좋

은 사례일 것이다.[22]

두 번째로, '자율 유형'(autonomous type)은 군대조직과의 '비(非) 통합' 그리고 '군종에 대한 시민적 통제'로 특징지어진다. 물론 시민적 통제의 일차적이고 가장 중요한 주체는 교단이다. 따라서 자율 유형을 '탈군대화 유형'(demilitarization type) 혹은 '민간화 유형'(civilianization type)이라고 말할 수도 있겠다. 자율 유형은 여러모로 완전한 통합 유형과 반대의 특징들을 갖는다. 군종은 군인이 아닌 민간인이며, 군종의 책임자 역시 민간인이다. 군종에게 전문적인 지식이 요구되기는 하나, 그것이 평생 직업이 되는 경우는 드물다. 군대는 군종에게 부대/군인에 대한 접근권을 보장할 뿐이고, 군종은 군율의 지배를 받지 않으며, 군종은 군복 착용의 의무를 지지 않는다. 군종 요원들은 군대의 통제로부터 상당한 자율성과 독립성을 갖고 활동한다. 군종 활동의 제반 비용은 교단이 부담하며, 군종에 대한 인사권도 교단이 행사한다. 이런 유형에선 군종이 정교분리 원칙에 위배된다는 논란은 거의 제기되지 않는다. 앞서 거론했던, 1950년대에 재건된 서독의 군종과 1970년대 미국 버지니아 주의 실험이 이 유형에 가장 잘 부합하는 사례일 것이다.

마지막으로, '부분적 통합 유형'(partial integration type)은 '완전한 통합 유형'과 '자율 유형'이라는 양극단의 중간에 위치한다. 따라서 여기에는 다양한 변이들이 포함될 수 있다. 예컨대 뉴질랜드와 오스트리아의 경우, 군종들은 계급이 없으며, 단지 '초급'(6년 이내의 경력자)과 '고급'(6년 이상 경력자)의 구분만 있을 뿐이다. 영국은 육군의 경우 교단에 따라 정규 장교로 구성된 '직업군종제도'(성공회, 장로교, 천주교)

와 계급이 없는 '특별군종제도'(감리교)가 동시에 운용되고 있다. 영국 해군의 경우 군종은 부지휘관 대우를 받되 계급장이 없는 민간인 신분이다.[23] 프랑스의 경우에도 군종은 군인(장교)·군무원·민간인 자원봉사자의 세 가지 신분으로 구성되어 있으나, 군종장교의 경우에도 계급을 부여받지는 않는다. 국가가 군종 인원을 결정하면 이를 신분별로 어떻게 배분할지는 교단의 대표자들이 결정하는 시스템을 운영 중이다.[24] 남아프리카공화국에서는 네 가지 종류의 서로 다른 군종제도들이 동시에 공존하고 있다.[25] "군종에게 장교 계급을 부여하는 근대의 경향"이 불행의 씨앗이며, 이로부터 "군종제도를 구출하는 한 가지 방법은 군종에게 계급을 부여하지 않는 것"이라는 인식에 따라 군종의 계급을 철폐하자는 캠페인이 오스트레일리아에서 벌어지기도 했다.[26] 현역장교 중심인 미국의 일부 지역에서도 군종장교와 민간인 교역자들 간의 다양한 '협동 모델'이 실험되었다.[27]

간략히 살펴본 것처럼 군대조직에의 통합 정도에 따라 군종에는 다양한 유형들이 존재한다. 한국과 미국 모두 세 유형 중 '완전한 통합 유형'에 속한다. 한국 군종 역사에서는 내내 '통합에의 열망'이 강하게 유지되었다. 군종들은 민간인(무보수 촉탁, 문관) 시절부터 군복을 착용하고 군사훈련을 받았고, 문관 시절에는 하루빨리 현역장교 신분을 줄 것과 독립된 군종감실을 설치해줄 것을 요청했다. 앞서 인용한 바 있는 김계춘 신부의 말("여태껏 문관으로 있던 신분이 계급장을 단 현역으로 탈바꿈하게 되어 신부의 생리에 안 맞아 모두 퇴역하였다")처럼 1950년대 중반의 군종신부들 사이에서 '현역장교'라는 신분을 달가워하지 않는 경향도 일부 나타났지만, 그 역시 일시적인 현상에 그쳤고 대다수 군종 요원들은 곧 현역장교 신분에 적응했다.

　불교가 군종에 참여하기 시작한 해인 1969년부터는 계급장 대신 착용하던 십자가 휘장을 떼고, 모든 군종의 군복에 계급장을 부착하기 시작했다.[28] 군종 요원들의 외양이 현역장교와 조금 더 비슷해진 것이다. 군종제도에 참여하고 있는 교단들은 자파(自派) 군종 요원들이 조금이라도 더 높은 계급으로 임관되도록, 그럼으로써 조금이라도 승진 경쟁에 유리하도록 교단의 내부 법규들을 앞 다퉈 고쳐나가고 있기도 하다.[29] 천주교의 요청에 의해 1971년 도입된 '사회경력 환산제도' 역시 군종신부들의 임관 계급 상향과 빠른 진급을 도모하기 위한 것이었다.[30]

　앞서 언급한 바 있지만, 미국식 군종 모델만을 절대시하면서 '군종의 유형적 다양성'에 대한 무지나 무관심을 드러내는 것 자체가 무성찰성을 입증하는 증거일 수 있다. 그런데 무성찰성은 완전한 통합 유형 자체에 일찍부터 '내재'해 있기도 한 것처럼 보인다. 완전한 통합 유형과 무성찰성은 애초부터 상당한 친화성(affinity)의 관계를 유지해 온 것 같다. 완전한 통합 유형에 깃들기 쉬운 무성찰성을 보여주는 대표적인 사례가 "군대로의 완전한 통합, 군대와의 동일시와 같아지기를 통해서만 군종 활동의 '효율성'이 제고될 수 있다"는 발상이다. 완전한 통합 유형의 군종들에게 널리 퍼져 있는 이런 사고방식, 이런 종류의 '군대로의 행복한 통합' 속에서는 비판적 성찰이 자리 잡을 여지가 전혀 없다. 여기서는 군대로의 통합 정도를 더욱 상향시키는 것이야말로 '군종 발전'의 핵심적인 지표가 되기 때문이다.

　이와 유사하게, 피터 몰이 말하는 '전통적 입장'에서는 (1) 계급과 군복으로 상징되는, 명시적으로 규정되고 가시적인 '군대 내 지위'를 군종이 가져야만 군대에 대한 자유로운 출입과 접근권이 보장되고 병사들이 요구하는 서비스를 적절하게 제공할 수 있으며, (2) (교회의 재정능력 부족을 감안할 때) 군종이 군대 안에서 필수적인 부분으로 인정받음으로써 국가의 지속적인 재정 지원을 확보해야만 군종 숫자의 감축이나 그로 인한 군종 활동의 효율성 저하를 막을 수 있다고 주장한다. 그러나 몰은 이런 입장에 대해 군대라는 환경이 군종 개개인에게 미치는 영향력을 과소평가하고 있다는 점에서 오류일 가능성이 높다고 비판한다.[31]

'완전한 통합 유형'을 주어진 현실 안에서는 최선의 선택으로, 따라서 어느 정도는 불가피한 선택으로 받아들이는 편인 리처드 버드조차 '과잉 일체화(overidentification)의 위험'을 항상 경계해야 한다고 강조한 바 있다.

> 군종들은 군대조직 안으로 거의 총체적으로 통합되었다. 모든 군종들은 장교로 임관되었고, 군종 병과는 군 조직의 필수적인 일부가 되었다. 군종의 제복은 다른 장교들의 제복과 사실상 구분되지 않게 되었다. 계급과 봉급 체계도 다른 장교들과 동일하게 되었다. 군종들은 그 어느 때보다 더 소속 부대의 일부가 되었다.……군 조직으로의 통합은 전문직으로서의 군종을 복잡한 상황으로 이끌어갔다. 군대체계로의 실질적인 통합은 군종들이 고민하던 많은 문제들을 해결해주었던 반면, 동시에 군종들의 '군대로의 과도한 일체화'라는 새로운 위험을 창출했다. 이는 애초

에 교회가 군종들을 군대로 파송했던 바로 그 종교적 목적을 위협한다. 군대가 군종을 참모진의 필수적 일부로 보기 시작했지만, 군종을 다른 사기 고양 장치들의 한 첨가물로 보거나 전투 효율성 증진을 위한 또 다른 도구로 보려는 유혹도 함께 증가했다. 따라서 전문화로의 길은 고유한 신앙 및 삶의 규범을 지닌 군종의 종교적 소명 그리고 이와 상충하는 군대의 목적·이상·기준들 사이의 긴장을 증가시켰다. 군대에 의해 인정받고 수용되려는 군종들의 욕망이 교회가 군종을 파송하여 가르치고 모범을 보이도록 위임한 바로 그 원칙들을 훼손할 위험을 수반했던 것이다.[32]

앞서 지적했듯이 '완전한 통합 유형'은 정교분리 원칙에 위배된다는 논란에 휩쓸리기 쉽기도 하다. 이 유형에 가까운 미국만 해도 군종제도가 정교분리를 규정한 미국 수정헌법의 '국교 설립 금지' 혹은 '비(非)국교화' 조항과 양립할 수 없다는 주장이 무수히 제기되었다. 스윔리는 이런 논거를 다음 다섯 가지로 정리한 바 있다. (1) 군종장교 봉급과 군대교회에 대한 재정 지원 등의 형식으로 종교기관에 정부보조금을 지급하는 것, (2) 국가가 군종장교에 대한 인사권을 장악한 상태에서 종교인들을 다양한 계급으로 배치하는 방식으로 승진을 관장하는 것, 또한 군종이 현역장교 신분이라는 사실을 빌미로 종교인들을 특정 제도 속에 가두는 것, (3) 정부가 찬송가 같은 종교용품들을 출판하는 것, (4) 군 당국이 육군·해군·공군에 각기 종교적 위계질서를 구축하고 하향식의 명령·지휘체계를 구축한 것, (5) 군종은 '(군대 안의) 성직자'라기보다는 '군 장교'에 가깝고, 그런 면에서 군종장교들은

군대식 규율과 야심에 종속되는 경향을 보인다는 것.[33]

그러나 한국에서는 군종제도의 '합헌성'(constitutionality) 여부를 따지는 경우 자체가 극히 드물었다. 그만큼 한국에서는 군종제도가 헌법적 성찰의 대상이 된 적이 드물었다는 얘기이다. 필자가 아는 바로는 한국에서 운용되고 있는 군종제도가 '위헌적'이라는 주장은 모두 세 차례 제기되었다. 그중 두 번째 사례에서는 군종제도를 폐지해야 한다는 주장까지 나왔다.

첫 번째로, 1966~1967년에 걸쳐 개신교와 천주교에게만 군종제도 참여 권한을 제공하는 현행 군종제도가 헌법의 종교자유 보장과 종교차별 금지 원칙에 위배된다는 주장이 일부 국회의원들과 불교계에 의해 제기되었다. 1966년 11월 10일 실시된 국방부 국정감사에서 국회 국방위원회 소속인 한상준 의원(민주공화당)과 한건수 의원(민중당)은 "종교자유를 규정하고 있는 헌법정신에 비추어 특정 종교만을 군종에 참가케 하고 있는 현재의 정부정책은 명백한 위헌적 처사임을 지적"하면서 "하루속히 종교차별정책을 지양할 것을 촉구"했다. 특히 한건수 의원은 당시 다음과 같은 주장을 펼쳤다고 한다. "우리 민족의 절대 다수가 신봉하며 오랫동안 정신생활을 지배해온 불교가 현재까지 군종에서 제외된 것은 군인들에 대한 자유로운 신앙생활을 억압한 결과를 초래케 한 것이 아닌가?……국민의 기본권의 하나인 신앙의 자유는 군이라고 해서 침해할 수 있다는 근거는 없다. 주요 종교가 균등히 군종에 참여해야 한다는 것은 나의 소신이다."[34] 이듬해인 1967년 2월에는 《대한불교》가 "헌법은 국민의 기본권의 하나로 '종교의 자유'를 규정하면서 국교의 불인정과 어떤 특정 종교에 대한 어떠한 특혜도 인정할 수 없다는 뜻을 밝히고 있다"면서 "군승제도를 실시하지 않는 것은 헌법정신에 위배"된다고 주장했다.[35]

군종제도의 위헌성을 거론한 두 번째 사례는 1973년 5월 천도교의 최덕신 교령과 대종교의 맹천주 총전교 공동명의로 작성된 「군종제도의 재검토를 요망하는 건의문」이었다. 대통령에게 보내는 건의문 형식의 이 글은 전군신자화운동에 반대하는 맥락에서 그리스도교와 불교에게만 군종제도 참여를 허용하는 것은 일부 종교에만 "국교적인 우대"를 베풀면서 종교를 차별하고 종교들의 평등한 포교권을 침해하는 것이며, 따라서 차제에 군종제도 자체를 폐지해야 한다는 내용을 담고 있다. 건의문에는 군종장교들의 무분별하고 불법적인 선교·포교 활동으로 인해 전군신자화운동이 장병의 종교자유를 침해하고 있다는 주장도 담겨 있었다.[36]

세 번째 문제제기는 보다 간접적인 것으로 2001~2002년에 걸쳐 원불교에 의해 주도되었다. 그 핵심은 소수파 종교들의 군종제도 진입을 막고 있는 군인사법과 병역법이 헌법의 종교차별 금지 조항과 충돌한다는 것이었다.[37] 군인사법과 병역법이 위헌적인 내용을 포함하고 있으니, 그 법에 의해 보호되는 군종제도 역시 위헌적인 요소를 포함하는 셈이었다.

그러나 세 경우 모두 군종제도의 '종교차별' 측면 그리고 (부분적으로는) '종교자유' 침해 측면을 비판할 뿐, '군대조직으로의 과도한 통합'으로 인한 군종제도의 '정교분리 위반' 측면에 대해서는 전혀 문제 삼지 않았다. 군종제도에 이미 참여하고 있는 기득권 종교 측에서는 종교차별이나 종교자유 침해라는 비판 목소리조차 철저히 외면했다. 그러나 군 당국이 나서서 사관생도와 장병 전원에게 예외 없이 한 종교—대부분 군종장교가 있는 개신교, 천주교, 불교 중 하나—에 입교하라고 강제하는 이른바 '1인 1종교 갖기 운동'을 벌인 것은 의문의 여지없이 반(反)헌법적이었다. 그것은 무종교인으로 남을 권리와 3대 종교를 제외한 다른 종교를 선택할 자유를 침해하는 것일 뿐 아니라, 국가가 종교적 행위의 주체로 직접 나섬으로써 정교분리를 위반한 처사임이 분명했다. 심지어 1974년에는 육군 당국이 장병 중 종교인구 비율을 1년 내에 48%에서 50%로 끌어올릴 것을 '육군 정책사업'으로 정해 전군(全軍)에 시달하기까지 했다.[38] 이처럼 노골적인 정교분리 위반 행위는 세계적으로도 희귀할 것이다.

그럼에도 군종 참여 교단들은 군 당국의 이런 위헌적 행태를 열렬히 환영함으로써 스스로의 성찰성 부족을 유감없이 과시했다. 전군신자화운동 당시의 내무반'예배'나, 그리스도교적 색채가 너무나 뚜렷한 각종 '기도문들'도 종교자유 및 정교분리의 동시적 위반이라는 비판을 피해가기 어렵다. 육군 군종감실이 1985년과 1996년에 『군진신학』이라는 이름의 책을 발간하여 그리스도교 '신학' 작업에 직접 뛰어든 것도 정교분리 논쟁을 자초하는 행위였지만, 그런 문제제기는 어디에서도 나오지 않았다.

지금까지 우리는 주로 제도와 조직의 측면에서 군종의 통합 문제를 다루었다. 그런데 한국 군종의 경우 '제도·조직'의 측면에서만이 아니고, '가치·이데올로기'의 측면에서도 과도한 통합이라는 특징을 드러낸다. 이미 살펴보았듯이 한국 군종은 공산주의와의 사상전·심리전의 맥락에서 군종 활동을 전투력이나 전투 임무와 직접 연결시켰다. 또 그런 맥락에서 1970년대 이후에는 '신앙전력화'를 병과의 모토로 표방해왔다. 이처럼 '제도·조직' 측면과 '가치·이데올로기' 측면을 함께 고려하면, 또 1970년대 이후 미국 군종이 전투력과 군종을 점진적으로 분리시켜왔다는 사실을 고려하면, 적어도 1970년대 이후 한국은 미국보다 한층 강력하게 군대로 통합된 유형에 속하게 되었다고 말할 수 있을 것이다.

(2) 영합 접근

'완전한 통합 유형'에 수반되는 다양한 위험들은 우리로 하여금 종교와 군대, 나아가 종교와 국가의 복합적인 관계에 대해 보다 근원적으로 성찰해보도록 요구한다. 이를 위해 필자는 '교단과 군대의 관계'를 기준 삼아 (1) 영합 유형, (2) 균형 유형, (3) 긴장 유형이라는 새로운 방식의 군종 유형화를 시도해볼 수 있다고 생각한다. 교단과 군대 사이의 '관계'가 아니라 '교단'을 중심에 둘 경우, 다시 말해 각 교단이 군대와 전쟁을 어떤 시각에서 바라보며 어떤 방식으로 접근하는가를 기준으로 삼을 경우, (1) '영합 유형'을 '영합 접근'으로, (2) '균형 유형'을 '균형 추구 접근'으로, (3) '긴장 유형'을 '비판적 긴장 접근'으로 달리 명명할 수 있을 것이다.

필자가 보기에 여러 접근의 차이를 빚어내고, 나아가 접근들 사이의 이동을 초래하는 가장 중요한 요인은 두 가지로 압축된다. 그 하나는 군종을 교단의 제도적 이익 실현의 도구로 간주하는 정도이고, 다른 하나는 전쟁/평화에 대한 교리적 태도이다. 물론 '평화주의'를 주요 교리 중 하나로 간주하는 교단들은 군종제도에 아예 참여하지 않을 가능성이 높다. 그리스도교를 기준으로 삼을 때, 군종에 참여하는 교단들은 전쟁에 대해 '정의로운 전쟁' 교리 혹은 '성전' 교리 중 어느 하나로 기울어 있을 것이다. 한편 오경환에 의하면, '교단의 제도적 이익'은 종교지도자들의 전략적 판단과 선택을 방향 짓고 제한하는 가장 중요한 요인이다. 종교조직의 제도적 이익을 정의하는 방식은 다양할 수 있지만, 대체로 제도적 이익에는 교세의 증가 혹은 감소, 종교조직 및 지도자들의 정치적·사회적·문화적 영향력과 지위, 다양한 형태의 특권이나 자원의 제공 혹은 박탈 등이 포함될 수 있다. 오경환은 이를 "종교조직체의 생존, 팽창, 그리고 보다 높은 사회적 지위와 최대의 영향력"으로 압축한 바 있다.[39]

먼저, '영합 접근'(conformist approach)에서 군대는 교단의 제도적 이익을 실현하는 장이자 무대이며, 군종은 이를 위한 가장 효과적인 수단으로 간주된다. 동시에 국가(군대)가 수행하는 대부분의 전쟁들은 정의로운 전쟁이거나 성전으로 미화되고 정당화된다. 이 유형에서는 교단이 군종을 적극 후원할 뿐 아니라 군대의 정책과 목표에 대해서도 지지를 아끼지 않으므로, 군종 개개인은 교단과 군대의 기대·목표 사이에서 아무런 갈등이나 모순을 느끼지 못한다. 군종들은 교회와 군대라는 두 주인을 동시에 섬기는 데 어색함이나 불편함을 체감하지 않는다. 민족주의가 지배한 19세기 유럽의 전쟁들 그리고 제1차 세계대전에 참여한 국가들의 교단과 군종들이 영합 접근의 전형적인 사례들일 것이다.

그런데 우리는 군종제도 역사의 시초부터 이 제도 자체가 "종교와 전쟁 간의 동맹"의 상징이었다는 사실을 기억해야 한다.[40] 군종제도는 영향력과 통제력을 상호 교환하는 종교-국가 간 공모(collusion)의 산물이기도 했다.[41] 곧 군종제도는 한쪽에는 종교조직에 대한 통제력을 강화하면서 군대/전쟁 목적에 종교를 이용하려는 세속적 정치권력, 그리고 다른 쪽에는 군인들로 자신들의 영향력을 확장하려는 종교권력 간의 상호이익을 위한 공모의 산물이라는 성격을 오랫동안 유지해왔던 것이다. 그런 면에서 영합 접근의 위력은 쉽사리 사라지지 않는다. 앞서 말했던 군대조직으로의 '완전한 통합' 유형은 19세기 이전에는 거의 발견되지 않는다는 점에서 현대적인 군종 유형을 대표한다고말할 수 있다. 그런데 완전한 통합 유형의 제도에 몸담고 있는 '현대의'군종들은 '영합 접근' 쪽을 더욱 편안하게 느낄 것이다.

20세기 후반에 이르러 두 가지의 중대한 전환에 의해 기존의 '영합접근'에서 벗어난 새로운 접근들이 비로소 나타날 수 있게 되었다. 두가지 전환이란 (1) 군종의 '역할 전환'과 (2) 전쟁교리의 '평화주의적전환'을 가리킨다.

우선, 군종의 역할 전환은 군대·지휘관들이 군종들에게 부단히 요구해온 전투력 및 사기 고양 기능과의 거리두기를 시도하는 것, 직접적 '선교'보다는 부대 환경의 '인간화'에 군종 활동의 초점을 맞추는것, 지휘관의 결정은 물론이고 군대라는 제도 및 정책에 대한 예언자적 비판과 자문 역할을 모색하는 것이다. 군종 역할의 변화는 (미국 군종들이 베트남전쟁 이후 추진했던) "사기 증진자에서 도덕 옹호자로의 역할 전환"으로 요약될 수 있다.

둘째, 1차 대전 당시 기승을 부렸던 호전적인 '성전' 주장은 종전 후대부분 사라졌고, 2차 대전이 끝난 후에는 '정의로운 전쟁' 이론조차

본래적인 '전쟁 비판·억제' 기능보다는 '전쟁 정당화·찬양' 기능이 앞선다는 비판에 직면하게 되었다. 양차 대전을 거치면서 '현대전'과 '총력전·전면전' 양상이 본격화되고, 생화학무기와 원자폭탄 등 대량살상무기의 시대가 도래하고, 군산복합체의 출현 속에서 '전쟁의 산업화' 추세가 급진전되고, 전후방 경계가 사라지면서 민간인 희생자가 급증하는 등 전쟁의 성격 자체가 빠르게 변화되었던 것이 그리스도교 전쟁교리의 변화를 촉진했다. 그 결과 '정의로운 전쟁론과 평화주의의 수렴' 내지 '정의로운 전쟁론의 평화주의적 전환' 추세가 현저하게 되었다.[42] 1980년대 말 이후로는 개신교의 세계교회협의회(WCC)를 중심으로 '정의로운 전쟁' 교리를 '정의로운 평화' 교리로 대체하려는 움직임이 본격화되었다. 정의로운 평화론은 "이 세상에 정의로운 전쟁은 더 이상 없다"는 확고한 전제 위에서 '비폭력 저항'을 중시한다.[43]

군종의 역할 전환과 교리의 평화주의적 전환이라는 20세기 후반의 '이중적 전환'은 새로운 접근들의 출현을 촉진했다. 새로운 접근은 '균형 추구 접근'(balancing approach)과 '비판적 긴장 접근'(critical tension approach)으로 대표된다. 새로운 접근들에서는 군종들의 '이중적 소속' 측면이 더욱 강조되며, 군종의 위치는 '군대 안의(within) 존재'라기보다는 '교단-군대 사이의(in-between) 존재'로 재설정된다.

'영합 접근'에서는 군대와 교단의 조화로운 협력 속에서 군종들이 별다른 심리적 고통에 시달리지 않았다. 여기서 군종들을 괴롭히는 문제는 '다중 역할' 문제, 즉 군대 측에서 군종들에게 과중할 정도로 많은 역할을 수행하도록 기대하는 것이다. 이에 비해 새로운 접근들에서는 교단과 군대라는 두 제도 사이의 잠재적·현재적 충돌 속에서 군종들이 구조적인 역할갈등이나 역할긴장에 시달릴 가능성이 훨씬 높아졌다. 군종이 겪었던 종전의 역할갈등이 업무 경계의 모호함이나 명확한 업무 규정의 부재 혹은 과중한 업무들에서 비롯되었다면(전통적인 영합 접근), 이제는 군종이 속한 두 제도가 기대하는 역할들이 상충하는 것, 즉 '역할의 양립불가능성' 때문에 주로 발생하게 된 것이다(새로운 접근들).

이런 심리적 고통과 스트레스로 인해 어떤 군종들은 '탈정치화'라는 탈출구로 도피할 수도 있다. 버겐이 말하듯이, 국가의 모든 전쟁을 정의롭다고 말하는 군종은 교단으로부터 버림받을 것이고 반면에 "다른 쪽 뺨마저 내밀기" 식의 평화주의적인 접근을 하는 군종은 지휘관과 멀어지고 진급도 어려워질 것이라면, 많은 군종들은 아무도 자극하지 않는 전형적인 '가족 지향 사목/목회'에서 해답을 발견하게 될 것이다.[44]

'균형 추구 접근'은 군대와 교단 사이에 목표·가치의 '충돌 가능성'을 인정하면서도, 전통적인 군종 활동·제도와 변화된 환경을 절충하고 타협시키려는 입장에 가깝다. 군대조직으로의 과도한 통합이나 과도한 일체화를 경계하면서, 군종과 교단의 관계를 더욱 밀착시킴으로써 군종에 대한 교단의 통제력을 증가시키고, 이를 기초로 군종을 향한 군대의 통제력과 교단의 통제력 사이에서 균형을 맞추고 유지하려 애쓴다. 또한 군대와 교단 사이의 균형을 위해서는 군종의 '자율성'이 필수적이므로, '군대조직으로의 통합'이라는 틀을 유지하는 범위 안에서 자율성 제고를 위한 다양한 혁신들이 모색된다.

'비판적 긴장 접근'에서는 교단-군대의 관계가 본질적으로 긴장 관계에 놓일 수밖에 없음을 인정한다. 뿐만 아니라 의식적으로 교단-군대 간 긴장 관계를 성찰과 혁신의 출발점으로 삼는다. 이 때문에 '비판적 긴장 접근'에서는 '균형 추구 접근'에 비해 군종의 '경계적 위치'와 '모순적 존재성'이 더욱 강조되는 경향이 있다. 여기서 군종은 스스로 가시적인 "모순의 표지"[45]가 될 수밖에 없고, 또 마땅히 그렇게 되어야만 하는 운명에 처하게 된다. 그것은 스스로 "역설적인 자리"(paradoxical position)에 서는 것이고, 불가피하게 "변증법적 모호성"(dialectical ambiguity)을 살아내야 하는 숙명을 받아들이는 것이다.[46] 모름지기 좋은 군종이라면 이런 모순과 긴장 속에서 살아가는 데 익숙해져야 한다는 것이다. 군종들은 군인에게 전투의지나 애국심을 고취하는 기능과 결별하는 대신에, 군인들로 하여금 전쟁·전술·무기에 대한 윤리적 판단을 내리도록 권장하는 기능을 떠안도록 기대된다. 또 '군대조직으로의 통합'이라는 기존 틀을 유지하는 한 군종의 진정한 자율성은 구조적으로 불가능하다고 판단하기 때문에, '비판적 긴장 접근'에서는 '탈군대화'나 '민간화' 방향의 대안들이 적극적으로 모색된다.

한국 군종의 모델이었던 미국 군종이 오랜 논쟁과 시행착오 끝에 1970년대 이후 '영합 접근'에서 벗어나 '균형 추구 접근'으로 이행해갔던 데 반해, 한국에서는 예나 지금이나 '영합 접근'이 지배적인 현실이 굳건히 이어지고 있다. 군종들은 지난 수십 년 동안 교단을 대상으로 군대 측의 충실한 대변인 역할을 수행해왔다. 한국 군종은 한국전쟁과 베트남전쟁을 직접 겪었음에도 불구하고 이를 성찰과 쇄신의 기회로 활용하지 못했다. 한국이 겪은 전쟁들은 군종에게 '위기와 성찰'의 시간이 아닌, '발전과 환희'의 시간이었을 따름이다.

무고한 민간인들을 상대로 한 군인의 전쟁범죄 행위에 대해 한국인 군종이 비판적으로 개입·고발하거나 위기의식을 토로한 사례는 거의 없다. 군종들은 지휘관이 요구하는 '사고예방'과 '문제사병' 선도 활동에는 열심이었지만, '부대 환경의 인간화'라는 차원에서 만연한 병영폭력과 인권 침해의 심각성을 공론화하고 해결책을 모색하는 데 기여한 바 역시 거의 없는 것으로 보인다. 1998년에 의문사한 김훈 중위의 유가족들이 사망 원인을 밝혀달라고 요구하자, "부모들이 애새끼들을 나약하게 키워서 툭하면 자살하게 해놓고는 뭘 잘했다고 부대까지 찾아와서 항의를 하는지 한심스럽다"고 말했다는 한 전방부대 군종신부의 반응은 한국 군종의 현주소를 단적으로 보여주는 사례일지도 모른다.[47]

군종장교들이나 이를 후원하는 교단 인사들이 선호하는 전쟁교리는 여전히 '성전'(거룩한 전쟁) 입장이나, '성전론적으로 해석되거나 채색된 정의로운 전쟁론'의 입장에 가깝다. 불교계의 입장도 별로 다를 바가 없다.[48] 그 자신 군종목사 출신이자 개신교를 대표하는 군종 연구자인 김기태의 "전쟁에 능하신 여호와"와 같은 표현들은 전형적인 성전론을 반영한다.[49] 무엇보다도 '신앙전력화'라는 표현만큼 한국 군종의 호전적 성격과 무성찰성을 적나라하게 보여주는 말도 드물 것이다. 여기에는 전쟁에 대한 적극적인 해석, 군종의 전투력 고취 기능에 대한 적극적인 긍정이 함축되어 있다. 무엇보다 '신앙'(교단)과 '전력'(군대)은 완벽하게 일체화되어 있어 '영합 접근'의 한 전형을 보여주고 있다.

3. 맺음말

미국의 군종제도를 모방했던 한국의 군종은 1950~1960년대에 형식적인 측면에서 초고속 성장을 거듭했다. 한국 군종은 '압축성장'이라는 말이 주로 적용되었던 한국의 경제 영역을 훨씬 능가하는 속도로 질주해왔다. 그러나 외형적인 급성장은 내적인 공허함 내지 허약함이라는 후유증을 동반했다. 필자는 이를 '무성찰성'이라고 불렀다.

필자는 두 가지 유형화 작업을 통해 무성찰성 실체에 접근해보았다. 한국 군종은 군대조직으로의 통합 정도에 따른 유형화에서는 '완전한 통합 유형'에 속하고, 교단-군대의 관계에 따른 유형화에서는 '영합 접근'에 속한다. 군종들은 군대조직과의 비판적 거리를 유지하지 못하고, 군종을 파견한 교단은 군대(나아가 궁극적으로는 국가)와의 비판적 거리를 유지하지 못하는 것이다. 다음 장에서 자세히 살펴보겠지만, 이런 상황에서 (종교지도자들의) 군대에 대한 도구주의적 태도는 기왕의 무성찰성을 더욱 부추기는 요인으로 작용하고 있다.

군종제도는 태생적으로 정교분리 위반 논쟁에서 자유롭기 어렵다. 이 제도를 통해 종교자유라는 헌법적 원칙을 완전히 실현한다는 것도 결코 만만한 과제가 아니다. 그런 면에서 군종은 공중 줄타기와 같은 '숙명적인 불안정성'을 안고 가야 하는 것인지도 모른다. 바로 그러하기에 한국 군종을 특징짓는 무성찰성이 그토록 위험한 것이다.

성찰성이 결여된 군종은 정교분리 원칙을 구현하기는커녕 '정교유착' 즉 교단과 국가의 부당한 결탁을 촉진하는 수단이 되기 쉽다. 그 와중에 국가권력에 대한 종교인들의 종속성이 더 심화될 수도 있다.

이런 상황에서는 군종 요원들이 지배이데올로기의 나팔수로 전락하는 일이 비일비재할 것이다. 아울러 성찰 능력이 빈곤한 군종은 장병들의 종교자유가 마음껏 향유되는 장(場)이기는커녕, 국가권력과 유착한 몇몇 특권적 종교들의 독무대가 되기 십상이다. 소수의 특권 종교들에 장악된 군종제도는 오히려 종교자유를 질식시키고 종교차별을 극대화하는 장치로 변질될 수 있다.

마지막으로, 필자는 군종 요원들을 군대로의 통합으로 이끄는 강력한 구조적 힘 두 가지를 추가적으로 지적할 필요가 있다고 느낀다.

첫째, 어느 나라에서든 군종장교는 종교지도자(성직자)와 참모장교라는 이중적 역할을 떠맡게 된다. 이런 이중성은 군종장교의 '본질적인' 특성에 속한다. 그런데 이 이중적 역할 중에 성직자보다는 참모장교 기능의 확대 경향이 두드러진다는 것이 육군본부가 발간한 『군종업무』(2006년)에 나오는 평가이다. "군종목사는 성직자인 동시에 참모장교로서 두 영역의 일을 수행해야 하는데 시간이 지남에 따라 전자의 기능보다는 후자의 기능이 보편적으로 확대되어 나타난다."[50] 필자가 보기에 군종장교의 이중적 역할 중 참모장교 기능이 점점 우세해지는 경향이 군종들을 '군대로의 통합'으로 이끄는 첫 번째의 강력한 구조적 힘이다.

둘째, 필자가 이 책 서장에서 군종 연구의 방법론 중 하나로 제시했던 '조직-제도적 접근', 즉 군종들이 스스로의 고유한 '제도적·조직적 이익'을 발전시키는 경향이 있음을 강조하는 접근을 상기해보자. 군종은 교단과 군대라는 '두 상전'만이 아니라 군종단의 상급자까지 포함하는 '세 상전'을 섬겨야 하며, 군종장교들 스스로가 '군종단' 혹은 '군종 병과'를 중심으로 한, 독특한 조직적·제도적 이익 관념을 발전시킨다. 군종에 고유한 조직적·제도적 이익 관념은 '제도적 성장에의 욕구'와 '제도적·인간적 인정에의 욕구'라는 두 가지 욕구를 동력으로 구체화된다. 이처럼 '독자적인 조직적·제도적 이익 관념'을 발전시키는 경향이 군종들을 '군대로의 통합'으로 이끄는 또 다른 강력한 구조적 힘으로 작용한다.

궁극적으로 볼 때, 군종에 요구되는 성찰성은 군종 요원들을 군대로의 통합으로 이끄는 강인한 구조적 힘들에 대한 관찰력과 견제력을 포함하는 것이다. 정리하자면 (1) 군종의 이중적 역할 중 참모장교 기능이 우세해지는 경향, (2) 제도적 성장 욕구와 제도적·인간적 인정 욕구에 이끌리는, 독자적인 조직적 이익 관념을 발전시키는 경향을 냉정하게 직시하고 억제할 역량을 의식적으로 배양하지 못한다면, 대다수 군종들은 군대로의 통합이라는 급류에 휩쓸려가고 말 것이다.

6장

황금어장의 신화

도구주의, 종교경쟁, 정교유착

지난 반세기 이상 한국 군종 안팎에서는 '도구주의'라고 부를 만한 현상이 만연했다. 여기서 도구주의는 군종을 교단의 제도적 이익 실현의 수단으로 간주하는 경향이나 태도를 가리킨다. 따라서 도구주의가 지배한다는 것은 군종을 교단의 영향력과 공신력 확장, 선교·포교 기회의 확대, 국가가 제공하는 엄청난 특혜와 특권 등으로만 이해하는 성향이 팽배한 현실을 가리킨다. 종교지도자들의 이런 도구주의적 태도는 한국 주요 종교들 내부에서 군대에 대한 '영합 접근'을 강하게 뒷받침했다. 동시에 군종제도를 둘러싼 무성찰성의 분위기를 더욱 조장했다. 앞서 지적했듯이 영합 접근에는 이미 도구주의가 어느 정도 내포되어 있다고도 말할 수 있다.

필자는 원래 도구주의를 종교지도자들이 국가의 세속성·중립성 주장을 무비판적으로 수용하는 것, 또 그럼으로써 국가권력과 정치엘리트들을 교단 이익 증진을 위한 유용하고도 중립적인 수단처럼 여기는 태도를 가리키는 용어로 사용했다.

국가가 정교분리를 지렛대 삼아 역사상 거의 처음으로 '세속 기관'임을 공공연하게 주장함에 따라, 종교인들이 상상하는 국가 이미지, 국가에 대한 종교인들의 접근방식에서도 의미 있는 변화가 나타나게 되었다. 종교인들이 '국가의 세속성' 주장을 받아들이면, 국가에 대해서도 더 이상 종교적인 이미지―이를테면 천사나 악마 같은―를 떠올리지 않으면서 국가권력에 대해 '중립적인' 태도를 취하거나, 국가권력에 대해 '실용주의적인' 접근을 시도할 가능성이 증가하는 것이다. 정교분리 담론/제도의 확산에 따라 '국가의 성성(聖性)'을 부정하고 국가를 종교와는 질적으로 다른 '세속적인 기구' 중 하나로 간주하는 경향, 그리고 국가를 천사도 악마도 아닌 '중립적인 도구'로 간주하는 경향이 종교인들 사이에 퍼지기 시작한 것이다. 국가에 대한 '비종교적'이고 '종교 중립적' 이미지에 기초한, 또 그런 이미지들을 당연시하는 새로운 태도 및 접근방식을 필자는 '도구주의적 접근'(instrumentalist approach) 혹은 '도구주의'(instrumentalism)로 부르고자 한다.

도구주의 접근으로 기운 종교인들에게 국가권력은 종교조직의 제도적 이익 증진을 위해 유용한 중립적 수단으로 종종 비쳐진다. 권력자들에게 로비를 잘해서 보조금이나 다른 특혜들을 더 따내려고 경쟁하는 종교인들의 행태는 바로 도구주의 접근을 바탕에 깔고 있는 셈이다. 국가는 대체로 종교에 우호적이면서도, 하기에 따라서는 매력적인 특혜도 제공하는 존재, 종교지도자들과 권력자의 관계 맺기 방식에 따라 억압-특혜의 가능성이 모두 열려 있는 그 무엇으로 상상된다.[1]

무엇보다도 군종제도 아래서 일궈낸 기적 같은 일련의 선교·포교

성과들이 종교지도자들의 도구주의적 태도를 촉진하고 추동하고 뒷받침했다고 말할 수 있을 것이다. 그런데 좀 더 자세히 들여다보면 도구주의는 대략 세 가지 양상으로 현실화한다. 무엇보다, 도구주의는 군종을 '교세 확장 수단'으로 간주하고 접근하는 태도로 나타난다. 둘째, 도구주의는 군종을 '종교적 특권의 상징'으로 간주하는 태도로도 나타난다. 마지막으로, 도구주의는 군종제도 참여에 부수되는 '정치적 이득'을 추구하는 경향으로 표출되기도 한다.

그러나 도구주의의 부작용 또한 만만치 않다. 그중 가장 심각한 것 두 가지만 꼽자면, '종교 간 경쟁 격화'와 '정교유착 촉진'을 들 수 있을 것이다. 우선, 도구주의적 태도가 편만할 때 군종은 종교 간의 협력과 대화·공존의 장이 아니라 경쟁과 대립·갈등의 장이 될 수밖에 없다. 군종 영역에서 가장 모범적인 종교 간 협력이 구현되는 다른 나라들과는 대조적으로, 군종에 대한 도구주의적 접근이 종교 간의 협력이 아닌 갈등을 부추기는 역할을 하는 것이다. 둘째, 군사정권의 등장 및 장기지속이라는 한국적 정치상황과 맞물리면서 도구주의적 접근이 종교엘리트와 군부엘리트 사이의 과도한 유착과 상호 이용, 즉 정교유착을 촉진할 가능성이 높다. 도구주의 분위기 속에서 군종장교들은 정교유착의 탁월한 매개 역할을 수행할 수 있다.

1. 도구주의(1): 교세 확장 수단으로서의 군종

지난 반세기 이상 군종 요원들은 군대에서 엄청난 선교·포교 실적을 올렸다. 이런 실적이 '황금어장의 신화'로 이어졌다. 한국 종교지도자들이 군종 하면 가장 먼저 떠올리곤 하는 이 황금어장 신화야말로 도구주의를 촉진하고 확산하는 데 일등공신일 것이다. "경제적인 투자로 최대의 효과를 얻는 데는 군교화 만한 데가 없다"[2]는 원불교 최초 군종장교의 말이 군종을 교세 확장 수단으로 보는 도구주의적 태도를 단적으로 대변한다. 개신교에서도 거의 똑같은 주장을 들을 수 있는데, 아예 "군선교 10대 특징" 중 하나로 공표한 상태이기도 하다. "일반 교회에서 불신자 한 명 전도에 소요되는 경비는 어느 정도인가? 1년간 약 9백만 원을 투자해서 3천 명 세례 신자를 만들 수 있겠는가? 군선교는 작은 투자로 확실한 결실을 맺는 경제성이 있는 선교 영역이다."[3]

한국전쟁 기간 중에는 전국 곳곳의 포로수용소들에서도 대단히 활발한 군종 활동이 펼쳐졌다. 16만 4천 명에 달하는 전쟁포로들을 대상으로 북장로교 선교사인 해롤드 보켈(한국명 옥호열)의 주도 아래 약 20명의 한국인 목사들이 '포로전도사업'을 전개하여 약 14만 명의 등록자(登錄者)와 6만 명의 입신자(入信者)를 얻었다고 한다.[4] 1952년 9월에는 '반공포로' 출신들이 '기독교신우회'라는 단체를 결성했는데, 1970년대 초까지 이 단체에서만 무려 150여 명의 목사가 배출되었다고 한다.[5] 장병욱 목사는 반공포로 출신의 개신교 교역자 숫자를 "200명 이상"으로 파악했고, 성결교의 전영규 목사는 반공포로 출신의 목사가 약 250명이고 장로도 600명 이상임을 확인했다고 한다.[6]

『한국기독교연감: 1957년판』은 "군내에 있어서 종교 업적"을 다음과 같이 정리한 바 있다. "군목의 입대할 무렵에는 신도 수는 불과 5% 미만이었으나 그 후 5년간의 전도를 통하여 현재 3군에 파송되어 있는 수는 291명이나 되고 교회 수는 249개소, 신도 수는 15%에 이르고 있다. 6·25사변으로 많은 것을 잃었으나 이처럼 그리스도의 복음을 전도하는 문이 크게 열리고 백만에 가까운 청장년들에게 그리스도의 말씀으로 마음의 무장을 한다는 것은 커다란 하느님의 섭리가 아닐 수 없다."[7] 1951년에 군종제도가 시작될 당시에는 군내의 개신교 신자 비율이 5% 미만이었지만 5년이 경과하면서 1956년에는 그 비율이 세 배 이상인 15%로 상승했다는 것이다. 제도 시행 불과 5년 만에 군인 중 개신교 신자 비율을 10% 포인트나 끌어올릴 정도로 군종제도는 개신교 측에 강력한 선교의 수단, 기회, 무대를 제공했다.

한편 장로교 총회 자료에 의하면 1954년 4월 현재 군복무를 마친 전역병들의 종교분포는 개신교 20%, 천주교 4%, 불교 6%, 유교 12%, 기타 종교 7%, 무종교 51%로 나타났다.[8] 1951년 군종제도가 시작되던 당시 입대한 신병 중 개신교 신자 비율은 5%에도 미치지 못했지만, 그들이 군복무를 마치고 1954년에 제대할 무렵에는 개신교 신자 비율이 20%로 늘어났다는 것이다. 군복무 도중에 병사의 15% 정도가 개신교로 입교하는 셈인데, 바로 이것을 '군종제도의 효과'로 간주할 수 있을 것이다. 위의 1956년 수치(개신교 신자 비율 15%)에는 신병부터 전역병까지, 병사에서 장교까지 모두가 포함되었을 것이므로, '전역병'만 따로 놓고 본다면 1954년의 수치(20%)를 크게 상회할 것이 분명하다.

〈표 6-1〉에서도 보듯이 1950년대에 발동이 걸린 '군대의 그리스도 교화'라는 가파른 추세는 1960년대에도 지속되었다. 한국 최대의 종교

표 6-1 **육군 내 종교인구 추이: 1958∼1970년(단위: 명)**

시기	개신교	천주교	불교	기타 종교	합계
1958년	37,992	7,218	4,907	3,728	53,845
1961년	35,990	8,115	7,613	7,454	59,172
1964년	58,554	12,959	9,697	6,195	87,405
1967년	68,708	17,025	8,513	3,340	97,586
1970년	78,176	15,694	13,370	2,793	110,033

출처: 육군본부 군종감실, 「육군군종사」, 300쪽.

인 불교는 군종제도 참여(1968년) 이전에는 천주교에 비해서도 형편없이 뒤졌으며, 나머지 모든 종교를 묶은 '기타 종교' 범주의 신자 수는 1960년대에 오히려 감소 추세를 보였다.

1970년대의 전군신자화운동은 '군대는 선포·포교의 황금어장'이라는 믿음을 '부동의 신화' 경지로 끌어올린 결정적인 계기였다. 전군신자화운동은 1970년 9월부터 본격적으로 시작되어 1981년 6월에 공식적으로 종료되었다.[9] 육군의 '결신자'(決信者) 추이를 연도별로 정리한 〈표 6-2〉는 전군신자화운동의 전성기가 1972∼1974년이었으며, 1970∼1974년의 5년 동안 개신교 41만 명, 천주교 5.5만 명, 불교 4만 명 등 군종에 참여한 3대 종교가 육군에서만도 50만 명 이상의 새 신자를 획득했음을 보여준다. 연평균 10만 명가량이 세 종교 중 하나로 입교했고, 최대 수혜자인 개신교만으로도 연평균 8.2만 명이 입교했던 셈이다.

〈표 6-3〉은 전군신자화운동 기간인 1971∼1981년 사이 11년 동안 개신교 혹은 천주교의 세례를 받거나 불교식 수계 의식을 통해 정식 신자가 된 장병의 숫자를 정리한 것이다. 이런 '성례자'(聖禮者) 숫자는

표 6-2　**전군신자화운동 기간 중 육군 내 결신자 추이: 1970~1974년(단위: 명)**

시기	개신교	천주교	불교	기타 종교	합계
1970년	58,923	6,231	3,896	372	69,422
1971년	72,579	9,474	5,528	472	88,053
1972년	82,565	12,016	9,431	678	104,690
1973년	97,708	13,563	10,928	218	122,417
1974년	98,383	13,427	10,571	562	122,943
합계	410,158	54,711	40,354	2,302	507,525

출처: 육군본부 군종감실, 「육군군종사」, 301쪽.

표 6-3　**전군신자화운동 기간 중 육군 내 성례자 추이: 1971~1981년(단위: 명)**

시기	개신교	천주교	불교	합계
1971년	7,320	2,916	209	10,445
1972년	42,359	13,280	1,030	56,669
1973년	44,683	2,329	1,463	48,475
1974년	25,896	959	2,569	29,424
1975년	17,772	1,145	3,452	22,369
1976년	23,562	2,701	4,539	30,802
1977년	23,489	1,950	4,667	30,106
1978년	39,688	2,749	7,882	50,319
1979년	33,329	5,287	7,991	46,607
1980년	27,405	5,874	6,727	40,006
1981년	27,484	5,024	8,018	40,526
합계	312,987	44,214	48,547	405,748

출처: 육군본부 군종감실, 「육군군종사」(제2집), 491쪽.

1972~1973년, 1978~1979년에 큰 증가세를 보였다. 전체적으로는 개신교 31만 명을 비롯하여 40만 명 이상이 이 기간 중에 세례나 수계를 받아 그리스도인 혹은 불교인이 되었다.

　이렇듯 새 신자들이 폭증했으니 육군 내 3대 종교의 신자 수도 크게 증가했을 것은 당연한 결과였으리라. 〈표 6-4〉가 그런 예측이 타당함을 입증하고 있다. 이 표는 1971년부터 전군신자화운동의 뚜렷한 효과가 나타남을 보여준다. 육군 내 종교인구 증가세가 1976년부터 한풀 꺾였음을 보여주지만, 1977~1979년의 천주교와 1977~1982년 (1981년은 예외)의 불교는 꾸준한 성장세를 유지했다. 전군신자화운동 기간 중에 군종에 참여한 종교의 신자 수는 급증했지만 그렇지 못한 종교('기타 종교')의 신자 수는 오히려 급격하게 감소했고, 그 결과 군대 안에서 군종 참여 종교, 즉 3대 종교의 중심성은 더욱 강해졌다. 〈표

표 6-4 **육군 내 종교인구 추이: 1968~1982년(단위: 명)**

시기	개신교	천주교	불교	기타 종교	합계
1968년	72,204	18,617	8,465	2,802	102,088
1969년	77,301	11,690	10,438	3,048	109,377
1970년	78,176	15,694	13,370	2,793	110,033
1971년	128,782	22,908	21,756	908	174,354
1972년	181,000	32,121	28,678	1,547	243,346
1973년	199,623	39,126	38,524	1,829	279,102
1974년	208,553	40,038	41,392	848	290,831
1975년	212,917	45,382	45,924	705	304,928
1976년	195,902	47,032	52,084	395	295,413
1977년	196,127	45,869	55,456	265	297,717
1978년	206,523	51,924	67,901	437	326,785
1979년	197,111	58,700	73,413	629	329,853
1980년	196,143	55,018	79,721	359	331,241
1981년	198,002	53,302	78,102	678	330,084
1982년	204,080	52,549	86,607	215	343,451

출처: 1968~1969년 통계는 육군본부 군종감실, 『육군군종사』, 300쪽. 1970~1982년 통계는 육군본부 군종감실, 『육군군종사』(제2집), 490쪽.

6-4)는 군종 참여 이전까지 천주교에 크게 뒤졌던 군대 내 불교 교세가 군종 참여 이후 큰 반전을 이뤄냈음을 아울러 보여준다. 1974년에 군대 내 불교인구가 천주교인구를 추월한 후 꾸준히 격차를 벌려 나갔던 것이다.

앞서 지적했듯이 한국 군종에게 전군신자화운동으로 대표되는 1970년대는 "축복과 은혜의 시간이자 기적을 만들어내는 경이로운 시간"이었다. 전군신자화운동은 "기독교로 국교(國敎)가 바뀐 고대 로마 제국에서나 가능한 일",[10] "전 세계적으로 유례를 찾아볼 수 없는 대형 세례식으로, 한 번에 3천여 명이 세례를 받은 제2의 사도행전의 역사"[11] 등으로 칭송되었다. 육군본부 군종감실 스스로도 이를 "기독교사상(史上) 전무후무한 기록", "한국 기독교사상 유례없는 성대한 세례식……기독교 사상 또 하나의 기적……인류역사상 처음 있는 놀라운 기적", "한국군이 낳은 새로운 용어이며, 동서고금(東西古今) 세계의 역사상 처음 있어진 국제적 쎈세이션을 일으킨 놀라운 운동", "우리나라의 60만 대군(大軍)을 모두 신자화(信者化)하자는 거대한 운동", "20세기 큰 기적 중의 하나" 등으로 평가했다.[12]

전군신자화운동이 진행됨에 따라 1971년 9월 최초의 '부대 합동세례식(合同洗禮式)'이 거행된 이후 1971년에서 1974년 사이에 1천 명 이상의 대규모 합동세례식만도 무려 26회나 거행되었다. 1972년 4월 24일 보병 20사단에서는 무려 3,473명의 합동세례식이 열리는 "기독교사상 전무후무한 기록"도 세워졌다. 구약성서의 예언자 이름을 딴 부대들도 나타나게 되었다. 예컨대 김용식 장군은 자신이 지휘하는 부대를 '여호수아 부대'로, 박도신 중령은 자기 부대를 '엘리사 부대'로 명명하였다. 한편 비슷한 시기인 1971년 사단 군종참모인 이윤생 소령의 주도로 육군 1사단에서 시작된 '내무반 교회화(敎會化) 운동'은 이후 군종감인 권현찬 대령을 통해 다른 부대들로 확산되었고, 이후 매일 부대 내무반에서는 '내무반 예배'가 행해지게 되었다. 처음부터 "군의 기독교화"를 사실상의 목표로 삼았던 전군신자화운동의 여파는 매우 컸다. 이 선교운동은 한편으로 "전경(全警)신자화운동", "전국교도소(全國矯導所)신자화운동" 등의 형태로 다른 국가부문들에 파급되었고, 다른 한편으로는 한국 개신교 교회 전반에서 1970년대 초반의 연이은 대규모 대중전도운동 열기를 불러일으켰다. 또 개신교 차원에서 이 운동을 후원하기 위한 다양한 움직임이 전개되었다.[13]

황금어장 신화는 1990년대 이후에도 굳건히 지속되고 있다. 군대에서 매년 10만 명 이상의 신규 세례자를 배출하는 객관적인 현실 자체가 신화의 생명력을 뒷받침하고 있다. 더욱이 1990년대 이후 개신교 교세가 정체하거나 쇠퇴하는 기류가 역력해지자, 이를 '군선교'로 타개해보려는 움직임이 현저해졌다. 1990년대 성장정체기를 맞아 '군종(군선교)의 재발견'이 이루어진 셈이었다. 다시 말해 "군선교 사역을 통해 군인교회는 한국교회 성장의 밀알이 되고, 한국교회 재도약의 활력소가 되며……21세기의 기독교운동을 주도하는 데 크게 기여하게 될 것"이라는 점이 강조되었다.[14]

이런 원대한 구상의 일환으로 개신교 군종 영역에서 '제2차 진중세례운동'이나 '비전2020운동'이 등장했다. 1990년 논산 육군훈련소에서부터 불붙은 '제2차 진중세례운동'은 1970년대의 전군신자화운동(제1차 진중세례운동)에 이은 대대적인 '전도운동'이다.[15] 제2차 진중세례운동과 관련하여 박응교는 다음과 같은 평가를 내린 바 있다. "1990년대에 들어서서 군선교는 '한국교회 재도약의 활력소'와 '한국교회 연합사역의 모델'로 1988년 서울올림픽 이후 한국교회의 성장이 정체되고 감소되고 있을 때에 제2차 진중세례운동으로 청년전도를 주도하면서 구체적인 민족복음화에 대한 청사진을 한국교회에 제시하면서 교회 재도약을 위한 활력소 역할을 하고 있다."[16] 다음은 제2차 진중세례운동에 대한 오덕교의 기술이다.

> 제2차 진중세례운동은 엄청난 결과를 가져왔다. 군목들의 헌신과 수고를 통해 수많은 청년들이 예수 그리스도를 구세주로 받아들였고, 신앙적인 각성을 하였다. 1992년에는 85,000명이 세례를 받았고, 1993년에는 128,000명, 1994년에는 130,000명, 1995년에는 186,000명이 그리스도를 '나의 주 나의 하나님'으로 고백하면서 세례를 받았다. 1997년 4월 19일에는 한 번에 행한 세례의식으로는 교회 역사상 최고 인원인 7,200명이 세례를 받음으로 교회 역사를 갱신하였다. 이러한 진중세례운동은 1997년 이후 20만 명을 넘어서서 1999년 216,080명이 세례를 받았고, 2000년에는 187,156명, 2001년에는 191,758명이 세례를 받는 등 집단개종운동이 일어나서, 제2차 진중세례운동이 시작한 지 10년 만에

170만 명이 세례를 받는 역사가 일어났다.[17]

　논산 육군훈련소에서 7,200명이 동시 세례를 받는 "기적의 역사" 가 1997년 4월 19일에 일어났는데, 2012년 5월 19일에는 육군훈련소에서 한번에 8,506명이 세례를 받음으로써 신기록이 갱신되었다. '비전2020운동'은 제2차 진중세례운동의 열기를 배경 삼아 등장했다. 1996년 2월의 '비전2020실천운동 목표 정립 및 실천계획 발표'에 이어 1998년 11월에는 '비전2020실천운동 결의대회'가 열렸다. 같은 시기인 1998년 11월에 군복음화후원회 산하에 이필섭 예비역 대장을 본부장으로 한 '비전2020실천운동본부'가 발족되었다.[18] 군목 출신인 김창제는 이 운동에 대해 다음 인용문과 같은 설명을 제공한다. 그는 비전2020운동을 발판으로 "아시아 국가 중 최초의 기독교국가"가 한반도에서 탄생할 것을 기대하고 있다.

　　Vision 2020 실천운동은 매년 군대에 들어오는 30여만 명의 국군 장병들에게 복음을 전파하여, 이미 세례를 받고 들어오는 자원(3~5만 추정)을 제외한 나머지 인원 중에서 매년 22만 명에게 세례를 베푼다는 계획이다.……또한 Vision 2020 운동은 이렇게 세례를 베푼 장병들을 장성한 기독교 신자로 양성한 후, 매년 25만 명씩 민간교회로 안전하게 파송한다는 계획이기도 하다. 이렇게 된다면 2020년경에는 대한민국 전체 인구를 5,000만여 명으로 추산할 때 전체 인구의 75%가 기독교 신자가 되어, 명실 공히 아시아 국가 중에서는 최초의 기독교국가가 될 것이다.

Vision 2020이란 2020년도에 대한민국 전체 인구 5,000만여 명
중 3,700만여 명을 기독교 신자로 만들어 명실 공히 아시아 최초
의 기독교국가가 됨으로써, 대통령이 국회에서 성경에 손을 얹고
취임 선서를 하고, 모든 국회의원들이 그리스도의 피 묻은 십자
가의 정신이 배어 있는 국가 정책을 만들어내는 그런 그리스도의
푸른 계절이 이 땅에 오도록 할 것이다.[19]

군대는 여전히 사회 부문 중 해마다 가장 많은 새 신자를 충원 받
는 통로로 기능하고 있다. 특히 '20대 남성' 신규 입교자의 거의 대부
분이 군대에서 발생하고 있다. 이석우 군목이 말했듯이 "2001년 예
장 통합의 경우, 5,500여 교회가 세례를 준 숫자가 4만여 명에 이르지
못하였지만 군을 통해서 그해에 약 20만여 명의 장병에게 세례를 베
풀었다."[20] 2017년 2월 23일에 한국기독교군선교연합회는 "기독교 신
자 수 약 123만 명 증가에 대한 우리의 입장"이라는 성명을 발표했다.
이 성명서는 군대에서의 선교 활동이 한국 개신교의 성장 정체 상태
를 타개했음은 물론이고, 개신교가 다시금 양적 성장 추세로 돌아서
는 데 견인차 역할을 했음을 자랑스레 밝히고 있다. 특히 2005년부터
2015년까지 10년 동안 연평균 17만 명으로 모두 160만 명의 새 신자
를 군대에서 획득했음을 강조하고 있다. 다음은 성명서의 앞부분이다.

본회는 2016년 12월 19일 통계청이 '2015 인구주택총조사 표
본 집계 결과' 발표를 통해 기독교 신자 수가 약 123만 명 증가
한 9,676,000명으로 우리나라의 종교별 신자 수 제1종교가 됐다

는 사실에 감사하며 군종목사 파송 10개 교단을 중심으로 군선교 사역에 앞장선 일반 교회와 성도, 1004 군인교회, 한국기독교 군선교연합회가 지난 1996년부터 적극 실천해오고 있는 육·해·공군·해병대의 장병 전도 진중세례(침례)운동인 비전2020 실천운동 사역의 결실임을 확신한다.

그동안 한국교회 군선교 사역은 사회에서 불신자 전도의 분명한 한계, 특정 교회 중심의 수평이동, 대학캠퍼스 및 지역교회에서의 청년전도의 난제와 반기독교적 정서 및 교회에 대한 부정적인 이미지 팽배 등의 악조건 속에서도 매년 평균 약 17만 명의 군 입대 청년들에게 복음을 전하고 전도해 자원하는 장병들을 대상으로 세례(침례)를 집례해 왔다.

2005년부터 2015년까지 1004 군인교회에서 진중세례(침례)를 통해 약 160만 명의 청년을 전도해 세례(침례)를 주고 양육했으며 이들이 전역 후 지역 교회 출석 및 가족전도 등을 통해 일반 교회에서의 불신자 전도가 현실적으로 되지 않는 상황 속에서도 기독교 신자 수 증가에 결정적 역할을 했다는 사실을 우리는 굳게 믿는다.[21]

천주교 역시 개신교와 대동소이한 상황이다. 필자가 과거에 작성했던 〈표 6-5〉를 통해 천주교의 20대 남성 영세자 중 군종교구 소속 영세자의 비율이 얼마나 높은가를 잘 알 수 있다.

다음은 필자가 다른 책에서 이 표의 의미를 분석한 대목이다.

표 6-5 **군종교구 소속 20대 남성 영세자 그룹의 비중 추이**[22] (단위: 명, %)

시기	군종교구 20대 남성(A)	20대 남성 전체		20대 전체(B)		B - A	
		인원	A의 점유율	인원	A의 점유율	인원	증감
1998	5,743	10,930	52.5	25,071	22.9	19,328	
1999	7,376	13,173	56.0	28,999	25.4	21,623	+11.9
2000	15,667	20,725	75.6	34,103	45.9	18,436	−14.7
2001	19,810	24,056	82.3	35,547	55.7	15,737	−14.6
2002	15,601	19,293	80.9	28,914	54.0	13,313	−15.4
2003	17,815	21,183	84.1	30,602	58.2	12,787	−4.0
2004	18,072	21,645	83.5	31,324	57.7	13,252	+3.6
2005	24,251	27,910	86.9	38,433	63.1	14,182	+7.0

2000년부터 군종교구 영세자 숫자가 급증 추세를 보이면서 20대 영세자에 대한 점유율도 급증했는데, 2001년 이후 20대 남성 영세자 전체의 80% 이상을 유지하고 있고, 20대 영세자 전체에서도 2001년부터 절반을 넘어서고 2005년에는 군종교구 점유율이 60%를 넘어섰던 것이다. 보다 구체적으로, 군종교구 소속 20대 남성 영세자 그룹이 같은 해의 20대 남성 영세자 전체에서 차지하는 비율(점유율)은 1998년에는 52.5%였지만, 2005년에는 무려 86.9%로서, 8년 사이에 군종교구 20대 남성 영세자 그룹의 비중이 34.4% 포인트나 증가했다. 20대 남성 영세자 10명 중 거의 9명이 군종교구에서 나오고 있는 것이다! 군종교구의 20대 남성 영세자 그룹이 20대 영세자 전체에서 차지하는 비중도 1998년의 22.9%에서 2005년에는 63.1%로 나타나, 8년 사이에 점유율이 40.2% 포인트나 증가했다. 20대 영세자 숫자에서 군종교구 20대 남성 영세자 숫자를 제외할 경우, 1998~2005년 사이 20대 영

세자의 연평균 증가율은 3.7%의 마이너스 성장을 기록하고 있다. 군종교구를 포함할 경우에는 20대 영세자들이 연평균 4.5%의 플러스 성장을 보이던 것이 군종교구를 제외하면 마이너스 성장으로 뒤집히는 것이다. 군종교구 20대 남성 영세자를 제외한다면, 13~39세의 연령집단에서는 영세자의 급격한 감소 추세가 뚜렷해지며, 오직 60세 이상의 노년층에서만 영세자의 증가 추세가 나타나는 것이다.[23]

불교 역시 군대에서 대부분의 청년 신자들을 얻고 있다. 특히 2005년에 군종특별교구를 설치하여 포교 체계를 정비한 후 그 효과가 두드러지게 나타나고 있다. "교구 출범 이후 군 장병의 수계 인원은 대폭 늘었다. 군종교구에 따르면 수계 장병 수가 꾸준히 증가해 2006년에는 3만 4,000여 명, 이듬해에는 4만여 명으로 늘었으며 작년(2008년—인용자)에만 8만 7,000여 명이 증가해 전해와 비교했을 때 두 배 이상 수치가 늘었다."[24]

노인층과는 대조적으로 청년층은 종교인구 비율 자체가 낮거나, 종교에 소속되어 있더라도 약한 종교성을 보여주는 게 세계적으로 보편적인 현상에 가깝다. 압도적으로 남성 청년층으로 채워져 있는 군대 역시 예외가 아니다. 미군의 경우 한 달에 최소한 한 번이라도 군인교회나 민간교회에 참석한 장병의 비율이 10~15%에도 미치지 못했다고 한다.[25] 한국은 이와 정반대 상황이다. 군종들의 열정적인 활동으로 인해 그 어떤 세대에 비해서도 압도적으로 높은 종교인구 비율을 보여주고 있는 것이다.

표 6-6 한국군 장병의 종교분포: 1993~2003년[26] (단위: 명, %)

시기	개신교	천주교	불교	기타 종교	합계
1993년	288,846 (43.1)	78,699 (11.7)	159,127 (23.8)	755 (0.1)	527,427 (78.7)
2003년	286,000 (41.9)	93,000 (13.6)	151,000 (22.1)	미상	683,000 (77.6)

〈표 6-6〉은 1990년대와 2000년대에 군인 중 종교인구의 비율이 77~78%에 이르며, 종교인구의 거의 전부가 군종제도에 참여하고 있는 3대 종교에 속해 있음을 보여준다. 한편 〈표 6-7〉은 해군 장병의 종교분포만을 따로 추린 것이다. 여기서도 1985년 이후 군인 총수 중 종교인구의 비율이 75% 이상을 꾸준히 유지하고 있음을 확인할 수 있다. 해군 통계를 통해 추론해 보자면, 1980년대 전반부를 거치면서 군인 중 종교인구 비율이 급증하여 1980년대 중반 무렵부터는 75%

표 6-7 해군 장병의 종교분포 추이: 1980~1991년(단위: %)

시기	개신교	천주교	불교	기타 종교	합계
1980	27	7	22	1	58
1981	25	8	20	1	53
1982	30.7	9.4	21.6	0.4	61.9
1983	25.8	7.2	19.3	0.2	52.5
1984	31.9	9.2	27.4	0.1	68.6
1985~1986	37.3	10.1	27.7	0.1	75.3
1987	39.5	10.3	27.5	0.1	77.3
1988	38.3	10.5	26.3	0.1	75.1
1989	39	11	26	0.1	76
1990	40	11	25	0	76
1991	37	11	27	0	75.4

출처: 해군본부 군종감실, 「해군군종사」(제3집), 445~446쪽.

안팎의 안정적인 비율을 유지하기 시작한 것이 아닌가 판단된다.

군 장병의 종교분포를 보여주는 앞서의 〈표 6-6〉과 총인구의 종교 분포를 보여주는 〈표 6-8〉을 비교해보면 한국 군대가 얼마나 종교적 으로 예외적인 공간인지가 확연히 드러난다. 1993년에 군 장병 중 종 교를 가진 이들의 비율은 군인 전체의 78.7%에 달했지만, 1995년 통 계청 인구센서스에 나타난 종교인구의 비율은 총인구의 50.7%에 그쳤 다. 2003년에 군 장병 중 개신교·불교·천주교의 3대 종교에 속한 이 들의 비율은 군인 전체의 77.6%나 되었지만, 2005년 인구센서스에 나 타난 3대 종교인구 비율은 52.0% 수준이었다. 총인구 중 종교인구 비 율과 군인 중 종교인구 비율의 격차가 무려 25~28% 포인트에 이르는 것이다. 이런 엄청난 격차는 명백히 '제도의 효과', 즉 군종제도가 작용 한 효과 때문일 것이다. 물론 이 격차 전부를 군종제도의 효과만으로 환원시킬 수는 없겠지만 말이다.

표 6-8 **한국인(총인구)의 종교분포: 1985~2005년(단위: 천 명, %)**

구분	1985년		1995년		2005년	
	인구	구성비	인구	구성비	인구	구성비
총인구	40,419	100.0	44,554	100.0	47,041	100.0
종교 있음	17,203	42.6	22,598	50.7	24,971	53.1
불교	8,059	19.9	10,321	23.2	10,726	22.8
개신교	6,487	16.1	8,760	19.7	8,616	18.3
천주교	1,865	4.6	2,951	6.6	5,146	10.9
유교	483	1.2	211	0.5	105	0.2
원불교	92	0.2	87	0.2	130	0.3
기타	217	0.5	268	0.6	247	0.5
종교 없음	23,216	57.4	21,953	49.3	22,070	46.9

군대가 특정 교단의 교세를 확장하는 데 가장 획기적인 수단이 되거나, 양적 성장 위기 상황을 타개하는 가장 유용한 수단으로 자리 잡게 될수록, 선교·포교의 황금어장인 군대로 통하는 관문이자 티켓인 군종제도의 중요성은 더욱 커질 것이다. 아울러 군종제도 안으로 진입하려는 수많은 교단들 사이의 경쟁은 더욱 치열해질 수밖에 없다. 또 반대로 이미 제도 내부에 안착한 소수의 교단들은 선교·포교 성과의 과점(寡占) 상태를 유지하고 자신들의 잠재적 몫이 감소하는 사태를 막기 위해서라도 제도에 대한 신규 진입을 최대한 억제하려 애쓸 것이다. 어느 쪽이든 이런 경쟁과 밀고 당기기 속에서 군종에 대한 도구주의적 접근 태도는 점점 더 강해질 가능성이 높다.

2. 도구주의(2): 종교적 특권, 정치적 이득

(1) 종교적 특권의 상징

앞서 몇 차례 지적한 것처럼, 출범 당시 한국 최대의 종교인 불교를 제외시키고 신자 수가 당시 총인구의 5%에도 미치지 못하던 그리스도교(개신교, 천주교)로만 참여자격을 제한함으로써, 군종제도는 처음부터 '종교적 특권과 기회' 그리고 '종교차별'의 상징처럼 되어버렸다. 1950년 9월 19일 군종제도추진위원회 대표들을 면담하던 자리에서 이승만 대통령이 했던 말, 즉 "기획은 좋으나 경비를 어디서 얻느냐가 문제입니다.……내가 만일 한국 군목을 위해서 예산을 요청한다면 반기독교적인 타종단에서도 종군을 원하는 청원이 또 일어날 것입니다"

라고 했던 대통령의 언명 자체가 군종이 그리스도교에만 특권을 부여하하는 종교 차별적 제도였음을 명확히 확인시켜준다.

1970년대 들어 국가는 군종제도 참여 교단들에게 추가적인 특혜를 제공함으로써 그들의 기득권을 더욱 강화시켜주었다. 1972년에 '예비군 군종제도'를 신설하면서 그 자격을 다시금 군종 참여 교단들로만 제한해버린 것이다. 1982년 3~6월에 예비군 군종 담당관 대상 세미나를 군종감실이 직접 주관하는 모습에서도 기존 군종과 예비군 군종 사이의 밀접한 연계성을 재확인할 수 있다.[27] 다음 인용문은 개신교에 집중하고 있지만, 예비군 군종제도의 혜택은 군종제도에 참여하고 있던 3대 종교 모두에게 돌아갔다.

> 군종제도의 영향은 예비군, 민방위대 등으로도 확대되었던 것으로 보인다. 1968년에 북한 게릴라부대 청와대 습격 사건과 푸에블로호 납북 사건을 계기로 '향토예비군'이라는 이름으로 예비군 제도가 부활되고, 1970년대에는 향토예비군을 대상으로 한 개신교의 군종 활동이 '향목(鄕牧)제도'라는 이름으로 제도화되었다.……향토예비군이 창설된 직후의 향목 활동은 각 경찰국·경찰서 소속의 경목들에 의해 행해지고 있었다. 이와 동시에 교계에서는 개신교 성직자들에게 예비군훈련을 면제하고, 향목제도로 대체해줄 것을 요구하고 나섰다. 예컨대 개신교 주요 교파들은 1968년 3월 22일 '한국기독교교역자 향토예비군훈련대책위원회'를 열고 전도사를 포함한 "기독교 교역자들에게 향군훈련을 면제해 줄 것", 그리고 그 대신 "군종감 책임 하에 연 1회 통합훈련을

시켜 해당 지역의 종교적·정신적 자문위원이 되도록 해 줄 것"을 요구하는 건의문을 대통령, 국무총리, 국방장관, 국회의장, 공화당 의장, 재향군인회장, 각군 군종감에서 제출했다. 이 요구가 받아들여진 것은 1972년 3월의 일이었다. 이 해 3월 13일에 국방부가 수차례에 걸친 예비군 성직자들과 교계의 진정을 수용하여 '예비군 군종제도'를 실시하기로 결정했던 것이다. 이에 따라 "지역 사단장의 지휘감독 아래 정신지도 교관으로 인격지도교육, 상담업무, 기타 종교교육을 실시"하기로 하였고, 예비군 군종으로 임명되는 대상을 "목사, 신부, 대덕 직위 이상의 승려"로 정했다. 같은 해 8월에는 '대한민국재향군인회군종회'가 창립되었다. 새로운 제도에 따라 최초의 향목 위촉식이 행해진 것은 1972년 12월 14일이었는데……이후 향목 위촉이 지역마다 이루어져 시·군 단위까지 '향목위원회'가 구성되었으며, 지역 향목위원회가 주최하는 '나라를 위한 특별기도회' 등 반공적 색깔을 띤 행사들도 열리게 된다. 결국 1972년의 '예비군 군종제도' 실시를 계기로 '대한민국재향군목회'로 결집한 군종장교 출신 목사들이 향목제도 운영에서도 주축 역할을 담당했을 것으로 판단된다. 또 1975년에는 베트남 공산화를 계기로 '민방위대'가 창설되었고 1979년 4월에는 "목사를 민방위 정신 교관으로 한다"는 내무부 장관 시달이 각 도·시·군에 전달되었는데, 민방위 교관으로 위촉된 목사단에서도 군종장교 출신 인사들이 주축을 이루었을 것으로 추측된다.[28]

제도 내부에 자리 잡은 극소수의 종교와 교단들이 진입장벽을 공고히 하면서 텃세를 부리고 아직 제도 바깥에 있는 종교와 교단들은 치열한 진입경쟁을 벌이는 가운데, 군종제도는 비판적 성찰의 무풍지대에서 계속 '선망과 꿈의 제도'로 남아 있었다. 그것은 '무조건 좋은 것'이었고, 투입된 비용·노력에 비해 기적과도 같은 성과를 제공하는 선교·포교의 황금어장이기도 했다. 군종제도 진입 티켓은 수많은 종교와 교단들이 수십 년 동안 갈구해온 숙원이었다. 심지어 재림교회 교단은 군종 참여를 순조롭게 하기 위해 '양심적 집총거부'(noncombatancy)라는 종전의 교리까지 포기했다. 국가가 매년 수십 만 명에 달하는 새로운 '예비 신자들'을 한군데로 모아주고, 국가 예산까지 지원해가며 선교·포교 활동을 할 수 있도록 보장해주는 곳이 바로 군종인 것이다. 1968년 현재 국가는 군종사업에 매년 1억 원 이상을 제공했던 반면 개별 교단들은 연간 1천만 원을 보조하는 것조차 힘겨워했다는 최문희 군목의 말을 앞서 소개한 바 있지만, (1950~1960년대에 두드러졌던) 국가재정에 대한 이런 의존성 역시 교단 측의 도구주의적 태도를 강화한 요인 중 하나였을 것이다.

한국의 종교지형 및 종교시장의 구조적 변동 과정을 보건대, 군종이 앞으로도 상당 기간 동안 특권적 영역으로 남을 가능성이 높다고 필자는 판단한다.

먼저, 종교지형(religious terrain)의 구조 변동을 살펴보자. 해방 직후에는 불교·천도교·유교·대종교·개신교 등 5대 종교가 팽팽한 경쟁을 벌였지만, 1960년대 말에 이르면 한국의 종교지형이 불교·개신교·천주교의 3대 종교 중심으로 재편되었다. 이후 시간이 갈수록 종교지형의 '3대 종교 중심성'은 점점 심해졌다. 통계청 인구센서스 결과를 소개한 앞의 〈표 6-8〉에서도 확인할 수 있다시피 종교인구 중 3대 종교 신자의 비중은 1985년 95.4%였던 것이 1995년에는 97.5%로, 2005년에는 98.1%로 높아졌다. 2015년에 실시된 통계청의 인구주택 총조사 표본 집계로는 종교인구의 98.2%가 3대 종교에 속하는 것으로 나타났다. 종교인구의 1.8%를 나눠 갖고 있을 뿐인 수많은 소수종교들 중에서 '총인구 중 2%'라는 군종 진입장벽을 뚫는 종교가 나오기는 점점 어려워지고 있는 것이다. 이런 종교지형 변화는 군종 내에서 '교파적 다원화'는 가능할지언정 '종교적 다원화'는 구조적으로 더욱 어려워지고 있음을 뜻한다.

다음으로, 종교시장(religious market)의 구조 변동을 보자. 오늘날의 한국 종교시장에서는 '특권적 부문'과 '비(非)특권적 부문'이 확연히 분리되는 '종교시장의 분단' 혹은 '종교시장의 이중구조' 현상이 뚜렷하게 나타나고 있다. 군종 참여 여부, 창교자 탄생일의 공휴일 지정 여부, 방송사·신문사 보유 여부, 대학 보유 여부에서부터 대통령·당대표 등 주요 정치지도자들의 취임·당선 인사의 대상이 되는지 여부까지, 나아가 민주평화통일자문회의나 대통령 초청 청와대 종교지도자간담회 참여자격에 이르기까지, 다양한 형태의 종교정치적 특권들을 차별적으로 배분하는 방식들이 한국의 종교들을 선명하게 둘 혹은 세 범주로 갈라놓고 있다. 한마디로 '특권적 종교시장'과 '비특권적 종교시장' 사이에는 거대하고도 공고한 장벽이 놓여 있다. 그런데 우리 사회의 민주화 이행 이후 종교시장의 특권적-주변적 부문 사이의 '특혜 격차'는 오히려 더욱 증폭되는 추세이다.[29] 특권적 종교시장 안에서 '종교적 카르텔'을 형성하고 있는 중심부 거대종교들의 견제를 견뎌내고 이겨내면서, 주변부 군소종교들이 특권적 종교시장 진입의 핵심 지표 중 하나인 군종 참여를 달성하기란 정말 힘들 것이다.

(2) 정치적 이득

군종제도 안에 머물러 있는 것은 교단과 교단 지도자들에게 상당한 정치적 이득을 안겨주기도 했다. 이미 1950년대부터 군종에 대한 군 지휘부의 우호적인 태도가 뚜렷하게 나타났다. 1956년 4월 군종제도 창설 5주년 기념행사가 열렸는데, 정일권 육군참모총장—이 당시 그는 아직 개신교 신자가 아니었다—은 '군대의 그리스도교화'를 최우선적으로 추진할 것을 약속했다.

> 창립 5주년을 당한 금일에 있어 내가 크게 놀랜 것은 우리 국군 장병의 신자 수가 20퍼센트밖에 되지 않는다는 사실이다. 지금까지 나는 그와 반대로 국군의 80퍼센트가 기독교 신자이고 20퍼센트쯤이 불신자(不信者)일 것으로 생각하였었다. 이것은 누구의 잘못인지는 알 수 없다.……다만 이제부터 우리 행정관과 군목 여러분은 국군의 전적(全的) 개종(改宗)을 위하여 합심협력 할 것밖에 없다. 우리 국군은 무비(武備)에 앞서 그리스도의 희생 봉사의 정신으로 정신무장을 먼저 해야 될 것을 나는 확신한다. 그러므로 우리 행정관들은 군목사업에 있어서는 금후 어떠한 요구라도 이를 순응할 것을 약속하는 바이다. 군목 제위는 금년 일 년 동안에 전 장병의 현재의 종교 비율을 반대의 비율로 만들도록 노력하기 바란다. 이 일만이 국군의 최대급무(最大急務)라고 생각

하는 바이다.[30]

앞서 소개한 바 있듯이 같은 해에 육군참모차장 장도영도 "공산주의 사상과 대항하는 기독교가 부흥하여 군대에 군목이 있다는" 사실을 자랑스럽게 생각한다면서 군종장교들을 치하한 바 있다. 군의 최고 수뇌부만 이런 태도를 보였던 것은 아니다. 1957년도 『한국기독교연감』에서도 "대부분의 지휘관들도 가능한 모든 시간을 군목에게 주어서 장병들로 하여금 종교, 도덕에 관한 교육을 받게 하며 직접, 간접으로 교회에 출석할 것과 군목을 만나도록 권고하고 있는데 이러한 사실은 각급 지휘관들이 치열한 전쟁을 통해서 얻은 체험과 자기들의 지휘 이념에서 얻은 결과라고 보겠으며 군목이 복음을 전하는 데 다시 좋은 기회가 되고 있다"고 기술하고 있다.[31]

이런 우호적 분위기는 군부엘리트로 성장할 가능성이 높은 3군 사관학교 생도의 높은 그리스도교 신자 비율로도 이어졌다. 〈표 6-9〉는 1966년 현재 사관학교 생도의 절반 정도인 46.7%가 개신교나 천

표 6-9 **1966년 현재 3군 사관학교 생도의 종교적 배경**(단위: 명, %)

구분	개신교	천주교	불교	기타 종교	무종교	합계
육군사관학교	154 (24.2)	109 (17.1)	87 (13.7)	7 (1.1)	280 (44.0)	637 (100.0)
해군사관학교	100 (39.7)	31 (12.3)	33 (13.1)	2 (0.8)	86 (34.1)	252 (100.0)
공군사관학교	83 (34.7)	49 (20.5)	42 (17.6)	3 (1.3)	62 (25.9)	239 (100.0)
합계	337 (29.9)	189 (16.8)	162 (14.4)	12 (1.1)	428 (37.9)	1,128 (100.0)

출처: 문희석, 『한국사관학교 생도들의 사회관 연구』, 동아출판사, 1967, 69~85쪽에서 재구성.

주교에 속한 그리스도교 신자임을 보여준다. 특히 공군사관학교 생도(55.2%)와 해군사관학교 생도(52.0%) 중 그리스도교 신자의 비율이 육군사관학교 생도 중 그리스도교 신자의 비율(41.3%)보다 크게 높았다. 반면에 불교를 비롯하여 군종에 참여하지 못하는 종교들에 속한 생도는 15.5%에 불과했다. 유독 그리스도교 신자 비율이 높은 것은 군종제도의 효과라고 말할 수밖에 없다. 사실 군종에 참여하고 있는 종교들이 가장 역점을 두고 집중적인 투자를 해온 곳이 바로 신병훈련소, 사관학교, 3군 본부이기도 하다.

이런 현상은 비단 1960년대에만 국한된 것이 아니었다. "감사하게도 사관생도의 40~50퍼센트가 세례를 받고 OCU(기독장교회) 회원이 되어 임지에 나간다"는, 전직 해군참모총장인 김영관 장로의 1990년대 초 발언에서도 이를 확인할 수 있다.[32] OCU가 개신교 신자들의 단체이므로 김영관 장군의 말은 사관생도의 40~50%가 '개신교식 세례'를 받는다는 뜻이 된다. 그러니 여기에 천주교까지 합치면 그리스도교 신자 비율은 훨씬 더 높아질 것이다.

사관생도의 특이한 종교분포는 장교들, 특히 고위 장교들의 그리스도교 편향적인 종교분포를 예고하는 것이기도 하다. 다음 인용문에도 잘 나타나듯이, 1950~1960년대에는 개신교 조직인 OCU를 중심으로 장교들의 종교적 조직화가 매우 활발했다.

개신교인 장교들이 1950년대 중반부터 활발하게 조직화되었던 것도 군대 내에서 개신교의 입지를 공고화하는 데 크게 기여했다. 1956년 12월에 '한국기독장교회'(OCU)가 결성되었으며, 1960년

'기독장교회 공군연합회', 1963년 '기독장교회 육군연합회'가 창립되는 것을 비롯하여 시차를 두고 해군, 해병, 주월한국군사령부 등 각 군(各軍) 연합회가 속속 발족되었다.······1972년 현재 한국기독장교회는 육군연합회와 산하 57개 지회, 해군연합회와 4개 지회, 공군연합회와 13개 지회, 해병연합회와 4개 지회, 주월군연합회와 8개 지회로 구성되어 있었다. 기독장교회는 중앙연합회 혹은 각 군 연합회 차원에서 '구국철야금식기도회', '6·25기념예배', '현충일 기념 군·민 합동 추모예배' 등을 개최하면서 조직의 기초를 다져나갔다. 개신교인 고급 장교들의 숫자가 급격히 증가하는 가운데, 1966년 9월 현재 국방장관(김성은)과 3군 참모총장(육군 김계원, 해군 김영관, 공군 장지량), 해병대사령관(강기천), 주월한국군사령관(채명신)이 모두 개신교인에 의해 충원되는 진기한 현상이 일어난다. 이런 위세를 기반으로, 한국기독장교회는 1967년 7월 18일부터 22일까지 7개국 대표 약 300명이 참가한 가운데 '국제OCU대회'를 개최하기도 했다.[33]

　　바로 이런 상황을 배경으로 1970년대 내내 '전군신자화운동'이 추진될 수 있었던 것이다. 급기야 1990년대 초에 이르러서는 "장성급 지휘관의 60% 이상이 기독교 신자"인 상황이 도래했다.[34] 여기서 우리는 군사쿠데타, 군사정권의 장기지속, 군부엘리트들의 막강한 정치적 영향력 등 한국 특유의 정치상황을 고려해야만 한다. 그런 면에서 "군종제도를 매개로 한 군부-교회 간의 상시적 교류는 1961년부터 무려 30여 년 동안 계속될 군부엘리트 통치체제에 대해 안전한 보험을 들어놓는 셈"이기도 했는데,[35] 이것도 군종제도에 대한 종교지도자들의 도구주의적 태도를 강화한 요인 중 하나였다. 군종제도는 군부엘리트와의 교류와 네트워크 형성의 수단, 교단의 정치적 영향력 확장을 위한 수단, 정치권력에 접근하는 수단으로도 기능했던 것이다.

3. 종교 경쟁과 갈등

군종 주변을 감싸고 있는 도구주의적 분위기는 군종 참여 교단들 사이에 '협력'보다 '경쟁'이 지배적인 현상을 통해서도 재확인된다. 군종이라는 공간이 종교 간의 '협력의 장'이라기보다는 '경쟁의 장'으로 인식되고, 또 실제로도 그렇게 작동하고 있다는 사실이 마치 한국 군종의 '고유한' 특징 중 하나처럼 보이기도 한다. 군종 영역에서의 종교 간 경쟁을 "군종을 교세 확장 수단으로 간주하는 또 다른 도구주의적 태도의 직접적인 연장"이라는 식으로 설명할 수도 있을 것이다. 그러나 한국에서 군종 공간을 뜨겁게 달구고 있는 종교 간 경쟁심은 그 이상의 구조적인 연원을 가진 것처럼 보인다.

사실 19세기 이후 세계 종교사에서 군종제도의 두드러진 기여로 간주되어온 것이 바로 종교 간 협력 증진과 종교다원주의 가치의 확산이었다. 한편으로, 군종장교들은 대개 자신이 속한 부대—연대나 여단, 사단 등—의 '유일한' 군종장교이고, 따라서 자신과는 다른 종교와 교파에 속한 장병들을 상대로 '종교적 돌봄'을 실천하도록 요구받는다. 군종장교가 특정 교파의 대표자처럼 행동하면서 자신의 특수한 종교적 신념을 장병에게 강요하거나 설득하려는 듯한 태도를 취한다면, 그것은 군종장교로서의 결격이나 부적합성을 스스로 입증하는 행동이 되기 십상이다. 이런 상황이 군종장교들로 하여금 타종교에 대한 우호적이고 개방적인 태도, 한마디로 종교다원주의적 태도를 수용하도록 강제한다. 다른 한편으로, 군종장교들은 자신을 군대로 파견한 '교단'의 이익을 대표하면서도, 동시에 '군종 병과'의 조직적·제도적 이익을 대표하기도 한다. 전자가 군종장교들 사이에 '종교적 경쟁'을 촉진하는 요인이라면, 후자는 군종장교들 사이에 '종교적 협력'을 촉진하는 요인이다. 특히 군종제도가 아직 충분히 자리 잡지 못했거나, 군대 안에서 군종 병과의 지위가 취약하거나 도전에 직면할 때, 군종장교들은 일치단결하여 병과의 조직적·제도적 이익을 위해 분투하게 마련이다. 바로 이런 이유 때문에 태동 내지 초기 발전 단계에 있는 군종제도 자체가 시민사회에서는 아직 발견되지 않는, 높은 수준의 모범적인 종교 간 협력과 공존을 실천하는 장이기도 했던 것이다.

그런데 한국에서는 유난히 군종 내부의 종교 경쟁이 격렬한 편이고, 그로 인해 군의 고위 장교들 사이에 군종제도에 대한 부정적인 여론이 지속되는 경향이 강하다. 과열된 경쟁은 군종에 대한 부정적 여론을 확산시키고, 이런 부정적 여론에 힘입어 군종 무용론, 군종 폐지론, 군종의 아웃소싱(민간인으로의 대체) 등의 주장으로 이어진다. 이처럼 군종을 둘러싼 종교 간의 갈등이 군종 자체를 위기로 몰고 간다는 면에서, 종교 간의 과열 경쟁은 명백히 '자멸적'이기도 하다.

1962년에 개신교-천주교 군종들 간의 갈등으로 군종감을 포함한 다수의 군종장교들이 일거에 예편하고 보병 장교가 군종감 대리로 부임했던 사례가 그리스도교 독점 시대에 발생했던 대표적인 종교 갈등이었다. 1960년대에는 불교의 군종 진입 허용을 둘러싸고 불교-그리스도교 사이의 대립이 지속되었다. 불교의 군종 참여 이후 형성된 불교-그리스도교 대립 구도 속에서는 군종 쿼터 배분을 둘러싼 1992~1995년의 갈등이 가장 유명하다. 앞서 2장에서도 이에 대해 간략히 언급한 바 있다. 1992년의 14대 대통령선거전을 이용하여 불교 쪽에서 군종장교 정원의 종교별 배분 문제를 선거쟁점화했고, 이를 선거공약으로 수용한 김영삼 민주자유당(민자당) 후보가 대통령으로 당선되었다. 그 후 종교별 군종 정원 조정이 대통령 선거공약이었음에도 불구하고 3대 종교 군종들은 종교 간 지분 싸움의 분위기 속에서, 특히 개신교를 중심으로 한 그리스도교 쪽의 강력한 반대로 인해 어떤 합의도 도출해내지 못했다. 그러자 어쩔 수 없이 국방부가 강제적 조정에 나섰다. 그러나 갈등은 1995년 이후에도 계속되었고, 따라서 국방부의 강제 조정안조차 제대로 실행되지 못했다.

이후로도 군내 기득권을 선점한 기독교 위주의 군종 정책은 시정되지 않았다. 이에 불교계는 국민 신자 수에 맞춰 군종장교를 배정하라고 지속적으로 요구했고, 1992년 김영삼 전 대통령이 선거공약으로 종교 간 형평성에 맞는 군종장교 배정을 약속했지만 이행되지 않았다. 국방부의 군종제도 개선 작업에 따라 군목사의 대폭 감소가 예상되자 개신교계가 강력히 반발했기 때문이다. 이에 당시 종정이던 월하 스님과 조계종 총무원장 탄성 스님이

청와대에서 김영삼 대통령을 만나 선거공약 이행을 촉구했고 그
결과 1995년 국방부는 '군 신자 수에 맞춰 군종장교 수를 배정한
다'는 원칙 아래 군법사 80여 명을 2002년까지 증원시키는 개선
안을 확정지었다. 당시 군법사의 수는 90여 명. 국방부의 안이 그
대로 이행됐다면 2002년경에는 군법사가 170여 명에 달해야 한
다. 그러나 현재 파송 중인 군법사는 140여 명에 불과하다. 어렵
게 얻어낸 파송 증원 정책마저 그대로 이행되지 못한 것이다.[36]

2000년대에는 원불교의 군종 진입을 둘러싼 3대 종교(개신교, 천주
교, 불교)와 원불교의 갈등, 재림교회의 군종 진입을 둘러싼 개신교 주
류 교파들과 재림교회의 갈등, 천태종과 진각종의 군종 진입을 둘러
싼 불교 내 조계종과 천태종·진각종의 갈등 등이 이어졌다. 원불교가
군종 참여자격을 획득한 후에는 "군내 원불교 신자 수가 늘어가고 있
는 것에 대한 기득권 종교들(군종실)의 방해·지연·조작하는 행태를
어떻게 극복하고, 군종장교를 추가 획득할 것인가"가 원불교 '군교화
담당교무 연석회의'의 가장 중요한 현안이었을 정도로,[37] 종교별 군종
장교 쿼터 배분 문제도 여전히 뜨거운 갈등 쟁점으로 남아 있는 상태
이다. 통일교 측에서 군종 참여 의사를 공개하면서, 통일교를 이단(異
端)으로 간주하는 개신교·천주교와 통일교 교단 사이의 긴장이 점차
고조되고 있기도 하다. 최근 발생한 개신교 군종장교후보생 선발 부
정 사건도 군종제도 내부에서 조금이라도 지분을 확대하려는 개신교
교단들 간의 경쟁이 과열된 탓이었다.
　2000년대 이후에도 계속되는 군종장교들의 종교 갈등으로 인해 국

방부 당국자들 사이에서 군종무용론이 다시 대두하고, "군 구조 개편 시마다 군종장교 아웃소싱 문제가 거론"되는 일들이 벌어지고 있다.[38] 2003년에 실시된 한 설문조사에서 군종장교들의 약 45%도 군대 내의 종교 갈등이 심하다고 인정하고 있었다.[39] 이종인과 최광현은 "군종 제도 문제의 핵심은 종교 간 갈등과 대립에서 파생"되고, "현재 군내 종교단체 간 갈등과 대립, 첨예한 선교 및 포교 경쟁, 신행의 배타성 등은 군종에 대한 부정적 논의의 근원이 되며, 급기야 존폐론까지 나오게 되는 단초가 되었다"면서, "군종의 본질적 기능보다는 선교나 포교에 치중"되어 있는 군내 종교 활동, "선교/포교의 황금어장화 부작용", "군내 종교 간, 종단 간 갈등을 발생시키는 배타주의적 전통" 등을 거듭 지적했다.[40]

군에서의 종교 활동이 가지는 의미에도 불구하고 최근 군종제도의 필요성에 대한 비판(批判)이 일어나고 있다. 이러한 비판의 핵심에는 종교 간의 갈등이 자리 잡고 있다. 이는 사회에서의 종교 갈등과 맞물려서 군내에서도 심각한 문제를 야기할 가능성을 내포하고 있다. 현재 군내 종교 갈등과 대립의 양태는 개신교의 공세와 불교의 대항 구도로 나타나고 있으며, 각 종단의 재정 지원과 경쟁 역시 이들을 촉진하는 요인이 되고 있다.[41]

1950년대부터 시작된 종교 갈등이 2000년대 이후에도 양상을 달리하면서 지속되는 것을 보면, 한국에서는 군종을 둘러싼 내외의 갈등이 (일시적이고 우발적인 현상이 아니라) '항상적'이고 '구조적'인 현상으로 고착된 것 같다. 군종이 중요한 '종교적 특권'이자 '주류 종교라는 권위와 위세의 상징'이라는 사실은 군종 진입과 차단을 둘러싼 갈등을 대단히 치열하게 몰아간다. '황금어장 신화'로 대표되는 '선·포교 우선주의' 혹은 '선·포교 중심주의' 역시 종교 갈등을 불가피하게 만든다. 개신교 군종 후원·관리 조직의 명칭은 '전군신자화'후원회 당시든, 그 다음의 '군복음화'후원회 때든, 현재의 '군선교'연합회든 모두 선교 우선주의·중심주의 사고를 강하게 암시한다. 1995년 1월 조계종 군종업무를 총무원 교무부에서 포교원으로 이전한 것[42]도 유사한 사고방식의 발로일 수 있다. 다른 종교와 교파에 대해 배타적·적대적·정복주의적일 뿐 아니라, 이단–사이비 담론을 즐기고 이단–사이비 낙인찍기를 빈번히 실행하는 '특수주의'와 '근본주의'도 여타 종교·교파와의 평화로운 공존을 어렵게 만드는 요인이다.

　종교 간 경쟁이라 하면 우리는 군대를 무대로 벌어지는 군종 참여 교단 간의 경쟁만을 떠올리는 경향이 있다. 하지만 군종을 둘러싼 종교·교단 간 경쟁은 실은 '다차원적인' 현상이다. 첫째는 군종제도에 참여한 4대 종교 간의 경쟁이라는 차원이다. 군종 참여 종교·교단 간 경쟁 차원만 놓고 보더라도 선교·포교, 군종 쿼터, 승진·보직 등 세 가지 영역으로 다시 분할할 수 있다. 다시 말해 ① 군인 신자 확보를 위한 선교·포교 경쟁, ② 종교·교단별 군종 쿼터 확보 및 확대를 위한 경쟁, ③ 군종장교들 간의 승진 및 보직(특히 3군 군종감 및 국방부 군종실장 보직) 경쟁이 상당한 것이다. 두 번째는 개신교·불교 내부의 교파·교단 간의 경쟁이라는 차원이다. 어느 종교든 '교단 분열의 시대'가 도래하면 '종교 간 경쟁'과 '종교 내 경쟁' 모두가 격렬해지는, 말하자면

'경쟁 구도의 이원화' 현상이 자연스럽게 된다. 세 번째는 군종제도 내부의 종교·교단과 군종제도 외부의 종교·교단 간의 경쟁이라는 차원이다. 이처럼 복잡다단한 다차원적 경쟁 구도가 군종을 종교 간 갈등의 무대로 고착시키고 있는 것이다.

4. 군대의 대변인 역할과 정교유착

도구주의적 접근은 군사정권의 장기지속 현상을 매개로 정교유착을 촉진하기도 했다. 1970년대에 정식화된 '신앙전력화'라는 모토 자체가 군대를 지배하는 가치나 이데올로기의 내면화, 그에 대한 과잉동조를 보여주기도 한다. 군종제도를 탄생시킨 이승만 정권을 '개신교정권'이라고 불러도 손색이 없을 정도로 1950년대에는 개신교회와 국가의 관계가 시종일관 돈독한 편이었다.[43] 군종제도야말로 교회-국가 협력의 가장 탁월한 상징 중 하나였다.

종교조직이나 시민사회 안에서 군대의 입장을 대변하고, 교단-국가의 상호적 접근과 유착을 매개하는 역할은 군종 창설기를 넘어서도 지속적으로 수행되었다. 전쟁 시기 포로수용소에서의 사상전, 1960년대 초의 반공 정신교육과 대북 방송 등을 소개했던 4장의 내용을 상기해보자. 당시 군종 성직자들과 군 지도자들은 군종 활동을 반공투쟁, 공산주의와의 심리전 내지 사상전의 일환으로 간주하는 경향이 강했고, 그런 맥락에서 포로수용소의 군종 활동을 "지금까지 공산주의의 대의를 내세워 행해진 선전 중 가장 결정적인 패배"를 안겨주었다고 평가했다. 1961년에는 해군에서 정신교육대를 설치하고 군종장 교들이 전체 하사관과 병사를 대상으로 정신교육을 실시했고, 1963년 부터는 휴전선 인근에서 대북 종교방송을 시작했다.

1960년대의 사례를 한 가지만 더 들어보자. 1960년대 중반에 한일 국교정상화 문제가 격렬한 찬반 논란을 초래했을 때, 한국 개신교계 는 대체로 정부의 반대편에 섰다. 신학적 보수와 진보를 가릴 것 없이 개신교 전반이 정부 정책에 비판적인 태도를 취했던 것은 이때가 역 사상 처음일 것이다. 이런 와중에 1965년 8월 12일 '방공투쟁(防共鬪 爭)에 종군하였던 전직 육해공군 군종감 일동' 명의로 "비준 반대의 민족적 혼선에서 기독교는 본연의 자세를 지키자"는 제목의 성명서가 발표되었다. 이 성명서에서 전직 군종감들은 "북괴의 간접침략(間接侵 略)이 극심하여 가고 있음을 직시하며 월남전선(越南戰線)의 혼전(混 戰)을 관망할 때 자유진영의 대동단결과 반공전선의 유대 강화가 금 일과 같이 격렬히 요청되는 때는 또 없으리라고 생각"한다면서, 박정 희 정권의 한일국교정상화를 지지하는 맥락에서 한일협정을 비준해 야 한다고 주장했다.[44] 아마도 직접 정치 활동을 할 수 없는 현직 군 종장교들의 입장을 대변하는 행동은 아니었을까?

전군신자화운동의 불길이 활활 타오르던 1970년대에는 군종장교 들의 군대 대변인 역할과 정교유착이 가장 두드러졌고, 1980년대에도 유사한 상황이 이어졌다. 육군에서 해군과 공군으로 확산된 전군신자 화운동이 아직 한창이고 이 운동이 1973년부터 교도소(전국교도소신 자화운동), 1974년부터 경찰서(전경신자화운동)로 확산되는 가운데,[45] 군 종을 파견한 교단들과 정부의 관계는 정교유착 시비가 벌어질 만큼

더없이 가까워졌다. 베트남전쟁 당시 미국에서 군종이 교회와 국가 간의 불화를 종종 빚어낸 화근이었다면, 같은 시기에 한국에서는 군종이 종교-국가 협력을 매개하는 핵심 고리와도 같은 존재였다. 이 시기에 군종장교들은 '민군(民軍) 유대 강화'라는 명목으로 민간인 종교지도자들에게 군대의 입장을 적극적으로 전파하고 대변하는 역할까지 수행했다. 장기적인 군대 경험을 거치면서 군종장교들이 "교회 안에서 군대를 대표하는" 경향이 있다는 클라우스너의 지적과 정확하게 부합하는 일들이 전개되었던 것이다. 같은 맥락에서 클라우스너가 인용하고 있듯이, 군종장교의 기능은 "종교에 대한 군대식 해석"(military version of religion)을 민간교회 내에 확산시키는 것이 될 가능성이 높다는 스윔리의 지적 또한 경청할 만하다.[46]

　군종장교의 활동은 1970년대 초까지만 해도 민간 종교지도자들을 초청하여 전방부대 장병들을 위로하는 행사를 주선했던 정도에 그쳤지만,[47] 1974년부터는 종교지도자들을 군대로 불러들여 대규모로 '안보교육'을 실시하는 단계로 나아갔다. 다음은 육군 군종감실의 설명이다. "1974년도에 접어들면서 군종업무는 또 하나의 과제가 부여되었으니 1973년 말부터 국제에너지파동 및 국내 정치적 혼란으로 말미암아 국가적으로 안보에 대한 문제가 큰 관심사가 아닐 수 없게 되었다. 특히 국민의 중간 지도층인 일반 종교지도자들의 안보 태도 여하에 따라서 일반 대중은 따르게 마련이므로 그들에 대한 안보교육은 절대 필요한 업무가 아닐 수 없었다. 그리하여 군종감실에서는 다음 두가지 목적을 두고 3단계에 걸쳐 1,335명에 대한 안보교육과 그들로 하여금 종교강연회를 실시하여 일석이조의 성과를 거두었다."[48]

1975년에는 최태민 목사가 이끌던 '구국선교단'이 '구국십자군'을 창
설한 후 개신교 목사들을 군부대에 단기 입소시켜 군사훈련을 받도록
하는 프로그램을 진행했다.[49] 이 과정에서도 개신교 군종장교들이 일
정한 역할을 담당했을 것이다. 구국십자군의 구성과 성격은 다음 인
용문에 잘 나타나 있다.

> 1975년 6월 21일 배재고등학교 교정에서는 1,800여 명의 신자들
> 이 모인 가운데 '구국십자군 창군식(創軍式)'이 열렸다. 이 행사에
> 는 구국선교단 명예총재인 박근혜가 참여하여 "굳센 신앙으로 나
> 라를 지키는 일이 하느님의 뜻에 따르는 길"이며, "공산주의의 위
> 협으로부터 나라와 민족, 자유세계를 지키는 초석이 되어 달라"
> 고 당부했고, 이후 최태민 총재와 함께 구국십자군을 사열했다.
> 이날 목사 및 평신도로 구성되는 구국십자군은 대원 20만 명을
> 목표로 조직을 확대해나갈 것이고, 매주 토요일에 정기적으로 기
> 본군사훈련을 실시하며, 서울에 총사령부를 설치하고, 각 시도
> 단위로 군단(軍團), 개체교회 단위로 분단(分團)을 조직할 계획이
> 발표되었다. 구국십자군의 총사령관은 해군 군종감을 역임한 박
> 장원 목사가 취임했고, 그는 이날 발표한 취지사(趣旨辭)를 통해
> "급변하는 국제정세 속에서 종교인이라고 가만히 앉아 있을 수만
> 은 없다"면서, "기독교신앙으로 굳게 뭉쳐 총화단결, 멸공구국에
> 전심전력할 것을 다짐한다"고 말했다.[50]

1977년에 한국의 인권과 종교자유 침해를 문제 삼는 카터 정부가

출범하자, 군종장교들은 1978년 5월과 9월 미국의 종교지도자 44명을 두 차례에 걸쳐 초청하여 한국의 안보상황을 해명하는가 하면, 1979년 9월에는 아예 카터 대통령의 모교회(母敎會) 담임목사를 초청하여 안보현장을 시찰하도록 주선했다.[51] 1980년에는 신군부가 '불교정화'를 명분으로 일으킨 '10·27법난'에 불교 군종장교들이 수족 역할로 동원되었다. 일부 군종장교들이 군사쿠데타 세력의 편에 서서 자신의 소속 종단을 파괴하는 데 앞장선, 한국 군종역사상 최악의 사건이 벌어졌다. 그 직전인 1980년 2월에는 군종감실 주도로 불교·개신교·천주교 등 3대 종교의 지도자들을 초청한 가운데, 계엄사령관이 주최하는 '시국간담회'가 세 차례 열렸다. 1983년 초에는 "급진 신학 사조로 인한 군내 오염 방지"를 위한 장병 계도교육을 골자로 한 '특별군종활동계획'이 수립되어 실시되었다.[52] 이종인과 최광현은 '특별군종활동계획'에 대해 보다 상세한 설명을 제공하고 있다.

> 이 시기 군종 분야에서 두드러진 활동은 군종장교들이 장병들의 사상오염 방지 순회교육을 실시하였다는 점이다. 국가안정을 저해하는 각종 문제에 대한 군종장교들의 인식을 제고하고 군내 오염 방지를 위한 장병 계도교육을 목적으로 특별군종활동계획이 하달되었다. 이 계획에 의거 1단계로 전 군종장교를 대상으로 세미나를 실시하였으며, 2단계로 장병 계도를 담당할 교관 요원에 대한 세미나를 실시하고, 3단계로 대대급 단위로 순회교육을 실시하였다. 또한, GP 및 GOP의 대북 심리전 스피커를 통해 북한에 대한 군 종교방송을 통하여 남한의 자유로운 종교생활을

소개하고 선교/포교 및 평화통일의 의욕 증진과 접적 지역 아군 장병들의 신앙심 함양을 도모하고자 하였다.[53]

1983년부터 군종장교들이 이념교육 교관으로 직접 투입되는가 하면, 휴전선 인근에서 대북방송을 하는 등 심리전 요원으로 동원되기도 했다는 것이다. 군종장교들은 1983~1984년과 1987년에는 6·25를 전후하여 종교지도자들의 전방시찰 행사를 마련했다.[54] 신앙전력화라는 명목으로 장병의 '정신전력'을 강화한다는 측면에서, 그리고 민간 종교인들을 상대로 군대 입장을 대변한다는 측면에서, 1980년대는 여러모로 새로운 시도들이 대거 등장했던 시기였다.

5. 맺음말

지금까지 군종을 교단의 제도적 이익 실현의 수단이자 장(場)으로 간주하는 도구주의적 접근을 세 가지 발현 양상, 즉 (1) 군종을 교세 확장 수단으로 간주하고 접근하는 것, (2) 군종을 종교적 특권의 상징으로 간주하는 것, (3) 군종을 통해 각종 정치적 이득을 추구하는 것을 중심으로 고찰해보았다. 아울러 종교 간 과열 경쟁, 정교유착의 두 가지를 중심으로 도구주의의 부작용을 분석해보았다. "군종=황금어장의 신화"로 대표되는 도구주의는 지금도 군종 전반을 강고하게 지배하고 있다. 필자는 도구주의야말로 한국 군종의 실체를 이해하는 데 필수적인 키워드라고 생각한다.

군종제도는 한 종교가 인구 대다수를 포괄하는 '독점적 종교지형/종교시장'에서, 혹은 국교나 국가종교 전통을 유지해온 나라들에서부터 도입되기 시작했다. 지금도 그런 나라들이 군종의 주류이자 대종을 이루고 있다. 이런 나라들에선 군종장교들이 온통 '선·포교적 관심'에 사로잡혀 있다거나, 군종장교들이 서로 협력하기는커녕 의심과 긴장에 찬 눈초리를 주고받으며 사사건건 힘겨루기를 벌이거나, 군대가 종교들의 '선·포교 각축장'이 되어버리곤 하는 한국적인 상황이 아주 낯선 풍경으로 비칠 것이다.

한국 군종의 독특한 면모를 이해하기 위해선 어쩌면 1964년에 시작된 남베트남(월남)의 군종제도와 대비시켜보는 것도 좋을 듯싶다. 서장에서 소개했듯이 남베트남에서 군종제도가 시작된 것은 1964년 11월의 일이었고, 불교·천주교·개신교 등 세 종교의 군종들로 구성되었지만, 공산화 이후에는 폐지되었다. (1) 군종제도를 도입할 당시의 종교지형이나 종교시장 구조에서 한국과 남베트남은 많이 달랐다. 오늘날에도 그렇듯이 베트남은 '불교국가'로 불러도 무방할 정도로 불교 독점적인 종교지형이었던 반면, 한국은 (앞에서도 언급했듯이) 5대 종교 혹은 천주교를 포함한 6대 종교가 어느 한 종교의 압도적인 우위 없이 공존하고 있었다. (2) 그러나 이례적이게도 '소수파 종교'가 군종제도 도입을 주도했다는 점에서는 베트남과 한국이 유사했다. 식민지 종주국이었던 프랑스의 후원을 받은 천주교 신자들이 남베트남 정부를 주도했던 것이다. 한국에서도 여전히 소수종교 신세를 면치 못했던 그리스도교(개신교와 천주교) 주도로 군종제도가 만들어졌다. 1951년 당시 남한에서 그리스도교인구는 총인구의 5%에도 미치지 못했지만, '기독교정권'에 가까웠던 이승만 정부의 강력한 후원을 받고 있었다. (3) 남베트남에서는 천주교 주도로 군종제도가 도입되었을지언정 최대 종교인 불교를 배제하지 않았다. 뿐만 아니라 교세는 극히 미미했지만 프랑스를 대신하여 인도차이나의 새 맹주로 등장한 미국의 종교, 즉 개신교도 군종에 참여시켰다. 신자 규모와 상관없이 천주교와 불교, 개신교 모두 각각의 군종감을 갖고 있기도 했다. 반면에 한국에서 군종 도입을 주도한 그리스도교 지도자들은 당시 최대 종교였던 불교, 그리고 불교·개신교와 함께 '5대 종교'에 속했던 천도교·대종교·유교를 군종제도에서 배제시켰다.

이 차이가 대단히 중요하다. 한국에서는 최대 종교인 불교를 비롯하여 주요 종교들을 모조리 배제시킴으로써, 군종이 고도로 '특권화'되고 '종교적 배타주의'가 지배하는 영역이 되어버렸던 것이다. 군종 초기 꽤 오랫동안 특권을 독점적으로 향유했던 그리스도교 지도자들은 기존 정치권력과의 밀월을 즐기고픈 유혹 앞에 항시 노출되어 있었다. 아울러 군종제도 바깥으로 밀려나 있는 종교들에서도, 군종이라는 특권적 영역으로 진입하기 위한 온갖 정치적 거래와 유착, 국가에 대한 종교의 종속화 같은 현상들이 나타나기 쉬운 상황이었다. 이와는 정반대로 국가가 기득권 종교들의 편을 들면서 군종 진입을 계속 가로막을 경우, 국가와 소수파 종교들 사이에 극단적 대립이 발생할 수도 있었다. 결국 종교들이 군종제도 내부의 특권적 위치에 있든 아니면 그 바깥으로 밀려나 있든, 각 종교의 지도자들은 '과잉 정치화의 위험'에서 자유로울 수 없게 된다. 군종이 종교와 교단들 사이의 경쟁심을 부추기는 모습도 선명하게 확인된다. 만약 군종제도가 애당초 한국에

도입되지 않았더라면 주요 종교들 간의 관계가 지금보다는 훨씬 평화
로웠을지도 모른다.

7장

몇 가지 성찰의
쟁점들

이번 장에서는 한국 군종과 관련된 몇 가지 쟁점들에 대해 비판적인 성찰을 시도해보려 한다. 아울러 이를 통해 오늘날 한국 군종이 직면하고 있는 실천적인 도전과 과제들을 식별해보려 한다. 앞 장에서 보았듯이 '모방에 의한 압축성장'과 '무성찰성'이 한국 군종의 두 가지 핵심적인 특징들로 나타났다. 여기서 한 가지 의문이 자연스레 떠오른다. 무성찰성이 한국 군종의 두드러진 특징이라면, 오늘의 시점에서 우리는 한국 군종의 '무엇'에 대해 성찰해야 하는가? 이 장에서는 한국 군종과 관련하여 진지한 내성(內省)을 요구하는 도전 혹은 딜레마들을 (1) 헌법 혹은 군종의 합헌성(合憲性), (2) 신학과 교학, (3) 윤리 혹은 도덕의 세 영역에서 탐색해보려 한다.

먼저, '군종은 과연 헌법에 부합하는 조직·제도·활동인가?'라는 질문이 제기될 수 있다. '군종의 합헌성' 문제는 다른 나라들에서는 오래 전부터 빈번하게 제기된 쟁점이나, 한국에서는 좀처럼 제기되지 않았던 것이기도 하다. 보다 구체적으로 한국의 군종은 종교의 자유, 정교분리, 종교적 차별의 금지라는 세 가지 헌법적 원칙들을 제대로 준수 내지 구현하고 있는가?

두 번째로, 신학·교학은 전쟁·군대·군비(軍備)를 정당화할 수도 있고 탈(脫)정당화할 수도 있다. 문제는 군종장교들을 파송하고 있는 주류 종교들에서 신학·교학의 이론적 지형이 '전쟁의 탈정당화' 쪽으로 빠르게 기울어가고 있다는 데서 비롯된다. 한국의 군종장교들은 이러한 전쟁신학의 '평화주의적 전환' 추세에 성공적으로 대응하고 있는가? 혹여 이런 변화에 둔감하거나 거부반응을 보이면서 스스로 '신학적 게토'가 되어가고 있지는 않은가?

세 번째로, 군대 안에서 군종 성직자들은 윤리와 도덕 영역에서 교사·상담자·자문가 역할, 때로는 예언자적 고발자 역할을 요구받는다. 2차 대전 이후 혹은 늦어도 베트남전쟁 이후 미국을 비롯한 많은 서구사회들에서 군종의 주된 역할을 '사기 증진자'에서 '도덕적 옹호자'로 전환하려는 시도가 이뤄지고 있다. 한국 군종장교들은 군종 역할의 우선순위를 재설정하려는 국제적 변화의 추세에 얼마나 민감한가? 그들은 새로운 군종 역할을 충분히 의식할 뿐 아니라, 변화된 역할에 충실하려고 응당한 노력을 기울이고 있는가?

이런 문제의식 아래 이 장에서는 먼저 헌법적 원칙들에 비추어 한국의 군종 제도와 활동을 비판적으로 검토해볼 것이다. 다음으로는 '군종과 관련된 신학적·윤리적 딜레마들'이라는 차원에서 한국 군종과 관련된 다양한 신학적·윤리적 도전들에 대해 고찰해보고자 한다.

무엇보다, 군종은 과연 헌법에 부합하는 조직·제도인가? 대한민국 헌법에서 종교 관련 조항은 세 가지인데 각각 종교의 자유 보장, 정교분리, 종교차별 금지를 규정하고 있다(《표 7-1》 참조). 1948년 7월 17일에 제정·시행된 제헌헌법의 경우 제8조에서 "모든 국민은 법률 앞에

표 7–1 **제헌헌법과 현행 헌법의 종교 관련 조항들**

구분	제헌헌법	현행 헌법
종교차별 금지	모든 국민은 법률 앞에 평등이며 성별, 신앙 또는 사회적 신분에 의하여 정치적, 경제적, 사회적 생활의 모든 영역에 있어서 차별을 받지 아니한다. (제8조)	모든 국민은 법 앞에 평등하다. 누구든지 성별·종교 또는 사회적 신분에 의하여 정치적·경제적·사회적·문화적 생활의 모든 영역에 있어서 차별을 받지 아니한다. (제11조 1항)
종교의 자유	모든 국민은 신앙과 양심의 자유를 가진다. (제12조)	모든 국민은 종교의 자유를 가진다. (제20조 1항)
정교분리	국교는 존재하지 아니하며 종교는 정치로부터 분리된다. (제12조)	국교는 인정되지 아니하며, 종교와 정치는 분리된다. (제20조 2항)

평등이며 성별, 신앙 또는 사회적 신분에 의하여 정치적, 경제적, 사회적 생활의 모든 영역에 있어서 차별을 받지 아니한다"고 종교차별 금지를 규정했다. 제헌헌법 제12조에서는 "모든 국민은 신앙과 양심의 자유를 가진다. 국교는 존재하지 아니하며 종교는 정치로부터 분리된다"고 하여 종교자유와 정교분리를 명시했다. 이 세 가지 원칙은 지금까지 거의 그대로 유지되고 있다. 1987년 10월 29일에 개정되고 1988년 2월 25일부터 시행된 현행 헌법에서는 제11조 1항에서 "모든 국민은 법 앞에 평등하다. 누구든지 성별·종교 또는 사회적 신분에 의하여 정치적·경제적·사회적·문화적 생활의 모든 영역에 있어서 차별을 받지 아니한다"고 규정한 데 이어(종교차별 금지), 제20조에서 "① 모든 국민은 종교의 자유를 가진다. ② 국교는 인정되지 아니하며, 종교와 정치는 분리된다"(종교자유, 정교분리)고 했다. 그렇다면 한국의 군종 제도와 활동 역시 종교자유 보장, 정교분리, 종교차별 금지라는 헌법적 원칙에 부합되게 운영되고 있는가를 확인해보는 게 급선무일 것이다.

1. 군종의 합헌성(1): 종교의 자유와 차별

많은 이들이 군종제도의 헌법적 근거를 '종교의 자유' 조항에서 찾는다. 군인, 수형자, 병원 환자들처럼 "스스로 선택한 장소에서 신앙을 실천할 자유를 국가에 의해 박탈당한 이들"에게 정부는 종교자유 원칙에 따라 정부가 고용한 성직자들을 제공할 수 있으며 또 마땅히 그렇게 해야 한다는 것이다.[1] 미국에서 군종제도를 둘러싼 뜨거운 논쟁에도 불구하고 이 제도가 (적어도 현재까지는) 합헌성 테스트를 통과할 수 있었던 핵심적 근거가 바로 '국민의 종교자유 보장'이라는 명분이었다. 군종제도를 지지하는 많은 이들은 정교분리가 종교자유라는 궁극적 '목표'를 보다 잘 보장하기 위한 '수단'이라는 논거를 제시하면서, "(종교자유를 보장하는) 자유로운 행위 조항은 (정교분리를 규정한) 설립 불가 조항보다 우선한다"고 주장하고 있기도 하다.[2]

한국에서도 군종제도가 강제 징집된 군인들의 종교자유를 위한 수단으로 정당화될 수 있다면, "과연 현재의 군종제도가 장병의 종교자유를 제대로 보장하고 있는가?"라는 질문을 반드시 던져봐야 할 것이다. 헌법의 종교자유 원칙은 소극적–수동적 측면과 적극적–능동적 측면을 지닌다. 종교의 자유는 소극적 측면에서는 자신의 신앙(혹은 무신앙)을 침해당하거나 공격받지 않을 권리 그리고 특정한 신앙을 강요당하지 않을 권리를, 적극적 측면에서는 자신의 신앙(혹은 무신앙)을 자유롭고도 만족스럽게 향유할 권리를 뜻한다. 한국사회의 경우 과거에는 신앙에 대한 부당한 침해·공격과 특정 신앙 강요가 주로 문제였다면, 최근으로 올수록 신앙의 온전한 향유 권리가 갖는 중요성이 점점 부각되고 있다. 물론 신앙의 침해나 신앙 강요 문제 역시 지금도 중요한 쟁점으로 남아 있다.

1970년대의 전군신자화운동 시기에는 노골적인 종교자유 침해 사태가 곳곳에서 벌어졌다. 당시 종교자유 침해 논란을 낳았던 '1인 1종교 갖기 운동'은 2000년대까지도 군종감실 차원에서 지속적으로 추진되어 왔던 것으로 보인다. 군대에서 장병의 종교 선택 자유를 침해하고 종교행사 참여를 강제하는 일이 계속되자, 진정을 받은 국가인권위원회가 2006년과 2010년 국방부 장관에게 장병 종교자유를 보장하라는 권고를 하기도 했다. 2010년 8월의 국가인권위원회 권고는 다음과 같았다. "군 장병들이 무교(無敎)를 포함하여 종교를 자유롭게 선택하고 종교행사에 자율적으로 참여하게 하는 등 군대 내에서 종교의 자유가 실질적으로 보장될 수 있도록 본 진정 사례를 전파하고 종교선택 및 종교행사 참석을 강요하는 관행을 개선할 것을 권고한다." 이런 인권위 권고를 두고, 군종 측은 "이것은 병과가 꾸준히 추구해오던 '1인 1종교 갖기 운동'을 실질적으로 금지한 것으로 군내 종교 활동에 적지 않은 영향을 미쳤다"고 평가했다.[3]

신앙의 향유 권리 측면에서 소수파 종교에 속한 군인들도 여전히 종교적 자유를 제한당하고 있는 게 현실이다. 군대와 관련된 종교자유 문제는 자유권의 주체가 신자냐 교단이냐에 따라 〈표 7-2〉처럼 보다 분석적인 구분을 할 수도 있다. 크게 신자의 권리와 교단의 권리를 구분할 수 있고, 교단의 권리도 다시 나눌 수 있다.

종교 자유권의 보장 정도, 특히 교단의 종교 자유권 보장 정도 문제는 거의 항시 종교차별 논란을 수반한다는 특징이 있다. 우선 '신자'인

표 7-2 **군대에서의 종교자유 문제: 신앙의 향유 권리 차원에서**

종교자유의 주체	종교 자유권의 내용
신자(장병)	• 부대 안에서 자기 종교의 예배와 상담 서비스를 받을 권리. • 부대 인근의 자기 종교 시설을 방문하여 예배·상담 서비스를 받을 권리 (주로 소수종교 소속인 경우).
교단(전문종교인)	• 군종제도에 정규 멤버로 참여할 권리. • (군종 참여 이전이라도) 부대를 방문하여 자기 종교 신자들에게 예배·상담 서비스를 제공할 권리(주로 소수파 종교·교단인 경우).

군인(병사, 부사관, 장교)의 종교자유에는 주기적인 예배와 비주기적인 상담의 권리가 포함되며, 이것이 가장 중요한 것이기도 하다. 특히 소수 종교에 속한 신자들의 자유권이 침해되기 쉬운데, 부대 인근의 자파(自派) 교당을 방문하거나, 그 반대로 자기 교단 인사의 부대 방문권 행사를 통해 신앙적 욕구를 충족할 수 있는가가 중요할 것이다. 다음으로, '교단'의 종교 자유권과 관련해서는 군종제도에 정규 멤버 자격으로 참여할 권리가 얼마나 폭넓게 보장되는가, 그리고 아직 참여 권리를 부여받지 못한 소수파 종교·교단일 경우 부대 방문권이나 접근권이 중요할 것이다. 특히 가까운 장래에 4년제 종립(宗立)대학을 설립할 전망이 희박한 소수파 종교·교단의 경우 군부대 접근권이야말로 종교 자유권 문제에 대한 사실상 유일한 해결책이기도 하다.

한국 군종 연구의 개척자였던 김성경은 1984년에 발표한 논문에서 미국과 한국 군종의 두 가지 차이를 지적한 바 있다. 그 하나는 군종 참여 교단의 범위에 관한 것인데, 미국 군종의 경우 참여 교단이 다양한 반면에 한국은 매우 제한되어 있다는 것이다. 다른 하나는 군종장교 숫자의 교단별 할당 기준에 관한 것이다. 양국은 모두 교단별 쿼터제를 시행한다는 공통점을 보이지만, 미국 군종의 경우 '총인구'의 종교분포에 따라 교단별 군종 쿼터를 정하는 데 비해 한국에서는 '군인들'만의 종교분포에 따라 군종 쿼터를 결정한다는 것이었다.[4] '교단'뿐아니라 '젠더' 요인도 한국-미국 군종 사이에 중요한 차이를 빚어낸다. 이광순은 2009년 발표한 논문에서 미국은 이미 1973년과 1974년에 해군과 육군에서 최초의 '여성 군종장교'를 배출했다면서,[5] 한국에서도 남성이 독점하고 있는 군종제도를 하루빨리 여성에게 개방해야 한다고 주장했다. 최근 몇 년 사이에 한국 군종에서도 의미 있는 변화가 진행되었다.

먼저, 군종 참여자격 기준과 교단별 군종 쿼터를 정하는 방식이 변화되었다. 앞서 2장에서 살펴본 바와 같이, (1) 초기에는 군종 쿼터에서 '총인구'의 종교분포만 고려했다가, (2) 1962년 말부터는 '군인'의 종교분포만을 반영하는 것으로 바뀌었고, (3) 1968년에 군종 참여자격 기준으로 '신자 규모' 기준이 추가되었고, (4) 1995년에 군종 쿼터에서 '총인구와 군인'의 종교분포를 모두 반영하는 방식으로 다시 변경되었고, (5) 2003년부터는 군종 참여자격 기준으로 '전체 신자 규모'와 '군 내 신자 규모' 기준을 동시에 고려하게 되었고, (6) 2006년에는 이전의 기조를 유지하면서 '총인구 대비 2% 이상, 군인 총수 대비 1% 이상'인 교단에게 군종제도 참여자격을 부여한다는 것으로 좀 더 구체화되었다.[6] 1962년 방식이 군종제도에 참여한 교단들에게 유리한 제도였다면, 2003년과 2006년 방식은 소수파 종교들에게도 군종 진입의 문호를 조금 더 넓혀주는 효과가 있는 것이었다. 둘째, 개신교·천주교(1951년)와 불교(1968년)에 이어 원불교가 2007년부터 군종제도에 참여할 자격을 얻게 되었다. 셋째, 2014년부터 여성 군종장교가 배출되기 시작했다. 2013년 7월에 국방부는 2018년까지 불교에서 6명, 개신교에서 8명 등 모두 14명의 여성 군종장교를 선발할 계획임을 밝힌 바 있다. 이에 따라 2014년에 불교에서 최초의 여성 군종장교가 선발되었고, 2015년에는 개신교에서도 처음으로 2명의 여성 군종장교가 선발되었다.[7]

이런 중요한 변화들에도 불구하고 그 속도는 너무 느리며, 변화를 방해하는 힘도 여전히 강하다. 한국 최대 종교였던 불교의 경우 군종제도 창립 직후인 1952년부터 군종 참여를 위해 움직였고 1964년부터는 '군종승제도' 실현을 위한 교단 차원의 노력을 본격화했지만 개신교 측의 거센 반대에 부딪쳐 계속 지연되었다. 결국 불교는 군종 창립 17년이 지나서야 세 번째 참여 교단의 자격을 얻을 수 있었다. 원불교도 1966년부터, 늦어도 1975년 이후 군종 참여를 위한 노력을 거듭했지만 이런 희망은 오래도록 실현되지 않았다. 불교가 한국 종교 중 세 번째로 1968년에 군종을 배출한 이후, 네 번째 종교가 군종을 배출한 2007년까지 39년이라는 긴 세월이 필요했다.

한국은 수백 개의 종교가 공존하고 있는 종교다원주의 사회이다. 문화체육관광부가 2008년 12월에 발간한 『한국의 종교현황』에 따르면 당시 한국의 개신교 교단 숫자는 291개, 불교 교단의 숫자는 168개나 되었다. 그러나 제도 창립 후 66년의 세월이 지났지만 군종에 참여하고 있는 종교는 여전히 네 개에 불과하며, 개신교의 경우 291개 중 11개 교단, 불교의 경우 168개 중 단 1개 교단(조계종)만이 군종에 참여할 자격을 갖고 있다. 2014년에도 불교 천태종이 군종 진입을 시도했으나 조계종의 부정적인 태도, '조계종과의 합의'를 요구하는 국방부의 소극적인 태도로 인해 무산된 바 있다. 4년제 대학을 보유하고 있어야만 군종 참여가 가능한 조건 역시 재정여건이 취약한 군소 종교들로선 넘기 어려운 진입장벽으로 작용하고 있다.

　군종의 문호를 모든 교단들에게 무제한 개방할 수는 없을 것이다. 그러나 현재까지의 진행 속도로 볼 때 소수파 종교 신자들의 종교자유가 침해당한다는 불만이 더 이상 제기되지 않을 정도까지 군종 참여 교단 숫자가 충분히 늘어나려면 아마도 수백 년이 걸릴 것이다. 그럼에도 소수파 종교 신자들의 종교자유를 구조적·일상적으로 침해하고 있는 작금의 '위헌적' 현실은 '당장' 해결해야만 하는 시급한 문제이다. 그렇다면 이런 딜레마를 넘어설 유일한 해법은 장병들의 종교적 선택권을 보장하기 위한 '이중의 접근권', 즉 (1) 장병들의 종교시설 접근권, 그리고/혹은 (2) 민간인 성직자·교역자의 군부대 접근권을 보장하는 것밖에 없다. 다시 말해 장병들이 주말이나 주요 종교 절기에 부대 인근에 위치한, 자신이 속하거나 선호하는 종교의 예배소를 방문할 수 있는 권리, 그리고 부대 인근에서 사역하는 소수파 교단의 민간인 성직자·교역자가 주말이나 주요 종교 절기에 부대를 방문하여 자파(自派) 신자들에게 종교적 서비스를 제공할 수 있는 권리를 누리면 종교자유 문제는 대부분 해결된다.

　문제는 이에 관한 일관된 그리고 권위 있는 방침이 부재하다는 것이다. 먼저 민간인 신분인 종교인들의 부대 방문·접근 권리 쟁점부터 살펴보자. 불교와 원불교의 사례에서 보듯이, 정식으로 군종제도에 참여하기 이전에도 불교·원불교 성직자나 교역자들이 군부대를 방문하여 종교 서비스를 제공하는 사례는 왕왕 있었다. 불교에서는 1950년대부

터, 원불교에선 1970년대부터 이런 활동이 시작되었다.[8]

민간인 성직자·교역자들의 부대 접근권에 대해 군 당국이 그렇게 부정적인 것만도 아니었다. 해군에서는 1949년부터 개신교 여성 전도사나 여선교회 회원들이 군종 활동을 도왔고, 육군에서도 군종제도 창설 직후부터 여전도사나 천주교 수녀들이 군종 활동에 참여했다.[9] 해군본부 군목실에서도 1951년 10월부터 이동순·김계성·이화선 등 여전도사들을 각 부대로 파견한 바 있고, 1952년 초부터는 수녀도 군종업무에 투입되었다.[10] 1955년 제정된 육군의 군종업무 규정(육규 10-2)에서도 "군종장교가 배속되어 있지 않은 부대의 지휘관은 소속 장병의 종교적 지도와 예배 및 미사를 위하여 상급부대의 책임자와 연락하여 민간인 목사 신부를 청빙하여야 한다"(제12조)고 명시하고 있었다.[11]

이와는 달리 1981년에는 민간인 성직자들의 부대 접근과 군인들의 영외(營外) 종교시설 방문을 금지하는 조처가 내려지기도 했다. 오덕교에 의하면 "1981년 8월 28일 국방부에서는 군 종교단체 운용 정상화에 대한 공문을 하달하여 종파 구분 없이 일반인의 군내 종교단체 활동 참여를 금지시켰고, 군종 활동을 각 군 참모총장 통제 및 감독 하에 군 종교시설에서 하도록 국한시켰고, 기금 모금 행위, 정기적인 회비 갹출 및 납부 행위 등 종교 활동을 빙자하여 외부로부터 물질이나 금전적 지원 및 수수 행위를 금지하였다."[12]

2001년에는 1955년 규정의 취지를 되살리면서 보다 명료히 제도화하는 조치가 취해졌다. 2001년 11월에 발표된 국방부 훈령 제691호(군 종교 활동 지원 민간성직자 관리 규정)가 그것인데, 이를 통해 현역장교인 군종장교를 지원하는 '민간성직자'라는 새로운 항구적인 군종요원제도가 생겨난 것이다. 기존 규정을 부분적으로 개정한 2008년 10월의 새로운 국방부 훈령(제973호)에 의해 '민간성직자'는 해당 부대의 종교업무를 전담하는 '전담 지원 성직자'와 특정한 날에만 군 종교업무를 지원하는 '수시 지원 성직자'로 세분되었다. '전담 지원 성직자'는 해당 종교의 상급부대 군종참모의 동의를 얻어, '수시 지원 성직자'는 각 부대 군종참모의 추천을 받아 심사·선발된다.[13] 그러나 민간인 성직자의 군종 참여를 허용하는 1955년의 '육규 10-2'의 제12조나 2001년의 '군 종교 활동 지원 민간성직자 관리규정'은 모두 기존 군종참여 교단에만 적용되는 것이라는 뚜렷한 한계를 갖고 있었다. 이 규정들은 기득권 교단들의 특권을 더욱 확대하고 강화하는 내용이지, 소수파 종교인들의 종교자유를 보장하기 위한 조치는 결코 아니었다. 결국 '민간성직자제도'를 도입함으로써 군종제도 내부에 있는 특권적 종교들과 그 바깥에 있는 비(非)특권적·주변적 종교들 사이의 '특혜격차'가 오히려 더욱 확대된 꼴이었다.

그런데 국방부가 2005년 말 혹은 2006년 초 무렵에 부대원 2% 이상의 신자를 확보할 경우 해당 종교의 민간인 성직자를 부대 안으로 초청하여 종교 활동을 할 수 있도록 허용했던 것으로 보인다.

> 군선교연합회 김대덕 총무는 "각 종교 신자 장병이 2% 이상일 경우 해당 종교 민간인 성직자를 초청해 종교 활동을 실시한다는 지침을 국방부가 각급 부대에 내려 보냈다"면서 "이 지침을 철회하고 그 기준을 군내 신자 수 5% 이상으로 해야 한다"고 말했다.

연합회 관계자는 "국방부 지침대로라면 대대급(500명) 기준으로 신자가 고작 10명에 불과해도 민간인 성직자를 초청할 수 있다"면서 "이렇게 되면 사이비종교 이단 사교 등의 폐해를 막을 수 없다"고 지적했다.[14]

인용문에 나타난 대로만 실행된다면 소수 종교 신자들의 종교자유가 획기적으로 개선되는 효과를 발휘할 것으로 기대된다. 그러나 군종감실이 적극적으로 나서 신뢰할 만한 부대원 종교분포 정보와 안내·조력을 정기적으로 제공하지 않는 한, 부대 내 자기 교단 신자 수를 파악하는 문제부터, 간부들과 부대 지휘관의 승인을 얻어내기까지 넘어야 할 난관들이 첩첩산중일 것이다. 특히 사회적 평판이 좋지 못한 종교에 속한 군인 신자들은 더 큰 어려움에 직면하게 될 것이다. 종교와 관련된 군 당국의 정책적 일관성이 부족하고, 최종 단계에서 부대 지휘관들에게 과도한 재량권을 부여함으로써 어떤 지휘관이 부임하느냐에 따라 또 지휘관의 선호나 심리상태가 어떻게 달라지느냐에 따라 종교 활동의 안정성이 얼마든지 훼손될 수 있다는 것은 큰 문제로 남아 있다.

소수파 종교·교단에 소속된 장병의 영외 종교시설 접근권 문제는 한층 답답한 형국이다. 종교의례나 상담을 위해 부대 인근의 종교시설을 방문하는 것은 원칙적으로 금지되어왔고, 지휘관에 따라 아주 예외적으로만 허용되었다. 지휘관의 재량권에 전적으로 맡겨진, 언제든 변할 수 있는 지휘관의 자의 혹은 선의에 의존해야 하는 상황인 것이다. 그런 면에서 2005년 11월 육군본부가 예하 부대에 하달한 '병영

내 종교 활동 활성화 지침'은 특별히 주목할 만하다. 여기에는 "소수 종교들은 영외의 종교시설을 이용"할 수 있다는 내용이 포함되어 있었기 때문이다. 그러나 여전히 "일부 지휘관들의 경우에는 '사고예방'을 이유로 허락하기를 꺼리는 것이 현실"이었다.[15] 여기서도 드러나듯이 종교자유 문제를 '지휘관의 재량'에 따라 얼마든 제한할 수 있는 무언가로 방치한 것은 이 지침의 중대한 취약점이었다.

2. 군종의 합헌성(2): 정교분리

군종제도 자체가 정교분리에 위배된다는 주장이 한국에서는 거의 제기된 바 없다. 그러나 미국에서는 이런 주장이 빈번하게 제기되었다. 앞서 소개했지만, 스윌리는 군종제도가 정교분리라는 헌법 원리와 충돌하는 지점을 다섯 가지로 요약했었다. 그것은 ⑴ 군종장교 봉급과 군대교회에 대한 재정 지원이라는 형태로 종교단체에 정부보조금을 지급하는 것, ⑵ 국가가 군종장교 인사권을 장악하여 종교인들을 다양한 계급으로 배치하고 승진 여부를 결정하는 것, 또 현역장교 신분임을 빌미로 종교인들을 특정 제도 속에 가두는 것, ⑶ 국가가 찬송가와 같은 종교용품을 직접 출판하는 것, ⑷ 국가가 각 군마다 직접 종교적 위계와 하향식 명령체계를 구축한 것, ⑸ 군종 요원들의 성격이 '성직자'라기보다는 '장교'에 가까워 군대식 규율이나 야심에 종속되는 경향이 강하다는 것 등이었다.

필자가 보기엔 제도적 유형 측면에서 미국과 매우 유사한 한국 군종의 경우에도 미국 상황에서 제기될 수 있는 정교분리 관련 주장들이 거의 그대로 적용될 수 있다. 다시 말해 스웜리가 제기한 다섯 가지 논거는 예외 없이 한국 상황에도 부합한다. 다만 정교분리 쟁점과 관련하여 미국과 구분되는 한국의 독특한 상황은, 군 지휘관들의 정교분리 위반 행동들이 대단히 빈번하고도 공공연하게 일어난다는 사실과 관련된다. 이는 미국 군대에서보다는 한국 군대에서 정교분리 원칙이 훨씬 흔들리기 쉬움을 뜻하기도 한다. 다음 인용문은 한국사회의 민주화가 상당히 진행된 시기에도 고위 장교들에 의한 정교분리 위반 행태가 여전했음을 잘 보여준다.

군대는 대표적인 억압적 국가기구로서 그것의 일부를 이루는 고위 장교들이 (개인적인 종교생활을 넘어선) 공적인 장소나 시간에 명백한 종교적 행위나 발언을 통해 특정 종교를 후원하거나 배척하는 결과를 낳을 경우, 이는 헌법이 요구하는 정교분리 원칙을 침해하는 것이다. 그러나 과거에 군대는 종교에 대한 국가의 중립 및 불개입 원칙이 가장 심각하게 훼손되어왔던 곳 중 하나였다. 1970년대의 '전군(全軍)신자화운동'은 한국 현대사에서 국가가 특정 종교의 후원자로 직접 나섰던 가장 대표적인 사례 중 하나였다.……특히 김영삼 정부가 출범한 이후 군대 내부에서 고위 장교가 특정 종교를 강요하거나 후원하는 일에 대한 종교계의 대응은 매우 적극적이고 조직적으로 변했다. 불교 측에 의해 쟁점화 된 주요 사례들만 들어보도록 하자. 김영삼 정부 출범 직후인 1993년 4월 초에 불교방송이 1992년 10월 육군 17사단 전차 대대의 개신교 신자인 대대장이 법당과 성당을 폐쇄하고 불상을 훼손하도록 지시했다고 뒤늦게 보도하면서 불교계 전체의 신속하면서도 대대적인 항의를 초래했던 일은 이런 움직임의 시발이었다.……그 후에도 1996년 1월에 김영삼 대통령이 국방부 종교센터 중앙교회에서 열린 예배에 참여하는 과정에서 군 당국이 개신교 신자와 다른 종교 신자의 경계근무 일정을 조정하고 경호상의 문제를 내세워 타종교 신자들의 종교시설 출입을 방해했다는 이유로 불교계 전체가 거세게 항의하고, 이 일에 대해 국방부 장관이 사과한 사건이 발생했다. 1997년에는 육군특수전학교에서 장교들이 불교 신자를 포함한 하사관후보생들에게 개신교 예배 참석을 강요하거나 군법당 주위에 분뇨를 뿌렸다가 불교계가 '육군특수전학교 불교탄압 대책위원회'를 구성하여 조사 및 항의 활동을 벌이자, 그해 6월에 국방부 장관이 사과문을 발표하고, 10월에는 국방부가 종교편향 행위 재발 방지를 위해 '군종업무에 관한 규정'을 제정한 일이 있었다. 또 1998년 2월에는 해병대사령관이 군교회 기공예배에서 종교편향적인 인사말을 했다가 문제가 되어 결국 전역한 사건, 같은 해 6월 해병 1사단 장병 44명이 서울역 앞에서 찬양집회를 가진 것에 대해 인솔자인 개신교 군종장교가 징계를 당한 사건 등이 연이어 발생했다.[16]

앞서 2장에서 상세히 다룬바 있듯이 국방부 군종장교운영심사위원회 역시 정교분리 원칙 위반이라는 비난에 직면할 가능성이 높다. 이 위원회는 병역법과 병역법 시행령에 의해 법적 뒷받침을 받으면서

2003년에 처음 등장했다. 군종 참여권 심사 권한을 장악한 군종장교 운영심사위원회는 군종 진입을 희망하는 종교들의 '교리'와 '활동', 나아가 '의례'까지 심사·검열할 수 있는 막강한 권력을 휘두르고 있다. 두 가지 차원에서 문제가 제기될 수 있다. 그 하나는 국가기구가 종교의 교리·활동·의례를 일상적으로 심의한다는 자체가 헌법상의 정교분리 원칙에 정면으로 위배된다는 것이다. 다른 하나는 최근 군종장교들 사이에서 강력히 대두하는 것으로 보이는 '이단-사이비 담론'과 관련되는데, 이단-사이비 담론이 '교리·활동·의례 검열'과 서로 맞물릴 경우 정교분리 위반 논란은 극대화될 수밖에 없다는 것이다.

앞에서 우리가 이미 다룬 쟁점 가운데 군인들의 종교자유 보장을 위한 민간인 성직자·교역자의 부대 접근권 문제도 군종제도를 끊임없이 괴롭혀온 정교분리 위반 논쟁과 직결된다. 군종 요원을 현역 군인이 아닌 민간인으로 대체하고 군종에 대한 교단의 통제력을 강화한다는, "탈군대화된 그리고 교회에 기초한 군종제도"(demilitarized and church-based chaplaincy)[17]라는 새로운 모델이 정교분리 논란으로부터 군종제도를 확실하고도 항구적으로 구원해낼 만한 최선의 대안으로 제시되어 왔기 때문이다.

한국의 군종은 민간인 신분으로 출범했으며, 일찍부터 민간인 성직자·교역자들을 군종 활동에 적극적으로 활용해온 전통도 갖고 있다. 특히 군종에 참여하고 있는 4개 종교 중 3개, 즉 천주교와 불교와 원불교는 현재까지 단일 교단이 군종에 참여하고 있을 뿐 아니라, 세 종교 모두에 육군·해군·공군을 망라한 '군종교구'가 이미 존재한다. 따라서 이 경우 민간인인 군종교구장이 군종 인사권 등을 행사하기에 상대적으로 용이할 것이다. 최근에는 군 수뇌부에서 군 구조개편의 일환으로 '군종 활동의 민간화'("군종장교 아웃소싱") 의사를 강하게 피력하고 있기도 하다.

교단 쪽에서도 비슷한 주장이 이미 제기되고 있다. "일반적으로 군인들은 남성 군종장교를 목회자보다는 군 간부로 여긴다"는 것인데, 좀 더 풀어쓰자면 다음과 같이 될 것이다. "민간성직자는 군종목사보다 군인들에게 목회자로 다가가기에 훨씬 더 유리하다. 그 이유는 군종목사는 군인들에게 목회자로서보다는 계급이 높은 군 간부로 인식되기 때문이다. 그러므로 군인들은 민간성직자들과의 친밀한 관계 가운데 목회적인 편안함을 느끼고 상담과 돌봄을 받을 수 있다."[18] 이런 사실은 2003년 10~11월에 일반 장병 985명, 군종장교 131명 등 1,116명을 대상으로 실시한 설문조사에서도 확인된다. 〈표 7-3〉에 그 결과가 요약되어 있다. 군종장교들이 군종의 민간화에 강하게 반대함

표 7-3 **군종 활동에서 민간 인력 활용에 대한 태도(단위: %)**

문항	일반 장병		군종장교	
	찬성	반대	찬성	반대
계급사회인 군의 특성상 군인 신분 성직자에 의해 이루어져야 한다.	31.1	45.9	80.2	14.5
계급에 얽매이지 않는 자유로운 성직 활동을 위해 민간 인력을 활용해야 한다.	54.0	19.0	19.8	68.7
성직 기능 수행 면에서 보면 현역이나 민간 인력이나 큰 차이가 없다.	53.0	25.1	33.1	58.8
장병 정신무장 차원에서 군종 활동은 군인 신분 성직자에 의해 이루어져야 한다.	32.7	40.5	75.5	9.9
군종 활동에 있어 민간 인력 활용은 지휘권 확립 및 통제를 어렵게 할 것이다.	22.3	40.5	69.5	17.6

출처: 이종인·최광현, 『장병 종교 활동 제도 개선방안 연구』, 50쪽.

에 비해, 일반 장병들은 민간인 성직자에 의한 군종을 더욱 선호하고 있는 것이다.

교도소, 경찰서, 국공립병원, 군대(그리고 미국의 경우에는 의회까지)에서 일하는 성직자들이 모두 같은 '정부 채플린'(government chaplain)인데 왜 군종의 경우에만 반드시 현역장교여야 하는지를 되묻는 호인수 신부의 문제제기도 경청할 만하다.

> 과연 한 사람이 사제이면서 동시에 군인일 수 있는가?……나를 바쳐 너를 살려야 하는 그리스도교의 사제가 내가 살기 위해서 네게 총을 겨눠야 하는 군인, 그것도 자원하는 장교라니 모순도 이런 모순이 없다. 사제로서의 삶에 충실하려면 군인의 임무에 소홀할 수밖에 없고 용맹한 군인이려면 사제이기를 포기해야 한다. 결국 군종사제란 어느 쪽도 아닌, 어정쩡하고 슬픈 존재일 수밖에 없다.……사제가 재소자를 능률적으로 사목하기 위해서는 교도관이 되는 것이 필수인가? 경찰관 사목자는 경찰공무원이 아니어도 무방한데 왜 군인 사목자는 꼭 현역 군인이어야 하는지를 묻는 것이다.[19]

결국 우리는 서로 내적으로 연관된 세 가지 쟁점과 마주치게 된다: (1) 군종의 신분은 공무원(현역 군인)이어야 하나, 아니면 민간인이어야 하나? (2) 군종업무는 유급 활동이어야 하나, 아니면 무급 자원봉사여야 하나? (3) 군종 직책은 상근 혹은 풀타임이어야 하나, 아니면 비상근 혹은 파트타임이어야 하나? 분명한 사실은 민간인이고 무급 자원봉사이고 비상근에 가까울수록, 군종을 둘러싼 정교분리 위반 시비는 가라앉을 가능성이 높다는 것이다.

3. 신학적 딜레마: 평화주의의 이중적 도전

체계성이나 완성도의 차이가 있을지언정, 주요 종교들은 나름의 전쟁교리/평화교리들을 갖고 있다. 예컨대 그리스도교의 경우, 오랫동안 성전/십자군전쟁론, 정의로운 전쟁론, 평화주의의 세 흐름이 경쟁적으로 공존해왔다. 그러나 양차 세계대전을 거친 이후 전쟁/평화 교리의 흐름은 '평화주의적으로 전환된 정의로운 전쟁'(평화주의와 정의로운 전쟁 접근의 수렴) 이론이나 '정의로운 평화' 이론으로 집약되어가고 있다. 그 결과 이제는 그 어떤 전쟁도 '종교적인 정당화'의 대상이 되기가 어렵게 되었다. 그것이 설사 (선제공격이 아닌) 방어전쟁일지라도 말이다. 한때 '전쟁 정당화'의 편리한 수단이었던 전쟁/평화 교리가 이제는 '전쟁의 탈정당화'를 위한 유력한 무기로 변신한 것이다.

군종장교들이 직면한 이런 상황을 '평화주의의 도전'이라고도 부를 수 있을 것이다. 이는 한편으로는 '신학·교학' 차원의 도전으로, 다른 한편으로는 '평화운동'의 도전으로 다가온다는 점에서 '이중적 도전'이기도 하다. 신학·교학 차원의 도전은 종전의 성전론이나 십자군전쟁론, 호국불교론 등을 점점 낡고 시대착오적인 것으로 만들고 있다. 그러나 호전적인 성전/십자군전쟁 담론으로 기울어 있는 개신교의 '군진(軍陣)신학'이나, 마찬가지로 전쟁을 미화하는 경향이 강한 불교의 호국불교론이 고위급 군종장교들 사이에서는 여전히 '주류' 신학·교학의 위치를 차지하고 있다. 박노자는 "단지(斷指) 등 자해까지 하면서 군역을 완강히 거부한 몇몇 비범한 한국 승려들"이 존재했던 과거의 한국 불교를 현재의 불교 상황—"군대에 갔다 온 승려들이 거기에서 약자와 부하에 대한 폭력과 주색, 육식 따위를 배워 그 버릇을 절간에서도 버리지 못한다는 사실"—과 대비시킨 바 있다. 박노자는 "생명까지 내놓을 각오로 '불살생계'를 지켜야 할 승려들이 오히려 악마적 국가에 영합하려고 '호국'에 안간힘을 썼을 뿐 아니라, 일제가 대동아전쟁 때 쓰던 표현들을 그대로 답습하여 원시 경전에 보이지도 않는 '호국불교'라는 괴상한 논리를 마치 불교 이념처럼 꾸몄다"고 통박하기도 했다.[20]

국내에도 번역된 1999년의 '제1차 이탈리아 군종교구 시노드' 문헌은 군종장교들에게 큰 도전이 된다. 교황 요한 바오로 2세까지 참석했던 이 시노드의 결과를 담은 문헌에서 이탈리아 군종교구는 정의로운 전쟁(정당한 전쟁) 교리가 전쟁을 정당화하는 데 악용될 가능성을 봉쇄했다. "정당한 전쟁에 대한 전통적인 가르침은 전쟁을 '축복하는' 가르침이 아니다. 이는 무기 사용에 의존하는 각 경우에 지극히 엄격한 조건을 부과하는 가르침이다." 아울러 "오늘날의 군종교구는 그 어느 때보다도 정의의 효과적인 수호자요, 평화의 진정한 건설자로서의 군인의 정신교육에 관한 고유한 책무에 대해 자각하고 있다"면서, 군종 및 군종교구의 역할을 "군인들로 하여금 정의의 진정한 봉사자요, 평화의 건설자가 되게끔 교육하는 것"으로 요약했다.[21] 아울러 시노드 문헌은 "불행히도 전쟁이 일어났다 하더라도 전쟁 그 자체로 적대 편들의 모든 행동이 허용되는 것은 아니다"라는 『사목헌장』 제79항의 구절을 먼저 인용한 후, 『가톨릭교회 교리서』(제2313항)를 빌어 다음과 같이 언명했다.

중한 책임이 따르는 높은 계급의 사람들은 특별히 "국제법과 그 원칙에 어긋나는 고의적 행동과 그것을 지시하는 명령은 범죄이고, 맹목적인 복종이라 해도, 이 명령에 복종하는 사람들은 무죄일 수 없으며, 따라서 어떤 민족이나 국민에 대한 집단학살은 죽을죄로 단죄되어야 하고, '종족말살'의 명령에는 항거할 도덕적 의무가 있다"는 것을 항상 명심해야 한다.[22]

다음은 위 인용문과 곧바로 이어지는 대목이다. 이 문헌을 관통하는 정신이자, 문헌에서 거듭 강조되는 '평화'의 의미를 '정의에 기초한 평화' 혹은 '정의를 향한 평화' 정도로 요약할 수 있을 것이다.

군인에게 주어지는 임무의 미묘함을 생각할 때, 정의에 대해 누구나 기본적으로 갖고 있는 정도의 갈망과 존중만으로는 충분하지 않다. 군인에게 요구되는 것은 보다 진정한 '참된 행복'의 정신에 따라 본연의 참된 의미에서 "의로움에 굶주리고 목마른 사람"이 되는 것이다. 즉, 군인에게 바라는 것은 극단적 희생도 불사해가며 전 생애를 바쳐야 하는 절대가치인 정의를 존중하고 단언하고 수호하겠다는 원의를 가진 사람이 되어 달라는 것이다. 사랑에서 유래한 정의에 대한 이러한 원의에 의해서만, 군인은 평화의

진정한 건설자가 될 수 있다.[23]

한편, 한국에서도 종교적 평화운동의 도전이 점점 거세지고 있다. 그것은 1990년대 초의 한국군 해외파병 반대운동에서 시작하여 양심적 병역거부운동, 제주 강정해군기지 건설 반대운동 등으로 현실화하고 있다. 군종장교들은 이런 민감한 쟁점들에 대해 침묵하거나 정부 정책에 순응하는 방식으로 대응하고 있을 따름이다. 다음 기사를 보면 마치 '두 개의 천주교', 즉 '평화운동의 천주교'와 '군대의 천주교'가 서로 대립하고 있는 듯하다.

> 2016년 2월 준공된 제주해군기지에 장병들을 위해 제주해군성당이 만들어진 지 약 한 달째다. 이 성당은 강정해군기지 밖에 있으며 강정평화센터와는 수백 미터 떨어져 있다. 제주해군기지 건설을 반대하는 가톨릭 신자들과 활동가들 중심으로 '강정 생명평화미사'가 해군기지 앞 거리에서 계속되고 있는 와중에, 제주해군성당을 바라보는 이곳 신자들의 속내는 복잡한 듯하다. 천주교 군종교구는 지난 6월 27일 발표한 사제 인사에서 대전교구 출신 김광수 신부를 제주해군성당 주임으로 임명했다. 천주교는 지역별로 관할구역을 나누지만, 군종교구는 지역에 상관없이 군인과 그 가족 등을 관할 대상으로 하는 이른바 '속인교구'이며 주요 군부대에 성당을 두고 군종사제를 파견한다. 제주 강정공소 정선녀 회장은 "이렇게 타협하고 저렇게 타협하는 것"은 옳지 않다며 제주해군성당 설치를 에둘러 비판했다.[24]

당연하게도 전쟁교리의 평화주의적 전환 추세 그리고 점점 확산되고 있는 종교적 평화운동의 흐름은 군대조직으로의 '완전한 통합 유형'이나 군대에 대한 '영합 접근'과 편안하게 양립하기 어렵다. 그렇기는커녕 '교리와 현실의 심한 괴리'라는 상황이 군종들을 고통스런 심리적 긴장 속으로 몰고 갈 가능성이 높다. 그러니 이런 문제를 지금부터라도 진지하게 논의하기 시작해야 할 것이다. 지금과 같은 교리-현실 괴리 상태를 마냥 계속 안고 갈 수는 없지 않겠는가. 불교의 경우에도 이른바 '호국불교' 전통을 내세워 군대, 군비(軍備), 전쟁, 파병 등의 난제들을 너무나 편리하게 당연시하고 또 정당화해오지 않았는지를 되새김해봐야 할 것이다.

원칙대로 말하자면 군종 요원들이야말로 최전방에서, 가장 적극적으로 자기 교단의 공식화된 전쟁/평화 교리를 전파하고 실천해야 할 사람들이다. 최근의 전쟁/평화 교리는 군종들에게 '전쟁 선동가들'을 예언자적으로 비판하는 '평화의 메신저'가 될 것을 강하게 요청하고 있다. 20세기 후반의 전쟁교리 변화가 가장 먼저 적용되어야 마땅할 '군대 내부의 교회'에 오히려 그 변화가 가장 더디게 전파·침투되는 것처럼 보이는 역설적 현실에도 불구하고 말이다.

4. 윤리적 딜레마들

민간인 대량살상이 불가피해진 현대전과 총력전의 시대를 살아가는 군종들은 '전쟁의 도덕성'(morality of war)과 관련된 다음의 윤리적·신학적(교학적) 질문들을 결코 피해갈 수 없다.

그것이 십자군전쟁의 탐욕스런 잔혹성이든, 초기 현대전의 사악함이든, 근대적 총력전이든, 나치의 제노사이드이든, 베트남전쟁과 미라이학살이든……잔학과 절멸의 전쟁들을 치르는 체제 아래 있는 군종들은 자신들의 임무를 어떻게 이해하고 또 수행하는가?……이보다 덜 극단적인 상황들에서도 군종은 전쟁 명분의 정의로움과 관련된 윤리적 질문들에 직면하게 된다. 노예제를 도덕적으로 정당하다고 인정한 미국 남부군의 군종들은 히틀러의 '절멸 전쟁'을 용인한 독일 국방군 군종들과 똑같은 정도로 비난받아야 하는가? 그 당시에는 방어할 만한 혹은 심지어 정의로운 것으로 믿었지만, 그 이후에는 도덕적으로 의문시되는 전쟁들에 봉사한 군종들을 우리는 어떻게 평가해야 하는가?[25]

군종들은 부상자와 죽어가는 자뿐 아니라, 공격하는 자와 죽이는 자도 사목 대상으로 삼는다. 전쟁의 와중에 영웅적으로 봉사했던 군종들은 대개 그렇게 하는 것이 정의로운 일이었거나, 적어도 필요한 행동이었다고 생각했을 것이다. 그런가하면 군종들은 독재자들, 폭군들, 잔학행위자들, 제노사이드의 주범들의 편에 서 있을 수도 있다. 심지어 도덕적 모호성이 최소화된 상황에서조차, 군종들은 폭력과 강제와 고통의 한복판에서 일해야 한다. 이처럼 지독하게 혼란스럽고 야만적인 시대에 군종들은 자신들의 임무를 어떻게 이해해왔고 또 수행해왔는가? 군종이 하는 일들의 윤리적 함의에 대해 우리는 어떻게 생각해야 할까?[26]

어떤 군종들은 "폭력과 강제와 고통의 한복판"에서도 그리고 "지독하게 혼란스럽고 야만적인 시대"에도 자신의 윤리적 책임을 성찰적으로 의식하면서 행동했다. 1차 대전 당시 프러시아의 군종이었던 폴 틸리히는 전쟁 초기엔 민족주의자로서 병사들에게 '왕에 대한 충성'과 '전투의지'를 설교했지만, 전쟁 후반부에는 '하느님나라에 대한 전적인 충성' 속에서 세상과 전쟁의 불의·참상을 고발하는 쪽으로 선회했다.[27] 2차 대전 당시인 1941년에 한 이탈리아인 군종은 독일인·루마니아인·우크라이나인들이 자행한 유대인 대량학살을 목격한 후 바티칸에 항의했고, 같은 해 독일인 군종 두 명도 우크라이나에서 90여 명의 유대인 아동이 학살당하는 것을 막으려 노력했다.[28] 2차 대전 당시 유대인 군종이었던 맥스 월은 군대규율을 위반해가면서까지 유대인 수용소 생존자들을 보호하기 위해 최선을 다했다.[29] 1943년 미군 함정 돌체스터호가 독일 잠수함의 공격으로 침몰할 당시 4명의 군종이 병사들을 구하고 대신 죽음을 맞이한 이야기는 유명하며, 미국 공군은 이들을 기려 '4-Chaplain 상'을 제정하기도 했다.[30]

> 돌체스터(U.S.S. Dorchester)의 침몰은 이와 같은 영웅적이고 희생적인 군종 교역의 한 상징이 되었다. 돌체스터(비무장 수송선)가 어뢰의 공격을 받아 북대서양의 얼음바다로 침몰하자, 우리나라의 주요 신앙 집단을 대표하는 4명의 군목들은 구명복을 벗어던졌다. 치명적인 피해를 입은 배가 조용히 그리고 근엄하게 파도 아

래로 가라앉을 때, 이 군목들은 서로 팔짱을 낀 채 기도하면서 끝까지 갑판 위에 머물러 있었다. 영웅적인 신앙 행위는 비극적인 손실보다 더 돋보였다.[31]

1949년 8월 12일에 갱신된 제네바협약 조항들은 (1) 군종은 비전투원이라는 것, (2) 군종들은 전쟁포로로 간주되어서는 안 되며 곧바로 송환되어야 한다는 것, (3) 군종이 포로를 위해 남아 있더라도 자유로운 활동을 보장하고 필요한 설비를 제공해야 한다는 것을 명시했다.[32] 로이 허니웰은 한국전쟁 당시 부상자들과 고락을 같이하기 위해 포로가 될 위험을 자발적으로 감수했던 군종들을 소개한 바 있다.

부상자들의 처지는 언제나 군종장교들의 가슴을 아프게 했다. 퇴각하는 부대가 수송 불가능한 부상자들을 적의 수중에 남기고 갈 수밖에 없는 비극적 상황 하에서 특히 그러했다. 몇몇 미국인 군종장교들은 그들의 부대가 침략자들의 공격을 분쇄하기에 충분한 전력을 갖추지 못한 상황에서 한국 내 각각 다른 지역에서 부상자들과 더불어 잔류하게 되었다. Meager의 기록에는 한두 사람이 무참히 학살당한 것으로 되어 있는 것 같다. 그 밖의 사람들은 질병과 기아로 인하여 오래지 않아 불결하고 추악한 감옥의 울타리에서 벗어나지 않았더라면 모두 전쟁이 끝날 때까지 감옥에 갇혀 있었을 것이다. Arthur Mills는 비극적인 결과를 감소시킴으로써 동일한 정신을 보여준 사람이다. 전쟁 발발 첫 달에 부상자들이 고립되었을 때 미군사령부는 그들을 포기할 수밖에 없지 않을까 염려했다. 그 군종장교는 "이것이 바로 지난번 전쟁 때 우리가 시도했던 방법이다"라고 외치면서 그의 Jeep 차에 뛰어올라 운전하여 떠났다. 몇 시간 뒤 그가 Jeep 차에 부상자들을 싣고 나타남으로써 동료들을 어리둥절하게 만들었다.[33]

13명의 미 군종장교들이 한국에서 순직하고 26명은 전쟁 중에 부상했다.……Emil Kapaun은 6개월 동안의 혹독한 겨울철 감옥살이를 견디어내었다. 그는 실의에 빠진 동료들에게 용기를 잃지 않게 해주었는데 마침내 동료들의 건강을 염려하는 인사를 남기면서 죽음으로 끌려갔다. 그 밖의 군종장교들은 탈출할 수 있었는데도 부상자들과 함께 잔류했는데 그들의 인사기록카드에는 "임무수행 중 실종"(Missing in action)이라는 안타까운 말로 끝맺고 있다. 모든 사실이 밝혀진다면 그들의 죽음에 관한 이야기는 헌신적인 군종장교들이 어떻게 살고 죽었는가에 대한 기록들 가운데 가장 영예로운 부분을 차지할 것이다.[34]

아군이 부상자들을 버려두고 퇴각했을 때 그들을 보호하고 돌보기 위해 자발적으로 적군의 포로가 되어 온갖 고통을 감수한 군종의 사례는 이밖에도 많다. 다수의 군종들이 포로수용소의 열악한 환경 때문에 목숨을 잃었다. 그리고 앞에서도 언급했지만 1982년에 육군 군종감인 커미트 존슨 소장은 레이건 정부의 핵무기 정책과 엘살바도르 독재정권 지원을 용감하게 비판하는 공식문서를 발표했고, 그로 인해 군 수뇌부와 불화를 빚다 조기에 전역한 바 있다.

한국전쟁 당시 피난민 구출과 그들의 생명 보호에 큰 역할을 한 군종들도 있다. 한국전쟁 시기에 일시적으로 군종으로 참여했던 미국 메리놀회 선교사 패트릭 클리어리 신부(한국명 길)가 대표적인 사례였다. 그는 6월 29일 혹은 30일에 대전에서 임시 군종신부가 되었고, 9월 7일에는 일본에서 (한국 군종제도 창설의 공로자인 조지 캐롤 신부의 권유로) 영관급 대우를 받는 문관 신분의 정식 군종이 되었다. 북진 당시 군대와 함께 자신이 활동하던 평양교구 지역까지 진출했으나 중국군의 개입으로 전세가 역전되었다. 그러자 그는 1950년 12월 4일 함흥에서 "배로 피신할 두 그룹의 신자들에게 '안전통행증'을 발급"했고, 12월 10일 흥남에서, 그리고 12월 12~14일에는 함흥과 흥남에서 무수히 많은 신자들에게 안전을 보장하기 위한 통행증·증명서·허가장·호소문을 작성하고 사인을 해주었다.[35] 1·4후퇴 직전 북한 지역에서 군종으로 활약했던 미국인 개신교 선교사들도 피난 과정에서 신자들에게 '교인증명서'를 써주어 공산주의자가 아님을 입증하는 일종의 신원보증서 역할을 하도록 도왔다.

다른 한편으로, 군종의 역사는 허다한 수치스런 과오들로 얼룩져 있기도 하다. 나치의 전쟁범죄에 일조한 독일 군종들, 알제리전쟁을 지원한 프랑스 군종들, 미라이학살 등 베트남전쟁 당시의 전쟁범죄에 제대로 대처하지 못한 미국 군종들, 아파르트헤이트를 지지한 남아프리카공화국 군종들에 대해선 이미 언급한 바 있다. 여기에다 1970~1980년대 우루과이, 칠레, 아르헨티나 등 남아메리카 곳곳에서 벌어진 '더러운 전쟁'과 관련된 군종의 부적절한 행동들이 추가될 수 있을 것이다. 버겐이 소개한 일화 두 가지를 다시 인용해보자. 우루과

이 해군학교 소속의 한 대위는 1970년대 말 약 2년 동안 반정부 인사들을 비행기에 태워 바다에 수장시키는 작전에 참여했고 그로 인한 죄책감을 못 이겨 해군학교 군종을 찾아갔다. 그때 해군학교 군종장교는 이렇게 말했다고 한다. "그래도 그들은 고통 없이 죽었으니 크리스천답게 죽은 셈이잖아요. 어쨌든 전쟁은 전쟁인 거예요. 성경에서도 알곡과 쭉정이는 가려내라고 했잖아요." 1990년대에 칠레대통령을 역임한 파트리시오 아일원은 1973년 10월 초 우연히 식당에서 마주친 한 군종신부의 얘기를 다음과 같이 기록했다. "그 군종신부는 탈카(Talca)에서 그날 오후 총살당한 지방 고위관료에게 종부성사를 주고 막 돌아온 참이라고 말했다. 그는 그게 세상에서 가장 자연스런 일인 것처럼 말했다."[36]

한국 군종들은 한국전쟁과 베트남전쟁을 직접 겪었음에도 불구하고 민간인학살로 대표되는 그 전쟁들의 추악한 측면들을 외면했다. 필자는 앞에서 한국군의 전쟁범죄 행위에 대해 군종이 고발한 사례는 전무하며, 만연한 병영폭력과 인권 침해의 심각성을 공론화하고 해결책을 모색하는 데서도 군종들이 거의 기여한 바가 없는 것 같다고 말했다. 자식의 의문스런 죽음의 원인을 밝히려는 부모에게 "애새끼들을 나약하게 키워서 툭하면 자살하게 해놓고는 뭘 잘했다고 부대까지 찾아와서 항의를 하는지 한심스럽다"고 말했다는 한 군종신부의 발언도 소개한 바 있다.

필자가 보기에 1980년은 한국 군종사에서 가장 부끄러운 사건과 가장 자랑할 만한 사건이 함께 발생했던, 아주 특이한 해였다. 가장 수치스런 사건은 1980년 10월 발생한 '10·27법난'이었다. 앞서 소개했듯이 이 사건은 신군부 세력이 '불교정화'를 명분으로 일으킨 대대적인 불교 숙청작업에 "불교 군종장교들이 수족 역할로 동원된, 일부 군종장교들이 군사쿠데타 세력의 편에 서서 자신의 소속 종단을 파괴하는 데 앞장선, 한국 군종역사상 최악의 사건"이었다. 반면에 가장 자랑할 만한 사건은 1980년 6월 천주교 군종장교들(김계춘 대령, 김육웅 중령, 정동렬 소령)이 「군종신부 일행 광주사태 확인 방문 결과 보고」라는 보고서를 작성했던 일이었다. 비록 이 보고서가 군 수뇌부에 의해 묵살되고 말았지만, 당시 군종장교들은 계엄군의 잔학행위와 과잉진압행위 등을 비교적 정확하게 기술하고 고발했다.[37] 이 사건은 한국의 군종장교들이 군 수뇌부와 국가의 정책/행동에 대해 용감하게 예언자적 비판을 가한 거의 유일한 사례가 아닌가 생각된다.

고통스러울지라도 우리는 다음과 같은 질문들에도 답해야 한다. 이른바 '녹화사업'과 '삼청교육대' 같은 극심한 인권 유린 행위들이 군대를 무대로 공공연히 난무하던 1980년대에 군종장교들은 어디서 무엇을 하고 있었을까? 군종장교들은 수많은 군내 '의문사들'에 대해 어떻게 대응했던가? 나아가 일부 장병들이 온갖 불이익을 감수하고 군 내부의 부조리들에 대해 용감하게 '양심선언'을 감행했을 때 군종장교들은 어떻게 반응했을까? 1988년 11월 공군 제1전투비행단의 김상철 일병이 군의 비리와 폭력을 척결하자고 주장했을 때, 1989년 1월 이동균 대위 등 육군 제30사단 소속 위관장교 5명이 군의 정치적 중립과 민주화를 촉구하는 명예선언문을 발표했을 때, 1990년 10월 윤석양 이병이 보안사가 민간인들을 사찰하고 있다고 고발했을 때,[38] 1992년 3월 이지문 중위가 14대 총선거의 군내 부재자투표에서 조직적인 선거 부정행위가 자행되었다고 폭로했을 때, 군종장교들은 대체 어디서 무엇을 하고 있었을까?

마지막으로, 2000년대 이후 현재까지 군대 안팎에서 뜨거운 쟁점이 되어온 '동성애' 문제 역시 군종장교들이 무시하기 어려운 윤리적·신학적 도전이 되고 있다. 한국군은 입대를 위한 신체검사 단계와 현역복무 단계 모두에서 동성애자를 철저히 배제하거나 처벌하고 있다. 우선 국방부령인 '징병 신체검사 등 검사 규칙'이 동성애자의 군 입대를 막는 법적 장치로 기능한다. 특히 1978년 12월의 개정 규칙부터 '정신과' 질환에 해당하는 "성도착증"이라는 명시적인 표현을 사용하면서 동성애자의 현역 입대를 봉쇄했고, 현행 규칙에서도 "성주체성 장애, 성적 선호 장애"라는 표현으로 동성애자 입대를 막고 있다.[39] 일단 입대하여 현역 군인으로 복무 중인 이가 동성애자로 밝혀질 경우에는 역시 국방부령인 '군인사법 시행규칙'에 의해 군대로부터 퇴출된다. 이 시행규칙이 처음 제정된 1982년 9월부터 현재에 이르기까지 '현역복무 부적합자 기준'을 다루는 제56조의 2항 4호에서 "변태적 성벽자(性癖者)"를 명시하여, 동성애자로 판명될 경우 '의가사 전역조치'를 시키고 있다.[40] 만약 동성애자가 현역복무 도중에 성행위를 한 사실이 적발될 경우에는 '군형법'에 의해 형사처벌의 대상이 된다. 군형법에서는 1962년 1월 법 제정 당시 제92조(추행)에서 "계간 기타 추행을 한 자는 1년 이하의 징역에 처한다"고 규정했으나, 2009년 11월 법 개정 당시 "2년 이하의 징역"으로 처벌이 강화되었다. 이런 상황은 2013년 4월 법 개정으로 표현만 '계간'(鷄姦)에서 '항문성교'로 바뀌었을 뿐 그대로 유지되고 있다.[41]

2017년 4월 시민단체인 군인권센터는 육군참모총장의 지시에 따라 마녀사냥 식의 대대적인 성소수자 색출 수사가 벌어지고 있으며, 수사 과정에서 인권 침해 사례가 다수 발생했다고 폭로한 바 있다. 그 직후 인 5월에는 군형법 92조 6항에 따라 동성애자인 현역 대위에게 유죄 판결이 내려지기도 했다. 현재의 군형법 92조 6항에 대해 2008년 8월 육군 22사단 보통군사법원이 위헌심판을 제청한 데 이어 2011년 3월 헌법재판소가 해당 조항에 대해 합헌 결정을 내리기는 했지만, 국가인 권위원회는 2010년 10월에 해당 조항이 "동성애자의 평등권과 성적 자기결정권, 사생활의 비밀과 자유를 침해하고 죄형법정주의 등에 어 긋난다"는 취지의 의견을 헌법재판소에 전달한 바 있다.[42] 헌법재판소 의 결정 이후에도 군형법 92조 6항 폐지 움직임은 시민사회와 국회를 중심으로 계속되고 있는 중이다.

그런데 동성애자 처벌 문제는 단순히 윤리적이거나 사법적인 문제 만이 아니라, 신학적·교학적 차원으로도 비화될 수 있다. 천주교는 아 주 명백한 사례이다. 천주교회가 동성애를 인정하지 않는다는 사실은 널리 알려져 있다. 현행의 공식 교리서, 즉 1992년 10월에 처음 반포 되고 1997년 8월에 수정판이 발표된 『가톨릭교회 교리서』는 "동성의 성행위는 어떤 경우에도 인정될 수 없다"(2357항)고 못 박고 있다. 그러 나 이 교리서는 바로 다음 항목에서 이렇게 덧붙이고 있다.

상당수의 남녀가 깊이 뿌리박힌 동성애 성향을 보이고 있다. 그들 의 경우는 스스로 동성 연애자의 처지를 선택한 것이 아니다. 객 관적으로 무질서인 이 성향은 그들 대부분에게는 시련이 되고 있다. 그러므로 <u>그들을 존중하고 동정하며 친절하게 대하여 받아들여야 한다. 그들에게 어떤 부당한 차별의 기미라도 보여서는 안 된다.</u> 그들은 자신들의 생활에서 하느님의 뜻을 실현하라는 부르심을 받고 있으며, 그들이 그리스도인이라면, 자신들의 처지에서 겪을 수 있는 어려움을 주님의 십자가 희생과 결합시키라는 요청을 받고 있다.(밑줄은 인용자의 강조임)[43]

동성애자에 대한 군 당국의 가혹한 처벌 관행은 평신자는 물론이고 성직자에겐 더욱 엄격히 수용되고 준수될 것을 요구하는 가톨릭의 공식교리와 정면으로 충돌하는 것이다. 군종장교라는 신분을 가진 가톨릭 성직자들은 이 쟁점에 대해 어떻게 처신해야 옳을까? 이들은 군대 안에서 교회의 공식 입장을 제대로 대변하고 있는가?

개신교 주요 교단들이 회원으로 가입하고 있는 세계교회협의회(WCC)도 동성애자에 대한 차별적 징계나 형사처벌에 강하게 반대하고 있다. 이런 입장은 2009년 12월 22일자로 우간다의 '반(反)동성애법' 통과를 막기 위해 WCC 사무총장이 우간다 대통령에게 보낸 서한에서도 쉽게 확인할 수 있다. 이 서한에서 새뮤얼 코비아 사무총장은 해당 법안이 동성애자에 대한 "혐오를 조장"할 가능성이 높고, "동성애자들에 대한 조작, 학대, 협박, 억압의 여지가 많다"고 비판했다.[44] 스스로 인식하고 있든 그렇지 못하든, 동성애자에 대한 차별 금지라는 WCC의 입장을 지지하는 교단에 소속된 군대 안의 개신교 성직자들 역시 (가톨릭 성직자들처럼) 마냥 회피할 수만은 없는 윤리적·신학적 딜레마에 빠져 있는 것이다.

5. 맺음말

이 장에서는 헌법, 신학·교학, 윤리의 세 영역을 중심으로 한국 군종이 직면한 다양한 도전과 딜레마들을 일별해보았다. 필자는 이런 관찰을 통해 대략 다음과 같은 결론을 이끌어낼 수 있다고 본다.

첫째, 한국의 현행 군종은 종교자유·정교분리·종교차별 논란으로부터 자유롭지 않으며, 그런 면에서 합헌성을 의심받을 가능성이 농후하다. 한국 군종이 합헌성 논란을 불식하고 군인들의 종교자유권을 더욱 잘 보호하기 위해서는 소수 종교·교단의 군종제도 참여를 폭넓게 또한 최대한 신속하게 확대하면서, 소수 종교 소속 장병들의 부대 인근 종교시설 접근권과 소수 종교 성직자들의 군부대 접근권을 허용해야 할 것이다. 이때 부대장의 재량권이 과도하게 용인되어선 안 될 것이다. 아울러 국가권력에의 구조적·일상적 종속이라는 문제를 극복하기 위해, 군종 요원을 궁극적으로 현역 군인이 아닌 민간인으로 대체하는 '탈군대화/민간화 모델', 군종 요원에 대한 교단의 통제력을 획기적으로 강화하는 '교회 기초(church-based) 모델'이라는 새로운 군종제도에 대한 논의를 시작할 때가 되었다고 생각한다.

둘째, 한국 군종은 전쟁 교리와 신학의 평화주의적 전환 추세에 적응하지 못하고 있거나 사실상 그와 동떨어져 있으며, 여러 형태의 종교평화운동과도 불화를 빚고 있다. 한국 군종은 군인들을 위한 '도덕 옹호자' 역할보다 전투력 제고를 위한 '사기 증진자' 역할에 여전히 머물러 있고, 전쟁의 도덕성이나 군내 동성애자 문제를 비롯한 다양한 윤리적 쟁점들에 대해서도 대체로 무관심하거나 부적절하게 대응하는 편이다. 그러므로 신학/교학과 사회운동 양쪽에서 가해지는 '평화주의의 이중적 도전'과 양립할 수 있는 군종 형태를 모색하면서, 군대 안의 도덕 옹호자라는 새로운 군종 역할을 확대해나갈 필요가 있다.

대단히 흥미롭게도, 전문직업주의에 기초한 장기복무를 지향하는 '규범'과 단기복무 후 전역이라는 '현실' 사이의 충돌로 집약되는 독특하게 한국적인 현상은 역설적으로 '새로운 유형의 군종'이 출현할 가능성을 높여주는 측면이 있는 것으로 보인다. 필자는 그럴 가능성이 천주교 군종에게서 가장 높게 나타나며, 그 다음으로는 불교 군종이 위치하고, 개신교 군종은 그 가능성이 가장 낮은 것으로 판단한다. 다음 장에서 필자가 본격적으로 다뤄보려 하는 주제가 바로 이것이다.

8장

한국에서 '새로운 유형의 군종'이 출현할 수 있을까?

필자는 이 장에서 한국 군종이 미국을 모방했음에도 불구하고 결과적으로 미국 군종과 두드러지게 달라진 한 가지 현상에 주목할 것이다. 그런 가운데 미국과 한국 군종의 구조적 차이와 그것의 함의, 이 차이가 조장할 가능성이 높은 잠재적·현재적 효과들이 무엇인지 등에 대해 성찰해보려 한다.

한국 군종은 창립 이래 미국 군종을 모델 삼아 '관료화된 전문직업주의'를 지향하는 제도, 조직, 규범을 발전시켜왔다. 그러나 1960년대 후반부터 이와 충돌하는 현실과 관행들이 광범하게 출현하기 시작했다. 그런데 이런 변화들이 의도치 않게 이전 군종들과는 사뭇 다른 유형의 군종들이 나타날 여지를 제공하고 있다. 필자는 이런 맥락에서 현재의 한국 군종에서 발견되는 '규범과 현실 사이의 모순', 즉 전문직업주의를 전제하는 군종의 규범과 대다수 군종장교들이 단기복무만 마친 후 전역하는 현실 사이의 모순이 역설적으로 '새로운 유형의 군종'이 출현하도록 길을 열어줄 수 있을지를 탐색해볼 것이다. 한국 군종의 핵심적 딜레마일 수도 있는 이런 내적 모순이 명료하게 지적되거나 공론화된 사례 자체가 전무하다는 사실이야말로 한국 군종의 성찰성 부재를 보여주는 또 하나의 단적인 증거라고도 말할 수 있을 것이다.

1. 규범과 현실의 충돌

한국-미국 군종에 대한 김성경의 비교연구는 양국 군종 간의 중요한 '구조적인 차이'를 간과했다. 미국의 경우 대부분의 군종장교가 자원입대하여 평생에 걸친 직업으로서 군종업무를 수행하는 반면, 한국에서는 군종장교 대부분이 짧은 의무복무 연한을 마치면 전역하는 단기복무자들이고 소수만이 평생 직업으로서 군종을 선택하여 장기복무를 한다는 것이다. '절대다수인 단기복무자와 소수인 장기복무자의 공존'이 한국의 특징인 셈인데, 이로 인해 한·미 군종 사이에는 '전문직업주의'(professionalism) 측면에서 중대한 차이가 발생한다. 미국 군종의 입장에서 보면 대부분의 한국 군종장교들은 일시적으로 스쳐가는 '아마추어들'에 불과하다.

위에서 언급한 것처럼 한국 군종은 미국 군종을 본받아 '관료화된 전문직업주의'를 지향하는 제도·조직·규범을 발전시켜왔으나, 1960년대 후반부터 이런 규범적 기대·목표와 충돌하는 관행들이 나타나기 시작하여 점차 지배적인 현실이 되어갔다. 제도적 형식과 구조, 규범은 모두 '전문직업주의에 기초한 장기복무 직업군인들로 구성된 군종장교단'에 맞춰져 있지만, 실제 관행은 대다수 군종장교들이 의무복무 연한을 채우자마자 곧장 군대를 떠나버리는 모습으로 현실화되고 있는 것이다. 특히 군종장교단 전체에서 가장 많은 수를 차지하는 개신교 군종목사들 대다수가 '단기복무를 지향하는 교단의 엘리트 교역자들'로 충원된다는 사실이 주목된다. 천주교 군종신부들 역시 대부분 단기복무 후 전역하고 있으며, 군종승려(군법사)들에게 예외적으로 결혼을 허용하던 종헌 규정을 최근 폐지한 불교 역시 유사한 전철을 밟게 될 것이다.

모방·학습의 대상이었던 미국 군종과는 확연히 구분되는 이런 특징, 곧 한국 군종에서 지배적인 현실로 자리 잡은 '전문직업주의와 충돌하는 단기복무 관행'이라는 독특한 현상은 지금까지 거의 주목되지 않았다. 따라서 미국 군종과 한국 군종의 이런 구조적 차이가 의미하는 바가 무엇인지, 그것이 초래할 여파가 무엇인지에 대해 차분히 성찰해볼 기회가 전혀 없었다고 해도 과언이 아니다.

이런 차이의 근저에는 지원병제(미국)와 징병제(한국)라는 병력충원 구조의 차이가 자리 잡고 있다고 말할 수도 있을 것이다. 그러나 이런 설명이 반드시 타당한 것은 아니다. 한국 군종에서 규범과 현실의 모순 현상이 나타난 시기는 징병제가 도입된 지 한참 후였기 때문이다. 다시 말해 군종의 구조-현실 모순 현상과 징병제 도입은 시기적으로 일치하지 않는다. 징병제가 한국 군종의 규범적 지향이 실제 현실로 구현되지 못하도록 유도하는 일종의 '교란 요인'으로 작용할 수는 있을 것이나, 그런 구조적 가능성이 현실화되기 위해선 몇 가지 '역사적 우연'에 가까운 요인들이 추가로 개입되어야만 했다. 개신교, 천주교, 불교가 처한 상황이 각기 다르므로 일단 종교별로 구분해서 논의해보자.

(1) 개신교

전문직업주의와 관련된 한국-미국 군종의 구조적인 차이는 1966년에 '예비역 군종장교후보생제도'를 도입하면서부터 본격적으로 발생했다. 가장 많은 군종을 거느린 개신교에서 특히 그러했다. 예비역 군종장교후보생제도를 도입하기 전에는 한국의 군종장교들 역시 성직자 자격을 이미 갖춘 이들, 즉 이미 의무 군복무를 마치고 안수 혹은 서품을 받은 성직자들, 혹은 입영 연기 연령제한 이내에 성직자 자격을 획득하는 데 성공한 이들 가운데서 선발했다. 따라서 그들은 원칙적으로 전문직업주의적 가치관을 갖는 장기복무를 지향했다. 그러나 이미 의무복무를 마치고 안수·서품 받은 성직자들의 경우, 특히 교회의 역동적인 양적 성장기에는 군종장교로의 유인이 매우 약할 것이고, 그렇다고 성직자 자격을 갖출 때까지 입영을 연기하자니 군종장교로 선발되는 데 실패했을 경우 따를 부담이 너무 컸을 것이다. 그 결과 지원자 부족으로 군종장교의 충원이 점점 어려워졌다. "작년(1967년 — 인용자) 2차에 걸쳐 군목을 모집했지만 아직도 정원보다도 40명이 미달인데 이런 식으로 나간다면 새해에도 정원을 채울 수 없을 것인즉 그 공백을 군승으로 채우자는 군 당국의 주장이 나올 수도 있을 것"이라는 최문희 군목의 말처럼 군종 충원 문제가 심각해진 것이다.[1]

이런 상황을 타개하기 위한 방책으로 '예비역 군종장교후보생제도'가 도입되었다. 이 제도는 신학대학 재학생 중 지원자들을 대상으로 군종장교후보생 선발시험을 치르고, 그 합격자들은 징병 소집을 연기받고, 졸업 후 성직자 자격을 취득했을 때 (일정한 교육과정을 거쳐) 군종장교로 임관한다는 것이었다. 군종장교후보생들이 의무복무를 군종장교로 대신할 수 있게 됨에 따라 후보생 선발 경쟁이 치열해졌고, 군종장교 충원 문제는 일거에 해결되었다. 육군 군종감실의 평가대로, 이 제도는 "점차 감소되어가는 군종장교 요원의 확보에 획기적인 계기가 되었다."[2] 그런데 군종장교후보생제도는 예기치 못한 부작용을 동반했다. 군종장교후보생 선발을 둘러싼 경쟁이 치열해지면서 군종후보생을 거쳐 군종장교가 되는 것이 일종의 '엘리트 코스'로 자리 잡게 되었던 것이다.

군종장교후보생제도 도입 '이전'에는 군종장교가 별 인기가 없었지만, 제도 도입 '이후'에는 군종후보생으로 선발되는 것 자체가 교단으로부터 '촉망받는 엘리트'로 공인받는 지름길이 되었다. 더구나 2000년대 들어서는 종전의 "종파 및 종단별 안배라는 원칙"을 대신하여 "시험을 통하여 우수 자원을 선발하는 정책"으로 전환하게 되면서,[3] 군종후보생 선발 경쟁은 훨씬 격화되었다. 특히 개신교의 경우 교단별 군종후보생 정원이 미리 확정된 상태에서 '교단 내부'에서만 경쟁하던 것이 이제는 '개신교 전체' 차원에서 무한경쟁을 벌이게 되었다. 군종장교후보생 선발시험 합격자 숫자는 단지 개인의 문제가 아니라 (각 교단의 위신과 자존심이 걸린) 전체 교단들의 관심사가 되었다. 그럴수록 군종후보생들에게 부여되는 '교단 신진 엘리트'라는 이미지는 더더욱 강해졌다. 조금이라도 합격자 숫자를 늘리기 위해 대부분의 개신교 교단들이 군종장교후보생으로 선발된 신학생들에게 좋은 조건의 장학금을 지급하게 되었다.

그런데 역설적으로 이런 상황이 군종장교들의 단기복무 성향을 더

욱 부추긴다는, 전혀 의도치 않은 결과가 나타났다. 군종장교후보생
제도 도입 이후 "군종장교후보생 선발시험 합격 → 일시적 통과의례로
군종장교 복무 → 해외유학 혹은 안정된 중·대형교회로의 취직"이라
는 비교적 뚜렷한 패턴이 생겨났기 때문이다. "복무연한인 3년만 복무
하면 90% 이상이 예편"한다거나, "우수하다고 평가받는 군종장교일수
록 더욱 복무연한만 마치면 예편을 하는 실정"이라는 표현들이 이런
현실을 잘 보여준다. "제대를 희망하는 군목들의 공통적 이유는 우선
민간교회에 나가면 군 봉급보다 배나 더 많이 받을 수 있다는 것, 다
음은 젊어 있을 때 해외유학이라도 하여 장래의 기반을 닦아야 한다
는 것"이라는 진단 역시 마찬가지이다.[4] '군종장교 충원' 문제를 해결하
자고 군종장교후보생제도를 도입하고 나니 이번에는 '장기복무자 부
족'이라는 또 다른 난제에 직면하게 된 것이다.

(2) 천주교

천주교는 개신교와는 전혀 다른 맥락에서 군종장교 충원 및 장기
복무자 부족 문제와 '동시에' 직면하게 되었다. 천주교에서는 군종장
교 충원 문제를 해결하기 위해 예비역 군종장교후보생제도를 도입하
던 1966년 당시의 어려움이 지금까지 이어지고 있다. 천주교에서 대부
분의 사제 지망자들은 사제 서품을 받기 이전에, 다시 말해 신학생 신
분일 때 의무복무를 마치게 된다. 따라서 군종장교가 된다는 것은 '두
번째의 군대생활'을 하게 됨을 의미했다. 그러니 젊은 신부들 가운데
자원해서 군종장교가 되려는 이는 거의 없었고, "군종신부 지망 기피
증"[5]이 만연하게 되었다. 교구장에 의해 군종장교로 인사발령을 받는

다는 것은 "교회로부터의 망각지대"로 밀려나는 상황으로 여겨지곤 했다. 군종 자체가 "가기 싫은 군에 잡아가는 기분 나쁜 곳"으로 여겨졌다.[6] 앞서 인용한 칼럼에서 호인수 신부도 "이미 신학생 시절에 남들처럼 병역의 의무를 다했으나 자의반 타의반 군종으로 선발된 젊은 사제들은 봉사와 순명이라는 명분 아래 또다시 최소한 4년을 복무해야 한다. 군대를 두 번씩 가고 싶은 사람이 세상천지에 어디 있겠나?"고 반문한 바 있다. 젊은 군종신부들의 속내를 이처럼 잘 표현하기도 힘들 것이다. "교구에서 군종신부로 임명받을 때부터 대부분 마음 속 깊이 불만을 갖고 억지로 입대함으로써, 언제나 전역할 수 있다는 마음으로 군종업무에 임할 수 있는" 상황이 굳어지게 되었다. 이런 분위기 속에서 전체 군종신부의 80~90%가 교회가 정해놓은 의무복무 기간만 채우면 서둘러 전역하곤 했다.[7]

군종신부 충원 부진이라는 난제를 근본적으로 해결하기 위해 천주교에서는 1960년대 초부터 '교구 신부 10% 군종 파견' 방침을 정한 바 있었다. 군종신부단의 강력한 요청을 수용하는 형식으로 1963년 4월의 춘계 주교회의에서 결정된 이 방침은 교구장이 자기 교구 소속인 한국인 신부들 중 10% 이상을 반드시 군종장교로 파견하도록 못박은 것이었다. 그런데 군종 충원의 안정성을 확보하기 위한 이 조치로 인해 군종신부 선발의 강제성·비자발성은 더욱 강화되었고, 그에 비례하여 젊은 신부들의 군종 기피심리는 나날이 증가하기만 했다. 결국 "교구 신부 10% 차출안은……교구 내의 신부 부족, 신부들의 입대 기피 현상으로 실행은 어려웠다."[8] 이런 상황에서 천주교도 '군종장교 충원'과 '장기복무자 부족' 문제를 동시에 해결할 것을 기대하면서 1970년부터 뒤늦게 군종장교후보생제도에 참여했다. 그러나 이 제도는 여전히 교회 안에서 인기가 없었고 후보생 선발시험 지원자 역시 점점 감소했다.[9] 『천주교 군종교구사』에선 "군종장교후보생제도는 교구, 신학교 당국자 및 신학생들의 의식이 '병사 생활 + 사회경험'이라는 데 강한 집착을 보여 점점 그 효과를 잃어가고 있었다"고 진단한 바 있다.[10] 필자가 보기에 한국의 가톨릭 신학생 대부분은 '출신 교구'가 아닌 '군종교구'가 사제로서의 첫 부임지가 되는 것을 달가워하지 않는 것 같다.

결국 1966년 이후 군종장교 충원 방식은 '이원화'되었다고 말할 수 있다. 그 하나는 전통적인 군종장교 충원 방식으로, 기존 '성직자들' 중에서 선발하는 것이다. 다른 하나는 '신학생들' 중에서 군종장교후보생을 선발하는 것이다. 1975년에 발표된 국방부령 제274호에 의하면, 전자는 '군종장교요원'으로, 후자는 '군종사관후보생'으로 명명되었다.[11] 개신교는 최근 등장한 극소수의 여성 군종장교들을 제외하면 거의 전적으로 '군종사관후보생' 방식으로 군종장교를 충원한다. 이와는 반대로 천주교는 대부분을 '군종장교요원' 방식으로 충원한다. 두 가지 충원 방식을 모두 중시한다는 점에서 불교는 개신교와 천주교의 중간쯤에 해당한다고 말할 수 있다.

(3) 불교

불교가 군종제도에 참여하기 시작한 때가 1968년이었으니, 불교는 군승제도 출범 단계에서부터 이원화된 군종 충원 시스템으로 진입한 셈이었다. 따라서 불교계는 처음부터 군종승려 충원을 위해 '군종사관후보생' 방식과 '군종장교요원' 방식을 모두 활용할 수 있었다. 군종사관후보생은 당시 유일한 종립대학이던 동국대학교의 불교 관련 학과 재학생들 가운데서 선발했고, 군종장교요원은 대졸 이상의 학력을 가진 현직 승려들 중에서 선발했다. 그러나 불교 역시 개신교·천주교와 마찬가지로 이내 장기복무자 부족 문제에 직면하게 되었다.

불교 군종장교로 구성된 군승단은 1970년대부터 지속적으로 군승의 결혼 금지 예외 인정을 요구해왔다. 결국 1981년 초 신군부 세력의 직접적인 영향 아래 있던 '정화중흥회의'가 군승에 한해 독신 비구가 아니어도 된다는 종헌의 예외조항을 신설하는 방식으로 군승들의 결혼을 허용하게 되었다.[12] 《법보신문》에 의하면 "대한불교조계종중흥회'의 기획연구위원회에서 마련한 개정 종헌이 81년 1월 7일 중흥회의 본회의에서 통과됐는데 군법사 독신 문제와 관련된 조항이 일부 완화돼 현실화시키는 내용이 포함돼 있었다. 즉 '종단이 인정하는 특수임무를 수행하는 자(군법사에 한함)는 독신 규정이 적용되지 아니한다'는 내용으로 군법사들은 각자의 소신과 사정에 따라 처신하면서 본연의 임무에 만전을 기할 수 있게 된 것이다."[13] 최근 조계종 군종특별교구 교구장이 언급한 것처럼 "군포교라는 미명 아래 결혼까지 허용하면서 장기복무를 장려했"던 것이다.[14]

군승의 결혼 금지 예외 인정은 장기복무자 확보를 위한 특혜적 조치였을 뿐 아니라, 그 자체가 다시금 장기복무로의 강력한 압력 내지 쐐기 효과를 발휘했던 것으로 보인다. 비구 종단인 조계종 소속의 승려가 결혼을 한다는 것은 군종이 아닌 다른 영역에서 승려로서의 직무를 수행하기에 이미 부적합하게 되었음을 의미하며, 그런 면에서 되돌아올 수 없는 다리를 건너버리는 셈이었다. 그러므로 군종승려의 결혼 허용 조치 자체가 기혼 군종승려들을 '예외적이고 특별한 범주의 불교 승려'로 만듦으로써 이들을 전문직업주의와 장기복무라는 외길로 이끄는 강력한 유인이자 압력으로 기능하게 되는 것이다.

〈표 8-1〉에서 보듯이 실제로도 (1981년의 예외를 제외하면) 1980년대 전반기에 불교는 천주교와 대조적으로 군종장교후보생 충원에서 비교적 성공적이었다. 다른 지표도 확인할 수 있다. 1968년부터 2013년 말 현재까지 군승을 거친 예비역 군종장교는 모두 191명이었는데, 이 가운데 "결혼하지 않은 독신 비구로, 종단으로 돌아와 활동하고 있는 스님은 97명으로 확인"되었다.[15] 이는 1981년 이후 군종장교로 입관한 이들 중 절반 이상이 결혼을 했음을 의미한다. 그들 중 상당수가 장기복무를 선택했을 가능성이 높으므로, 군종장교 중 장기복무자의 비율은 개신교나 천주교에 비해 불교 쪽이 훨씬 높았을 것

표 8-1 **연도별 군종장교후보생 소요 및 확보 현황: 1980~1985년(단위: 명)**

구분		1980년	1981년	1982년	1983년	1985년	1986년	합계
합계	소요	47	62	55	54	52	55	325
	확보	53	57	62	61	48	45	326
개신교	소요	32	39	37	36	32	38	214
	확보	33	47	44	44	35	37	240
천주교	소요	8	11	10	12	12	8	61
	확보	13	9	10	9	9	2	52
불교	소요	7	12	8	6	8	9	50
	확보	7	4	8	8	13	6	46

출처: 군종교구사편찬위원회, 『천주교 군종교구사』, 87쪽. 여기서 '소요(所要)'란 해당 연도에 허용된 종교별 군종장교후보생 정원(티오)을 가리킴.

이라 추론할 수 있다.

그러나 군종장교에 한해 결혼을 허용하여 장기복무자를 확보하는 데는 성공했지만, 예상치 못했던 심각한 부작용 또한 생겨났다. 결혼한 불교 군종장교들이 서로 치열한 '진급 경쟁'을 벌임으로써, 결혼 허용 조치가 군법사단 내부의 치명적인 분열 요인으로 작용하기 시작했던 것이다.

> 전역 군승의 활용에 대한 대책 부재에서 오는 군승단 내부의 갈등 요인을 들 수 있다. 타종교의 군종장교들은 일정 기간 군대에 파송돼 군선교를 하고 난 뒤 다시 교단에 복귀하는 제도 하에서 임무를 수행하고 있으나 군승들의 경우 전역한 뒤에는 각자의 상황에 따라 포교에 나서거나 다른 직업을 선택할 수밖에 없는 처지에 있다. 일부 군승을 제외하고는 전역 후 대책이 여의치 않은 실정에서 장기근무를 하기 위해 진급 경쟁을 지나치게 벌이는 사태까지 발생하고 있다는 것이 군승 관계자들의 전언이다. 전역 군승의 활용 대책이 마련되지 않는 한 이런 상황은 끊임없이 계속될 수밖에 없다.[16]

독신승만이 허용되는 교단에서 결혼을 함으로써 "되돌아올 수 없는 다리를 건너버린" 불교 군종장교들은 어떻게든 진급을 하여 군대 안에 최대한 오래 머물고자 했을 것이다. 이런 상황은 또 다른 예기치 못한 결과로 이어졌다. 그것은 군종승려들이 군대로 과도하게 통합되는 현상, 그리고 군종-교단의 괴리 현상으로 현실화하기 쉽다. 두 현상은 서로 맞물려 있기도 하다. 우선, 기혼 군종승려들이 진급 경쟁에 몰입할수록 '군대로의 통합과 동조'는 더욱 강화될 수밖에 없다. 군대에 더 잘 통합되어야 승진할 수 있으므로 장기복무에의 욕망, 진급에의 욕망이 군대로의 과잉통합·과잉동조를 부추기는 것이다. 그러나 불교 군종장교들이 군대로 통합되는 정도에 비례하여 군종에 대한 교단의 통제력은 약화될 수밖에 없다.

장기복무자 확보를 위해 군종장교들에게 예외적으로 결혼을 허용한 조치가 예기치 못한 역기능을 발휘하는 사태, 즉 교단 통제로부터 점점 멀어져 불교 군종장교들끼리 사활적인 진급 경쟁을 벌이는 상황에 직면하여, 결국 교단(조계종)은 2009년에 이 예외조항(종헌 9조 2항)을 19년 만에 폐지하기에 이르렀다. 이런 변화는 불교 군종 중 장기복무자 비율을 빠르게 감소시키는 효과를 발휘할 것이다. 다시 원점으로 되돌아온 것이다.

불교에서는 기존의 동국대학교 서울캠퍼스 불교학과 외에도, 1986년에 동국대학교 경주캠퍼스 불교학과, 1997년에 중앙승가대학교가 '군종장교후보생' 선발 지정 학과·대학으로 인가받았다.[17] 또 "4년제 대학 졸업 이상의 자격을 가진 만 35세 미만의 남자로 사미계 이상을 수지한 조계종 승려" 중에서 '군종장교요원'을 매년 선발한다.[18] 군종장교요원은 교단 주도로 선발과정이 진행되지만, 군종장교후보생은 국방부가 주관하는 군종사관후보생 선발시험이라는 관문을 추가로 통과해야 한다. 1996년부터 동국대가 신입생 계열별 모집을 시행하면서 불교 전공을 선택하는 학생 수가 격감하고, 군종사관후보생 선발시험 응시자들의 합격률마저 저조하여 주어진 군종장교후보생 정

원조차 채우지 못하게 되는 일이 다반사가 되었다.[19] 군승단은 천태종
(금강대학교)과 진각종(위덕대학교) 등 조계종 외의 종립대학들에도 문
호를 개방하여 군종장교후보생 부족 사태를 타개해보려 하나, 이마저
번번이 조계종의 반대에 막혀 실현되지 못하고 있다. 교단 간 경쟁이
치열하여 군종장교후보생만으로도 군종장교 정원을 넉넉히 채우고도
남는 개신교처럼 되려면 아직 갈 길이 먼 것이다.

(4) 종합

어쨌든 불교에서는 군종장교후보생제도와 이를 보완하는 군종장교
요원제도 모두가 중요한 충원 방식으로 작동하고 있다. 반면에 개신교
는 (최근 등장한 극소수의 여성 군종장교들을 제외하면) 군종장교 전원을
군종장교후보생제도를 통해서만 충원하고 있다. 천주교는 군종사관후
보생제도를 운용하고 있기는 하나, 대부분의 군종장교를 군종장교요
원제도를 통해 충원한다. 그런 점에서 개신교와 천주교는 예리한 대조
를 보인다. 한편 불교에서 군종장교요원제도가 철저히 자발적인 지원
에 기초하고 있는 데 반해, 천주교에서는 (반)강제적인 임명 방식이 주
를 이룬다. 〈표 8-2〉에 이런 차이들이 일목요연하게 정리되어 있다.

표 8-2 개신교, 불교, 천주교의 군종장교 충원 방식 비교

구분	군종사관후보생 제도	군종장교요원 제도	
		지원(자발적)	임명(강제적)
개신교	●	×	×
불교	●	●	×
천주교	○	○	●

비록 서로 다른 이유 때문이긴 하지만, 결과적으로 한국의 군종장교들은 압도적 다수가 장기복무를 선택하는 '직업군인'이 아니다. 필자는 이런 상황이 미국과는 달리, 그리고 '제도'로서의 한국 군종이 군대조직으로의 '완전한 통합 유형'이자 군대에 대한 '영합 접근'에 의해 지배됨에도 불구하고, 한국의 군종장교 '개개인들'로 하여금 군대로의 과도한 통합이나 일체화를 일정하게 억제하는 효과를 발휘할 수도 있다고 본다. '제도'로서의 한국 군종은 보수적이지만, '개인'으로서의 군종은 개혁적이거나 진보적일 수 있다는 것이다.

그런데 그렇게 될 가능성은 종교에 따라 의미 있는 차이를 드러낸다. 종교를 막론하고 '군종사관후보생제도'를 통해 충원되는 군종장교들은 군 당국의 통제나 지배이데올로기의 영향으로부터 자유롭게 되기가 쉽지 않다. 이들은 군종장교로 일정 기간을 복무해야만 병역의무를 다하게 된다. 따라서 만약 자신들의 비판적 언행으로 인해 사관후보생 혹은 장교로서의 지위를 박탈당할 경우 그들은 사병 신분으로 병역의무를 새로 이행해야 한다. 반면에 천주교 군종신부는 거의 전부가 과거에 이미 병역의무를 마쳤거나 면제받은 이들이고, 불교 군종 승려 중 '군종장교요원제도'를 통해 임관한 이들 중 상당수 역시 병역의무에서 자유로운 이들로 구성되어 있다. 이들은 설사 상급자나 군 당국에 대한 비판으로 인해 군문(軍門)에서 추방당할 경우에도 민간인 신분으로 성직자 생활을 이어나가는 데 별다른 문제가 없다. 의무복무기간이 지난 개신교 군목들도 설사 계획보다 일찍 군대를 떠나더라도 민간 목회를 이어가는 데 지장이 없다. 반면에 이미 결혼한 군종 승려들은 군대를 벗어날 경우 성직을 수행하기 어렵고, 그런 만큼 군 당국의 통제에 취약한 지위에 놓일 가능성이 높을 것이다.

그러므로 여전히 병역의무에 묶여 있는 개신교 군종장교들(그리고 군종사관후보생제도를 통해 입대한 일부 불교 군종장교들)에 비해, 과거에 이미 병역의무를 이행했기에 군대를 떠나더라도 별로 잃을 것이 없는 대다수 천주교 군종장교들과 일부 불교 군종장교 가운데서 일찍이 보지 못한 '새로운 유형의 군종'이 출현할 가능성이 좀 더 높지 않을까? 실제로도 종교별 군종 요원들이 놓인 처지의 이러한 차이가 군종장교 임관을 위한 훈련과정에서부터 미묘하게 나타나기 시작하여, 각 종교마다 정한 3~4년의 군종 (최소) 의무복무기간 내내 암암리에 작용하는 경향이 있다. 예를 들어 훈련소 단계에서 교관 등 상급자가 부당하거나 무례하다고 여겨지는 언행을 반복한다고 느낄 때, 혹은 특정 정부 시책을 과도하게 강요한다고 느낄 때, 이에 대해 항의할 가능성은 병역의무에서 자유로운 이들에게서 가장 높을 것이다. 심지어 이런 차이가 현역 군종장교 '이후'까지 이어질 수도 있다. 이렇게 볼 때 단기복무를 마친 예비역 군종장교이면서 평화운동이나 인권운동에 헌신하는 개혁적·진보적 성향의 천주교 사제들이 적지 않은 편이라는 사실은 시사하는 바가 크다.

2. 에필로그: 실천적 제언들

필자가 이 책을 통해 거듭 강조해왔듯이 한국의 군종은 '성찰성의 회복'이라는 큰 숙제를 안고 있다. 비판적 성찰의 대상이기는커녕, 한국에서 군종제도는 너무나 오랫동안 '무조건 좋은 것'으로 간주되어왔다. 그것은 마땅히 수용하고 본받아야 할 '선진적인 제도'였을 뿐 아니라, '황금어장으로 통하는 특권적 티켓'이자 '파워엘리트 그룹과의 인적 연결망 구축 수단'이었다. 이런 상황이 반세기 이상 지속되면서 '무성찰성'은 한국 군종 내부에 뿌리 깊게 체질화되었고 일종의 아비투스처럼 자리 잡았다. 그만큼 속 깊은 성찰, 그에 기초한 쇄신과 개혁은 오랫동안 실종되어 있던 상태였다.

앞 장에서 제시한 몇 가지 성찰의 주제들에 대한, 나아가 군종 그 자체에 대한 근원적 성찰이 긴요한 시점이라고 필자는 생각한다. 종교의 자유, 정교분리, 종교차별 금지, 공직자 임용을 위한 '종교적 테스트'(religious test) 금지 등 보편적인 헌법적 원칙들을 확인하는 데서 출발하는 것도 좋으리라 본다. 현재의 군종이 과연 장병의 종교자유를 보장하는 최선의 제도인가? 현재의 군종은 과연 정교분리 원칙에 부합하는 것일까? 현재의 군종제도는 종교 영역에 대한 국가의 과도한 개입을 용인하거나 불가피하게 만드는 것 아닌가? 국가가 군종 참여 교단을 결정하기 위해 군종장교 후보자의 교육기간, 교육기관의 수준, 교단 신자 수 등을 까다롭게 정하고 성직자격 취득을 의무화하는 것은 국가가 '종교에 기초하여' 공무원을 선발함과 동시에 공무원 임용을 위해 특정한 '종교적 자격'을 요구하는 셈이라는 점에서, 그리고 4년제 대학과 대학원을 운영할 만한 여력이 없는 소수파 종교들이나 성직자 제도 자체가 없는 교단들에게 군종제도 진입을 원천적으로 차단한다는 점에서, 종교차별을 하는 것이 아닌가?

아울러 성찰의 주체 역시 군종 성직자들 자신과 파송 교단의 지도자들은 물론이고 시민사회와 학계로까지 확대될 필요가 있다. 더 많은 이들이 군종 논의에 참여해야 한다. 사회과학 및 인문과학 쪽의 학문적 개입도 시급하다. 비판적 시민사회도 참여해야 한다. 한국의 사회운동·시민운동 쪽에서 군종제도에 대해 관심을 표명하거나, 공개적으로 어떤 캠페인을 전개한 적이 단 한 번이라도 있었던가? 특히 평화운동을 지향하는 시민운동은 군종이라는 영역에 대해 당장이라도 비판적 개입을 시작해야 한다. 아울러 평화주의를 표방하는 교단들도 군종제도에 대한 무관심에서 벗어나 발언을 시작해야 할 것이다.

무엇보다 군종들 그리고 그들을 군대로 파송한 교단 지도자들이 '군대조직으로의 통합'을 '군종 발전'과 동일시하는 위험스런 사고방식에서 벗어나야 한다. 이 정도까지는 아닐지라도 군대로의 통합이 군종 발전을 위해선 어느 정도 감수할 수밖에 없는 '필요악'이라는 생각이 널리 퍼져 있다. 그러나 필자는 오히려 정반대로 '종교-군대 간의 본질적인 긴장 관계'를 인정하는 것을 성찰의 출발점으로 삼아야 하며, 그럴 경우에만 군종의 진정한 자율성과 발전을 논할 수 있게 될 것이라고 판단한다. 결론 삼아 다음 네 가지를 특별히 강조하고 싶다.

(1) 황금어장의 신화에서 깨어나기

아마도 '황금어장'은 한국 군종이라 할 때 가장 먼저 연상되는 단어에 속할 것이다. 나아가 '황금어장 신화'는 한국 군종을 상징하는 말이 되었다. 이 신화는 반박하기 어려운 확고한 경험에 기초하고 있기에 '힘 있는 신화'이기도 하다. 한국의 주요 종교들이 군종 활동을 통해 매년 엄청난 숫자의 새 신자를 획득하고 있음은 엄연한 사실이기 때문이다. 세계를 놀라게 한 한국 그리스도교의 빠른 양적 팽창을 가능케 한 주요 요인 중 하나가 군종, 곧 수십 년 동안 이어진 군대에서의 혁혁한 선교 실적이었던 것이다. 윤종대 군종신부의 말처럼 "군대는 고기를 낚을 어장이 큰 곳이고 또 잘 낚이는 곳이다."[20]

황금어장 신화를 생산하고 유포한 일차적 주체는 바로 교단들이다. 교단들이 앞장서서 군종장교들에게 '황금어장의 어부'가 될 것을 요구한다. 좋은 예로, 군종에 참여한 개신교 교단 연합기관인 군선교연합회는 1970년대의 전군신자화운동을 '제1차 진중세례운동'으로 새로이 명명하면서, 한국 개신교의 성장 정체를 타개하기 위해 20년 전부터 '제2차 진중세례운동'에 나서라고 줄기차게 촉구해왔다. 군선교연합회는 '비전2020운동'이라는 이름으로 매년 20만 명 이상의 새 신자를 군대로부터 얻어내라고 군종장교들을 다그치고 있다. 동시에 더 많은 군종 후원금을 얻어내기 위해, 군종의 엄청난 선교 효과를 적극 홍보하면서 기존 신자들의 종교적 이기심을 한껏 자극하고 있다. 군종장교들 역시 교단의 선교 압박에 저항하기보다는, 교단의 더 많은 관심과 지원을 유도하기 위해 황금어장 신화를 이용하고 있는 형편이다. 개신교가 가장 조직적·체계적으로 움직이고 있을 뿐이지, 다른 종교와 교단들의 처신도 별반 다를 바 없다.

그러나 한국 군종 앞에 산적한 난제들 대부분이 바로 이 신화에서 비롯되었다는 것 역시 부인할 수 없는 사실이다. 군종에 대한 도구주의적 접근을 만연시킨 일차적 책임도 바로 황금어장 신화에 귀속되어야 한다. 한국의 군대가 종교전쟁의 난투장이 된 것도 황금어장 신화와 무관치 않다. 황금어장 신화는 종교차별 논란과 정교분리 위반 논란을 끊임없이 초래하고 증폭시키는 발원지이기도 하다. 이런 정치적 갈등은 황금어장 접근권 자체가 특권화될수록, 그런 접근권이 아직 그 티켓을 얻지 못한 뭇 종교인들에게 선망의 대상이 되면 될수록 더욱 심해질 것이다.

선·포교의 황금어장을 차지하기 위한 과열 경쟁은 군대 안에서, 특히 고위 장교들 사이에서 '군종무용론', '군종폐지론'으로 대표되는 군종에 대한 부정적 여론을 확산시킴으로써 군종제도 자체를 위기로 몰아가고 있다. 그 때문에 과열된 신자 확보 경쟁은 궁극적으로 선·포교에도 부정적으로 작용할 수 있다. 백창현이 『대한민국 군종목사 67년사』에서 언급하고 있다시피 "종교마다 신자 수를 확장하기 위해 방법과 수단을 가리지 않고 경쟁을 하다 보니 보이지 않는 부작용이 일어나고 있다. 이런 것들이 지휘관이나 장병들에게 좋게 보이지 않으면서 부실한 신자 수가 증가하고 군의 정신전력에 큰 도움을 주지 못하고 있다."[21] 교단 지도자들은 윤종관 군종신부의 다음과 같은 항변도 경청할 필요가 있다. "영세 실적으로만 결과를 측정하고 그것으로 군종의 가치 평가기준을 삼는다면 교회 스스로 왜소한 모습이 된다. 그러나 교회에서 국가적 단위의 사업장에 사제들을 파견하고 후원한다는 것을 결코 교파적 경쟁의 와중에 결사대를 파견했다고 생각해서는 안 되겠다. 교세 확장의 차원에서보다 오히려 국민적 봉사의 차원이 더욱 우리를 가톨릭적으로 만들고 결국 교파주의자들을 앞서가는 방법 아니겠는가……."[22]

보다 근본적으로, 황금어장 신화는 우리로 하여금 군종의 존재이유를 되묻게 만든다. 군종제도와 군종장교들은 누구를 위해 존재하는

가? 그들은 누구에게 봉사하는가? 현재의 한국 군종은 진정으로 군인들의 종교자유를 보장하기 위한 최선의 장치로 기능하고 있는가? 아니면 군종은 교단들의 제도적 이익을 달성하기 위한 수단에 불과한가? 군종 활동의 한정된 물적·인적 자원과 시간은 군인 신자들(기성 종교인들)을 위한 종교적·영적 보살핌, 나아가 장병 일반의 영적·정신적 복지 증진에 온전히 사용되고 있는가? 오히려 그 자원과 시간의 많은 부분이 무종교인이나 타종교인들을 자기 교단으로 영입하거나, 그들을 상대로 자기 교단을 홍보하는 데 바쳐지고 있지는 않은가? 새 신자 영입과 교단 홍보가 자원 배분 우선순위의 꼭대기를 차지하고 있지는 않은가? 황금어장의 신화에 열광하기에 앞서, 이런 근원적인 의문들이 제기되는 연원과 배경을 먼저 성찰해야 할 것이다.

(2) 도구주의의 덫에서 해방되기

같은 맥락에서 군종에 대한 '도구주의 접근의 덫'에 빠지는 것도 경계해야 할 것이다. 군종제도에 부착된 '특권과 기회'의 측면에만 관심을 둘 뿐, 특권과 기회의 향유 과정에서 나타날 수 있는 심각한 부작용들을 경시한다는 것이 도구주의의 두드러진 특징이자 문제점이다. 도구주의적 태도는 이 제도에 이미 참여한 교단들과 아직 참여하지 못한 교단 모두에서 팽배할 수 있다. 군종제도에 아직 참여하지 못한 교단들의 유일한 관심과 목표가 '군종제도 진입'으로 남아 있는 한, 이미 참여권을 획득한 기득권 교단들의 도구주의적 태도는 오히려 더욱 강화될 뿐이다. 필자는 앞서 6장에서 '종교 간 경쟁과 갈등 촉진'과 '군대의 대변인 역할 수행과 정교유착 촉진'이라는, 도구주의의 대표적인 부작용 두 가지에 대해 살펴보았다. 여기서는 이런 문제들과도 긴밀히 연관된 몇몇 위험들을 각별히 강조하고 싶다.

첫째, 도구주의의 위험은 '완전한 통합'에 가까운 군종 유형에 공통적으로 수반되는 위험, 즉 "군대라는 환경이 군종 개개인에게 미치는 영향력을 과소평가"하기 쉬운 위험과도 상통한다. 김성경의 표현을 빌자면, 많은 이들이 군종을 "군대사회에 연장된 교회의 분신" 쯤으로 여기는 경향을 보인다.[23] 이런 관점을 취할 때 군종장교의 이미지는 "군대사회 안에 파견되어 교단의 지분과 권리를 확장해나가는 데 기여하는, 교단의 충실한 일꾼이자 대리인"에 가깝게 된다. 군종장교들이 서 있는 위치가 '국가기구 내부'이기에 아마도 이처럼 교단 중심적인 평가가 가능할지도 모르겠다. 그러나 과연 그러할까? 필자가 보기에 이런 이미지는 군종이 점유하고 있는 묘한 '구조적 위치'가 암암리에 만들어내는 현혹적인 착시에 불과할 가능성이 높다.

실상 군종만큼 '위치와 기능의 괴리'가 심한 영역도 드물다고 말해야 할지 모른다. 무엇보다도 군종장교들을 고용하고 훈련시키고 그들의 생존(승진과 보직)을 좌지우지하면서 이데올로기적으로 동화시키고 포섭하는 것은 군대이지 교단이 아니다. 따라서 군종을 통한 영향력의 흐름은 교단에서 군대 쪽으로가 아니라 군대에서 교회 쪽으로 쏠릴 가능성이 높다. 그것의 실제적 기능에 주목하면, 군종은 "군대사회에 연장된 교회의 분신"이라기보다는 "종교사회에 연장된 국가의 분신" 쪽에 더 가깝지 않을까?

둘째, 군대가 제공하는 매력적인 선교·포교 기회를 향유하기 위한 치열한 경쟁 때문에 시간이 지날수록 국가에 대한 종교·교단들의 '정치적 종속성'이 심화될 가능성이 높다는 것이 도구주의 접근에 내재된 또 다른 위험이다. 군종제도 참여권을 이미 획득한 교단들의 경우, 자기 교단에 배정된 군종장교 정원을 최대한 증가시키려는 혹은 고위 군종 직위를 차지하려는 경쟁이 조금씩 정치적 종속성을 심화시킨다. 아직도 군종제도 외부에 머물러 있는 교단들의 경우, 군종제도 참여권을 둘러싼 경쟁적인 국가권력 접근이 정치적 종속성을 심화시킨다. 도구주의로 인해 더욱 깊어진 정치적 종속성은 국가나 정치엘리트들이 종교를 통제하거나 동원하는 무기로 언제든 활용될 수 있다.

(3) 신앙전력화의 미몽에서 벗어나기

신앙전력화라는 말로 웅변되듯이 군종업무를 '전투력'과 직접 연결시키는 것, 그리고 선도 활동이라는 명목으로 '군내 사고예방' 활동에 중점을 두는 것, 이 두 가지는 최근 대부분의 한국 군종장교들에게서 공통적으로 발견되는 특징들이다. 그런데 이 두 가지야말로 군대, 더 정확히는 군 수뇌부와 지휘관들의 핵심적이고 일차적인 관심사이자 부대 운영의 목표이다. 따라서 "전투력과 사고예방을 중심으로 한 군종업무의 재구성"이라는 현실 자체가 '군대의 목표와 우선순위에 대한 과잉동조'라는 군종들의 현주소를 적나라하게 보여주는 핵심적인 지표이기도 하다.

대다수 군종들이 군 수뇌부와 지휘관들의 시각·선호에 맞춰 역할을 조정해가는 한, 군대의 권력자들은 군종장교들을 적극 후원해줄 것이고 진급도 순조로워질 것이다. 권력자들이 조성해주는 이런 유리한 상황이 군종 조직과 제도의 발전으로 느껴질 수 있다. 권력자들의 후원을 업어야 신규 입교자나 정규 의례 참석자 숫자로 나타나는 포교·선교의 효과도 더욱 높아진다고 생각할 수 있다.

그러나 이런 현실이 지속되는 가운데 군종장교들은 병사들이나 하급 간부들과 외려 더욱 멀어질 수도 있고, 군대 내부의 구조적 병폐들을 온존시키는 데 기여할 수도 있다. 군종들이 사고예방 활동에 그렇게 많은 노력을 투입함에도 불구하고 구조적인 병영폭력이나 열악한 군인 인권이 그다지 개선되지 못하고 있는 현실은 우리에게 많은 것을 시사한다. 비폭력적인 병영문화 만들기나 군인 인권 존중은 지휘관들이 강조하는 사고예방—이른바 '문제사병'으로 낙인찍힌 개개인에게만 초점을 맞추는—과 상당히 결이 다른 것일 수 있다.

군종장교들이 '안전장교'나 '상담장교'가 되다시피 할 정도로 온통 사고예방 활동에 매달려야 하는지에 대해서도 재검토가 필요하지만, 보다 근본적으로는 군대의 여러 현안과 적폐들을 '군내 강자'의 시각에서 접근할 것인지 아니면 '군내 약자'의 시각에서 접근할 것인지를 심각하게 따져봐야 할 것이다. 아울러 필자는 군종 활동을 전투력과 직결시키는 낡은 전통과도 이제 결별할 때가 되었다고 생각한다. 군종이 전투력에 직접 기여한다는 발상 자체가 성전론이나 십자군전쟁론과 같은 호전적인 전쟁교리에나 어울리는 것이다. '신앙전력화'라는 한국 군종의 모토 역시 그 자체가 시대착오적인데다 군종의 기능과 사명을 오도할 가능성이 높다는 점에서 폐기되어야 한다고 생각한다.

(4) 탈(脫)군대화되고 교단에 기초한 군종제도를 지향하기

마지막으로, 현행 군종제도의 대안으로서 '탈군대화/민간화'라는 방향을 숙고해볼 필요가 있다. 필자는 이 책 5장에서 여러 나라의 다양한 군종 유형들에 대해 소개한 바 있다. 군종의 탈군대화 내지 민간화 정도는 다양하게 나타날 수 있다. 미국이나 한국처럼 군종을 현역장교로만 충원할 수도 있고, 프랑스나 영국처럼 군인과 비(非)군인(군무원, 공무원이 아닌 민간인 등)을 두루 활용할 수 있고, 독일처럼 군종을 공무원 신분의 비군인으로만 채울 수도 있다. 현역장교가 중심인 미국에서도 민간인 교역자들과의 다양한 협력 모델들이 모색 또는 실행되고 있다.

가장 과감하게 '군종의 탈군대화/민간화'를 시도한 독일의 사례에 다시금 주목해보자. 1957년에 등장한 '전후 군종체제'에서 군종책임자 직책에는 민간인 신분이자 파트파임으로만 군종업무를 보는 일반 교구 주교가 선임되었다. 일반 군종들도 군대식 규율의 적용을 받지 않았으며, 군복 착용을 요구받지 않았다. 군종 직책은 6~7년 동안만 지속되는 일시적인 봉사직이었다. 군종은 직접적인 국가(군대) 통제를 받지 않는 민간인 신분이며, (봉급 지급을 제외한) 선발과 인사권 등 군종과 관련된 대부분의 권한을 교단이 행사하며, 군종은 전적으로 교회의 통제 아래 임무를 수행한다. 독일 군종의 이런 전통은 지금도 유지되고 있다. "군종이 군사조직에 포함되어 있지 않고, 교회가 주관하여 군종업무를 수행하며, 지역 부대장은 협력자로서의 역할만 수행하고 있다. 따라서 군목이나 사제는 군인이 아니며 교회에서 파견되는 일반 목사나 사제이다. 군종감의 경우 국방부에서 근무하나 군에서 임명하지 않고 교회에서 임명하고 있으며, 군목이나 사제는 계약직 연방공무원 신분으로 국가에서 보수를 지급받고 있다."[24] 민간화된 독일 군종의 가장 큰 장점은 자율성과 독립성이다. 이런 자율성과 아웃사이더 위치 덕분에 전후 독일의 군종들은 나치 시대에서처럼 군인들의 사기를 북돋는 치어리더가 아니라, '비판적인 양심의 목소리'로 기능할 여지를 확보하기도 했다.

군종 요원들에 대한 교단의 통제력을 대폭 강화하면서 군종 요원의 신분(정체성)을 현역군인이 아닌 민간인으로 대체해나간다는 지향은 현행 군종제도에 내재된, 종종 치유가 거의 불가능해 보이기도 하는 딜레마들의 해결책이 될 수도 있다. 예컨대 이것은 군종을 둘러싼 정교분리 논란을 일거에 잠재울 대안이 될 수 있다. 바로 이런 맥락에서 필자는 앞서 7장에서 "군종 요원을 현역 군인이 아닌 민간인으로 대체하고 군종에 대한 교단의 통제력을 강화한다는, '탈군대화된, 교회에 기초한 군종제도'가 정교분리 논란으로부터 군종제도를 최종적으로 구원할 만한 대안으로 제시되어 왔다"고 언급한 바 있다.

군종의 탈군대화/민간화는 군대에 대한 군종의 종속성에서 빠져나와 이를 자율성 강화의 방향으로 역전시킴으로써, (1) 정교분리 위반 논란에서 완전히 자유로워질 뿐 아니라, (2) 군대 내의 군종 역할 전환(장병 인권의 옹호자·변호인)에도 도움이 될 것이고, (3) 윤리적·신학적 딜레마들에 더욱 잘 대처할 수 있고, 나아가 (4) 더 나은 종교적 서비스를 제공하기 위한 좋은 출발점이 될 수 있을 것이다. 한국에서도 현재의 군인 중심 시스템에서, 과도적인 군인-민간인 공존 시기를 거쳐, 궁극적으로는 '민간 우위' 혹은 '완전한 문민화/민간화'의 방향으로 나아갈 수는 없는 것일까? 비록 오랜 시간이 걸릴지라도 그런 여정(旅程)을 '지금' 시작할 수는 없는 것일까?

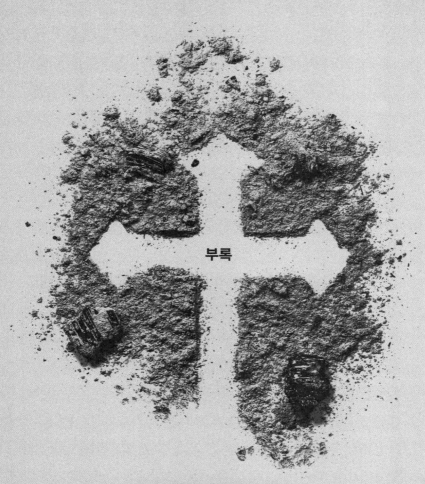

부록

열광 대 무관심
한국의 군종 연구

군종이 1600년 이상의 역사를 자랑함에도 불구하고, 여러 연구자들이 지적해왔듯이 군종에 대한 학문적 접근은 활성화되지 못했을 뿐 아니라 시기적으로도 지체되었다. 전쟁 및 군대의 역사와 함께하면서 인류 역사에 거대한 족적을 남겼지만, 군종 활동·제도 자체가 그다지 인기 있는 연구주제가 되진 못했다.

군종에 대한 최초의 연구들은 19세기 후반으로 거슬러 올라간다. 그러나 거의 대부분의 군종 연구 성과들은 1970년대 이후에 산출되었다.[1] 도리스 버겐은 자신이 편찬한 『주님의 검: 1세기부터 21세기까지의 군종』(*The Sword of the Lord: Military Chaplaincy from the First to the Twenty-First Century*)의 머리말에서 "이 책은 군종 및 군종제도의 발전을 시간과 공간을 가로질러, 1세기부터 20세기까지, 유럽에서부터 북미까지 탐구한 최초의 책"이라고 당당히 밝힌 바 있다. 그런데 이 책이 출간된 때가 2004년이었으니, 우리는 군종 연구가 얼마나 더디게 발전해왔는가를 역설적으로 실감하게 된다.

필자가 보기에 버겐의 저작이 지닌 또 다른 장점은 끝부분에 체계적으로 분류된 상세한 참고문헌 목록을 수록하고 있다는 것이다. 그러나 이 유용한 참고문헌 목록은 그 길이가 비교적 짧다는 점에서 군종 연구의 상대적 부진을 입증할 뿐 아니라, 기존 연구들이 압도적으로 그리스도교 군종 중심이고, 서구(북미와 유럽)의 군종제도에 쏠려 있고, 영어권 학자들(특히 미국계 학자들)에 의해 주도되어왔음을 명확하게 보여준다. 서구 그리스도교 문화권의 군종 활동·제도에 대해선 충분치는 않을지라도 그런대로 연구가 쌓여가는 반면, 다른 종교 문화권과 비서구 사회들의 군종이나 그와 유사한 활동·제도에 대해서는 연구가 거의 없는 형편인 것이다.

세계 학계에서 군종 연구를 주도해온 미국에서는 베트남전쟁을 계기로 한 군종제도 찬반 논쟁이 연구의 자극과 촉매 역할을 담당했다.[2] 그런 면에서 미국에서 군종 연구는 1960년대 말 혹은 1970년대 초 이후에 비로소 본격화되었다고 말할 수 있다. 그런데 필자가 보기에 미국의 군종 연구 역사에서 또 하나의 중요한 계기가 존재했다. 그 시점은 1970년대로부터 40~50년 전으로 거슬러 올라간다. 군종 연구의 역사에서 최초의 활성화 국면이 1차 세계대전이 끝난 후에 찾아왔던 것이다. 미국 의회는 1920년에 국가방위법(National Defense Act)을 개정하여 군종장교들이 일반 장교들처럼 민간 대학의 대학원 과정에서 위탁교육을 받을 수 있도록 법제화했다.[3] 이때부터 군종장교들 자신이 학위논문이나 학술저널 논문의 형태로, 나아가 간혹 단행본의 형태로 군종 관련 연구물들의 생산에 직접 뛰어들었다. 군종장교들이 1920년대 이전의 주도세력이던 역사학자들과 더불어 군종 연구의 양대 주체 중 한 축으로 떠오른 것이다.

결국 1차 대전 종전 직후라는 시기는 '미국 군종사'에서도 획기적인 발전의 때였을 뿐 아니라, '군종 연구사'에서도 의미 있는 분기점이었다고 평가할 만하다. 그러나 현역 군종장교들이 주도하는 연구는 아무래도 학문공동체 전체의 관심을 촉발할 힘이 부족했다. 무엇보다 군종장교들이 생산해낸 연구물의 양 자체가 그렇게 많지 않았다. 또 어떤 군종장교가 젊은 시절에 뛰어난 연구물을 생산했다고 하더라도 그 이후 평생의 과업으로 군종 연구를 지속하는 경우는 극히 드물다. 어떤 군종장교들은 현직에서 은퇴한 뒤 인생의 장년기나 노년기에 접어들어 비로소 연구에 착수하기도 한다. 대부분의 군종장교들은 직업적 경쟁과 잡무에 시달리느라 스스로 연구자라는 정체성을 명료하게 유지하기도 어려운 것이 현실이었다.

어쨌든 미국 학계는 '1920년대 이후'와 '1970년대 이후'라는 두 차례의 계기를 거치면서, 그리고 전문적인 연구자들과 군종장교들의 협업에 의해 군종 연구를 선도적으로 발전시켜왔다고 정리할 수 있겠다. 김성경에 의하면 1980년대에 이르기까지 미국에서 군종 연구는 '정치체계 내의 군대'라는 맥락에서, 혹은 '군대의 역사'라는 맥락에서 이루어지는 경향이 강했다. 한마디로 군종 연구가 정치학적 관심과 역사학적 관심에 의해 주도되었다는 것이다. 반면에 문화나 사회 연구 차원에서의 군종 연구는 여전히 부진했고,[4] 미국과 다른 사회들의 군종제도에 대한 비교분석을 시도하는 연구 역시 거의 없었다.[5]

한국전쟁 당시 처음 등장한 서구식 군종제도는 한국에서도 어느덧 60년 넘는 연륜을 지닌 제도로 성장했다. 그런데 한국의 군종 연구는 미국이나 유럽과는 상당히 다른 문제를 드러내고 있다. 이 책 1장에서도 간략히 언급했듯이, 서구의 군종 연구가 '연구의 양적 빈약함'이나 '연구의 시기적 지체' 혹은 '연구 대상의 종교적·지역적 편중성'이라는 결함을 드러냈다면, 필자가 보기에 한국의 군종 연구에서는 '학문적 관심의 극심한 양극화' 양상이 가장 큰 문제점으로 지적될 만하다. 한국 종교계와 신학계에서 군종제도는 예나 지금이나 뜨거운 관심의 대상이지만, 신학계/종교계만 벗어나면 이 제도에 대한 학문적 관심은 차갑게 식어버린다. 종교계/신학계의 '과잉 관심'과 대조적으로, 우리는 신학이나 교학의 영역을 제외한 대다수 학문공동체 구성원들이 무심코 드러내는, 군종제도에 대한 '지독한 무관심'에 직면하게 된다.[6] 이를 '풍요 속의 빈곤'이라고 불러야 할까. 다양한 분야의 학자들이 활발하게 학제적 토론을 벌이는 모습과는 거리가 먼, 일군의 연구자들만이 폐쇄적인 분위기 속에서 자신들만의 언어로 은밀하게 논의를 이어가는 '학문적 게토화'와 유사한 상황인 것이다.

이번 장에서는 최근에 이르기까지 한국에서 이루어진 군종 연구의 역사와 현실, 문제점들에 대해 심층적으로 그리고 비판적으로 분석해 보고자 한다. 이런 작업 자체가 한국에서는 처음 시도되는 것이다. 그러나 이제 걸음마 단계에 불과한 '비(非)신학적 군종 연구'의 열악한 현실을 감안할 때, 면밀한 연구사적 검토 작업이야말로 학문적 도약을 위해 필수적인 기초 다지기에 해당한다. 이를 위해 먼저 한국의 군종 연구에서 두드러지게 나타나는 핵심적 특징을 '학문적 관심의 양극화'로 간주하고, 이를 '종교계/신학계'와 '신학계 바깥의 학문공동체'로 구분하여 살펴볼 것이다. 다음으로, 두 연구그룹 사이의 가교 역할을 담당할 잠재력을 지닌 연구 분야로서 '군종사 연구'에 주목할 것이다. 마지막 절에서는 향후의 대안적인 연구 방향 및 접근방법을 (1) 동시화·역사화된 비교방법, (2) 평화학적 지향, (3) 조직-제도적 접근의 세 가지로 제시해보려 한다.

1. 내부: 열광, 혹은 연구의 과잉 풍요

종교계와 신학계의 상황부터 먼저 일별해보자. 이때 무엇보다 군종 관련 학위논문들이 방대하다는 사실에 주목하게 된다. 국회도서관과 국가전자도서관, 한국교육학술정보원 학술연구정보서비스(RISS)에 등록된 학위논문 그리고 기존 연구물들에 인용된 논문을 중심으로 검색해볼 경우, 2015년 7월 말 현재까지 한국 군종제도와 관련된 학위논문이 무려 122편이나 산출되었음을 확인할 수 있다. 물론 이것은 어디까지나 필자가 직접 확인한, 따라서 미처 발견하지 못한 학위논문들이 발견될 경우 언제든 증가될 수 있는 '최소한의' 수치이다. 이 122편 가운데 박사학위논문이 20편이고, 석사학위논문이 102편이었다. 이것만 보더라도 군종이라는 제도와 활동은 한국의 대학원생들 가운데서 가장 인기 있는 연구주제 중 하나임이 분명해진다.

먼저, 군종 관련 박사학위논문은 1984년에 처음 등장했다. 시기별로 세분하면 1980년대에 2편, 1990년대에 1편, 2000년대에 10편, 2010년 이후에 7편의 분포를 보인다. 20편 가운데 17편(85.0%)이 2000년 이후에 생산된 셈이다. 더 흥미로운 점은 박사학위논문들의 학문적 분포이다. 20편 중 단 한 편을 제외한 19편이 '개신교' 신학교들에서 작성된 '신학' 계통의 연구들인 것이다. 신학계를 벗어난 유일한 예외는 육군사관학교 영어과 교수이자 현역장교였던 김성경의 미네소타대학교 박사학위논문이었다. 김성경의 연구는 김기태의 연구와 함께 1984년에 발표된, 한국 최초의 군종 관련 박사학위논문 두 편 중 하나였다. 1980~1990년대에 작성된 3편의 초기 박사학위논문들 가운데 김성경의 '비신학적' 논문은 단행본으로 출간되지 않았던 반면, '신학적' 성격을 띤 두 논문은 모두 단행본으로 출간되었다.[7] 저자인 김기태와 박상칠 모두가 군종장교로 장기 복무한 개신교 목사들이었는데, 김기태 목사는 국방부 군종실장(예비역 대령)을, 박상칠 목사는 육군 군종감(예비역 대령)을 역임했다.[8]

한편, 군종과 관련된 최초의 석사학위논문이 등장한 때는 최초의 박사학위논문보다 20년 가까이 앞선 1965년이었다.[9] 그때부터 지금까지 산출된 군종 관련 석사학위논문 102편의 시기별 분포를 보면, 1960년대 1편, 1970년대 5편, 1980년대 16편, 1990년대 21편, 2000년대 42편, 2010년 이후 17편 등으로 나타난다. 1980년대부터 군종 관련 석사학위논문들이 대량으로 생산되기 시작했음을 금세 확인할 수 있다. 1960~1970년대에 나온 석사논문의 비중은 전체의 6%에도 미치지 못한다. 학문 분야별로 보면, 전체의 84.3%에 해당하는 86편이 그리스도교 신학 혹은 교학(불교학, 원불교학) 영역에 속한다. 나머지 16편의 분포는 행정학 7편, 경영학 2편, 교육학 2편, 언론학 2편, 정치학 1편, 사회복지학 1편, 건축학 1편으로 나타난다. 박사학위논문에 비해 석사학위논문의 학문 분야별 분포가 한층 다양함을 알 수 있다.

그러나 '비신학적' 석사학위논문들조차 대부분이 군종 활동의 활성화 방안이나 효율성 제고 방법 모색에 우선적인 관심을 두고 있어, 신학적 논문들의 관심사와 큰 차이가 없는 특징을 드러낸다. 최초이자 1960년대에 유일했던 군종 관련 학위논문을 서울대학교 행정대학원에서 작성한 조병직도 1961~1965년과 1966~1967년 등 두 차례나 국방부 군종실장을 역임한 개신교 목사였다.[10] 이 밖에 「한국 군종교육의 현황과 그 운영 개선에 관한 연구」(김성복, 부산대 교육대학원, 1981), 「한국 군종 활동의 문제와 개선방안에 관한 연구」(박영수, 한양대 행정대학원, 1986), 「군종 활동을 통한 정신전력 기여 방안」(최상철, 경기대 행정대학원, 1987), 「한국 육군의 군종제도 현황과 발전방안에 관한 연구」(김병용, 건국대 행정대학원, 1994), 「군종교육을 위한 인격지도교육의 실태와 그 개선방향 모색에 관한 연구」(김충빈, 한성대 행정대학원, 1994), 「군포교 정책 수립을 위한 연구」(이동배, 동국대 교육대학원, 1996), 「군 종교 활동이 장병들의 정신건강에 미치는 영향에 관한 연구」(임효재, 중앙승가대학교 대학원, 2009) 등이 종교계/신학계와 유사한 연구 목적과 문제의식을 보여주는 석사학위논문들이다.[11]

간략히 살펴보았듯이 지난 50년 동안 120편을 상회할 정도로 '대량생산'된 군종 관련 박사·석사학위논문들은 '신학적 편향'이라 말할 수 있을 만큼 압도적으로 신학 영역에 집중되어 있다. 관련 석사학위논문의 84.3%, 박사학위논문의 95.0%가 신학 영역에 속했다. 아울러 100편이 넘는 관련 석사학위논문들의 생산 주체 중에는 현직 혹은 전직 군종장교들이 상당히 많다는 특징도 눈에 띈다. 박사학위논문 저자의 경우엔 이런 현상이 더욱 도드라진다. 이런 사정으로 미루어볼 때 군종 관련 학위논문의 양적인 풍성함은 한국 학계 전반의 관심의 소산이라기보다는, 한국 종교계와 군종장교 자신들의 강렬한 관심만을 반영하는 현상일 가능성이 높다고 판단된다.

1980년대 이후에는 개신교 계통 신학자들도 군종 활동에 대해 적극적인 관심을 나타내고 있다. 1980년대 초부터 군복음화후원회와 그 후신인 한국기독교군선교연합회, 혹은 군종 참여 교단의 재정적 뒷받침과 자극을 받아 '군진신학' 혹은 '군선교신학'이라는 이름으로 군종 활동에 대한 신학적 탐색이 본격화했다.

최초의 성과는 1985년 4월에 발간된 단행본인 『군진신학』, 그리고 같은 해 10월에 발간된 김기태의 『군선교의 이론과 실제』였다. 앞서 언급했듯이 김기태의 책은 1984년에 발표된 자신의 박사학위논문을 단행본으로 출판한 것이다. 오덕교에 의하면 『군진신학』은 1982년 들어 육군본부 군종감실이 '군선교의 신학화' 차원에서 "군복음화후원회의 협력을 얻어 교계 신학 교수 8명에게 필요한 분야별 연구논문을 위촉하여 집필"하게 함으로써 탄생했다.[12] 그러나 이것은 다소 부정확한 표현인데, 전경연(한신대), 서철원(총신대), 전호진(아세아연합신대), 맹용길(장신대), 정진홍(서울대), 김갑동(서울신대), 이장식(한신대), 고용수(장신대) 등으로 구성된 이 책의 집필진 가운데 7명은 신학자가 맞지만 나머지 한 명인 정진홍 교수는 '종교학자'였던 것이다. 어쨌든 육군 군종감 최찬원 대령이 쓴 발간사에도 언급되어 있듯이 이 책은 "군종 활동에 대한 신학의 정립을 시도"한 "군진신학의 첫 시도"였다.[13] 육군 군종감실은 1996년에도 군복음화후원회의 도움을 얻어 두 번째로 『군진신학』을 출간했다.[14]

육군 군종감실이 '군진신학'을 개척했다면, 개별 교단 차원에서는 대한예수교장로회총회(통합) 군선교부가 주도하여 '군선교신학' 분야를 개척했다. 같은 이름의 책이 1990년에 처음 발간되었던 것이다. 이 책에는 모두 13명이 필자로 참여했는데, 그중 3명은 전·현직 군목이었다.[15] 통합 교단 군선교부는 1993년에도 같은 이름의 단행본을 출판했다.[16] 1990년대에 예장 통합 교단이 주도했던 『군선교신학』 발행 작업은 2000년대 들어 초교파적 사업으로 발전했다. 1972년에 창립된 '전군신자화후원회'는 1976년에 '군복음화후원회'로 개칭되었다가 1999년에 다시 '한국기독교군선교연합회'로 개편되는데, 방대한 조직과 막강한 재정능력을 보유한 한국기독교군선교연합회가 '군선교신학' 연구의 핵심적인 후원자로 전면에 나선 것이다.

한국기독교군선교연합회는 창립 30주년이 되는 2002년에 '군선교신학위원회'를 산하에 조직했고, 같은 해 7월에 첫 번째 '군선교신학 심포지엄'을 개최했다. 군선교연합회는 2004년부터 '군선교신학 연구 논문 공모'도 시작했고, 2006년에는 '한국군선교미래연구소(군선교연구소)도 만들었다.[17] 군선교신학위원회는 이후 '학회'(군선교신학회)로 발전했다. 군선교신학위원회는 '군선교신학 심포지엄'에서 발표된 논문과 논평을 묶어 2004년부터 순차적으로 『군선교신학』이라는 이름의 단행본을 발간했다. 2004년에 『군선교신학』 1~2집을 낸 데 이어, 2005년부터는 매년 『군선교신학』을 한 권씩 발간했다. 2015년 현재 군선교신학 심포지엄은 15회째를, 군선교신학 연구논문 공모는 12회째를 맞고 있다. 지난 10여 년 동안 신학자들과 더불어 현직 군종목사들은 (논문 공모는 말할 것도 없고) 심포지엄과 『군선교신학』 발간 작업에 적극적으로 참여해왔다.

아울러 2000년대 초부터 최근까지 개신교 군종장교들에 의해 네 권의 단행본이 출간되었다. 성결교 출신으로는 처음 군종감(공군) 직위에 오른 김재성 목사의 저서인 『미래의 군선교 전략』이 2002년에 출간된 데 이어,[18] (앞서 언급했듯이) 육군 군종감이 된 박상칠 목사의 박사학위논문이 2004년에 『소그룹 활동을 통한 군 선교전략』이라는 제목의 책으로 발간되었다. 2009년에는 육군 대령으로 예편한 김창제 목사가 『군선교: 21세기 한국교회 부흥의 유일한 돌파구』를, 2015년에는 육군 중령으로 예편한 박기영 목사가 『군선교와 상담』을 각각 선보였다.[19] 결국 (김기태 목사의 저서를 포함하여) 1985년부터 2015년까지 30년 동안 군종과 관련해서 출간된 다섯 권의 단독 저서는 모두 오랫동안 군종장교로 복무한 개신교 목사들에 의해 저술되었던 셈이다.

한편 군종에 대한 외국의 연구 성과를 국내에 번역하여 소개하려는 노력은 매우 부진한 편이다. 그런 면에서 미국 해군 군종감(소장)을 역임한 리처드 허치슨의 저작이 1988년 박상칠 군목에 의해 『교회와 군선교』라는 제목으로 번역·출간되었던 사실에 주목할 만하다.[20] 앞서 언급했듯이 이 책은 1975년에 출판되었는데, 한국어 번역 당시인 1980년대 말까지도 미국 육군·해군·공군 군종장교들의 교육 교재로 사용되고 있었다. 베트남전쟁을 계기로 1960년대 말부터 1970년대까지 미국에서 격렬하게 진행된 군종제도 찬반 논란 '이후의' 성찰을 담고 있다는 점에서, 더구나 그 자신이 현직 군종감 신분으로 '군종 민간화 논쟁'에 직접 뛰어들기도 했던 이력으로 인해서,[21] 이 책은 1970년대 이후 미국 군종장교들의 군종제도에 대한 변화된 이해와 접근방식을 엿볼 수 있는 대단히 중요한 연구 중 하나였다. 때문에 한국어로 번역된 이 책이 한국 군종장교에게 어떤 영향을 미쳤는지가 흥미로운 관심사가 될 법하다.

허치슨의 책은 오랫동안 한국에서 발행된 유일한 군종 관련 번역서 자리를 차지했다. 2001년에 가서야 도널드 해들리와 제럴드 리차즈가 1992년에 출간한 군종교역 안내서가 국방부 군종실장 출신의 김영철 목사에 의해 『21세기를 위한 군종교역론』이라는 제목으로 번역·출간되었다.[22] 단순한 안내서를 넘어, 군종제도의 특징과 역사를 소개하는 이 책의 1부(군종교역의 기초를 이해하기), '협동모델'이라는 용어 아래 민간인 목회자들과 군종장교들 사이의 협력 사례 세 가지를 소개한 2부(군종교역의 성공적인 모델을 탐구하기)는 상당히 유용하다. 이에 앞서 1987년 11월에는 보스턴대학교 역사학 교수이자 예비역 군종장교이기도 한 로이 허니웰(Roy J. Honeywell)의 1958년 저서 중 일부가 홍순호에 의해 『교회와 역사』 지면에 번역된 바 있다. 1차 대전 이후의 미국 군종 역사에 대해 서술한 허니웰의 『미국 육군의 군종들』(*Chaplains of the United States Army*) 가운데 한국 관련 부분만을 번역하여 「한국군종사 관계 자료」라는 이름으로 소개했던 것이다.

학술저널을 통해 발표된 군종 관련 연구 성과도 대체로 빈약한 편이다. 필자가 확인한 바로는 군종을 중심적 연구 소재로 다룬 학술지 수록 논문은 모두 합쳐도 2015년 7월 말 현재까지 13편에 불과하며, 이 가운데 9편이 신학이나 교학 분야에 해당된다. 더 자세히 분석하자면 개신교 신학 영역에 속하는 논문이 6편, 불교학 영역에 속하는 논문이 2편, 원불교학 영역에 속하는 논문이 1편이다. 또 9편 모두가 1990년대 이후에야 발표되었고, 7편은 지난 10년 이내에―즉 2007년 이후에―발표되었다.[23]

지금까지 간략히 개관해본 것처럼, 한국에서 군종 연구는 1980년대 이후 종교계와 신학/교학 영역을 중심으로 매우 활발하게 진행되었다. 특히 대학에 기반을 둔 신학자들과 군대에 몸담은 군종장교들을 양 대 축으로 한 개신교계가 군종 연구를 주도해온 형국이었다. 군종 관 련 번역서와 학술저널 논문은 비교적 빈약한 반면 학위논문은 대단 히 많다. 주제별로는 '군진신학' 혹은 '군선교신학' 분야가 현저히 활성 화되어 있다. 많지는 않으나 군종 관련 단행본도 군종장교 출신 개신 교 목사들에 의해 조금씩 축적되고 있다. 군종제도의 창설 멤버인 천 주교, 뒤늦게 군종제도에 참여한 불교와 원불교 쪽에서도 적으나마 연 구물들이 생산되기 시작했다.

그런데 한국 종교계 혹은 신학계에서 지금까지 발표한 군종 관련 연구물들의 두드러진 특징은 군종제도에 대해 오로지 '긍정적인' 시각 으로만 접근하는 경향이 강하다는 사실이다. 군종제도의 정당성은 좀 처럼 의문시되지 않으며, 군종제도의 존재는 대체로 당연시된다. 한국 이 비서구 국가들 중에서 군종제도를 일찍부터 받아들여 빠르게 성 장시켰다는 자부심도 종종 표현된다. 그러다보니 군종제도를 이미 주 어진 현실로 수용한 상태에서 이런저런 개선책과 발전 방안을 모색하 는 글들이 기존 연구의 대부분을 차지한다. '신앙전력화'니 '선교·포교 의 황금어장'이니 하는 표현들이 끊임없이 반복되기도 한다. 군종이 라는 제도와 활동을 객관적이고도 비판적으로 성찰하는 데 필수적 인 '학문적 거리두기'가 제대로 이루어지지 않는, 말하자면 '내부자들 (insiders)에 의한 연구'가 대종을 이루고 있는 것이다.

2. 외부: 무관심, 혹은 연구의 과잉 빈곤

우리가 고개를 돌려 종교계와 신학계 '바깥쪽'을 바라보면 이와는 사뭇 다른 분위기의 풍경이 펼쳐진다. 황무지에 가까운 메마르고 척박한 학문 경관이 우리 시야를 가득 채운다. 신학계/종교계 바깥에서 군종과 관련된 단행본 분량의 연구서가 출판되는 것은 고사하고, 학술지에 군종을 주제로 한 특집이 편성되거나, 군종을 주제로 한 학술회의가 열리는 것조차 우리는 단 한 번도 경험한 적이 없다. 굳이 학문 분야를 따지지 않고 바라보면 한국의 군종 연구가 마치 외형적인 풍요를 구가하는 것처럼 느껴지지만, 일단 신학계/종교계만 벗어나면 '거대한 무관심의 절벽'과 맞닥뜨리게 되는 것이다.

연구가 개시되는 시점(始點) 자체가 그렇게 늦어진 것은 아니었다. 한국 종교계/신학계에서 군종 관련 학위논문 생산과 군진신학 논의가 본격화되던 1980년대에 '비신학적 군종 연구'도 함께 시작되었기 때문이다. 앞서 언급했던 김성경과 정진홍이 한국에서는 처음으로 문화인류학적/미국학적, 종교학적 군종 연구를 각각 선보였다. 김성경은 미국과 한국의 군종에 대한 비교연구를 시도했고, 정진홍은 군대라는 종교다원적 사회 안에서 가능하고도 바람직한 종교 간의 '대화적 공존' 방식을 탐색했다.

김성경은 1984년에 한국 군종에 대한 두 편의 선구적인 논문들을 발표했다. 그 하나는 미네소타대학교 박사학위논문인 「미국과 한국의 군종들: 비교 이데올로기적 연구」(Chaplains in Two Armies U.S. & Korea: A Study in Comparative Ideology)였고, 다른 하나는 거의 동일한 내용을 압축한 「군대와 종교: 한국과 미국의 경우」라는 논문으로 『한국문화인류학』을 통해 발표되었다.[24] 뒤의 논문은 한국문화인류학회가 1988년에 펴낸 『민족과 문화(I): 민속·종교』라는 책에 재수록되었다.[25] 김성경은 육군사관학교 동료 교수들인 전광수·신경식과 함께 1992년에 「한·미 육군의 군종제도: 종교적 이념과 군대 윤리의 조화와 상충에 관한 비교연구」라는 논문을 발표하기도 했다.[26] 그러나 이 논문은 1984년 논문들의 문제의식이나 주장과 별반 다르지 않다(더구나 이 논문은 군사 계통의 저널에 실려 있어 접근하기조차 쉽지 않다). 김성경은 세 편의 논문들을 통해 1970~1980년대의 미국과 한국 군종은 '구조적 유사성'에도 불구하고 '문화적 차이'로 인해 '군종 기능의 상이함'에 이르게 되었다는 주장을 폈다.

필자가 보기에 김성경의 주장들에는 양국의 종교문화를 설명하는 대목을 비롯하여 더 면밀한 검증이 필요하거나 부정확한 부분들이 발견된다. 예컨대 김성경은 시종일관 미국–한국 군종제도의 '구조적 유사성'에 대해 강조하지만, 미국의 경우 대부분의 군종장교가 '평생에 걸친 직업군인'인 데 비해 한국에서는 군종장교 대부분이 짧은 의무 복무 연한을 마치면 전역하는 단기복무자들이라는 중요한 '구조적 차이'를 간과했다. 또 김성경은 1970년대에 미국 군종제도의 혁신 내지 방향 전환으로 인해 한·미 간의 이질화 과정이 가속화된다는 점도 적절히 강조하지 못했다. 아울러 정교분리에 대한 강조 때문에 미국 군종들의 '종교 활동'이 자파(自派) 종교 신자들로 제한되는 경향을 보인다는 김성경의 주장은 '비종파적 기도'(nonsectarian prayer)와 같은 형식으로 군종들에게 '새로운 종교적 역할', 즉 일종의 '시민종교의 성직자' 역할이 요구되고 있다는 논란을 놓친 것이다.[27] 미국의 종교문화를 '종교다원주의'로, 한국의 그것을 '유교적 동질성'으로 규정한 것도 현실과 규범·당위를 혼동하는 오류를 범한 것으로 보인다. 다시 말해 미국에서는 그리스도교 중심의 비교적 동질적인 종교문화라는 현실에도 불구하고 군대 안에서 다원주의적 관용이라는 규범이 추구되고 있다면, 한국에서는 전형적인 종교다원주의라는 현실에도 불구하고 군대에서는 그리스도교 중심적인 차별적 규범이 강요되고 있다고 보아야 정확할 것이다.

그럼에도 불구하고 김성경은 '징병제-지원병제의 차이'나 '종교자유-정교분리 원칙 준수 정도의 차이' 등 한국과 미국 군종 간의 비교연구에서 핵심적일 몇몇 요소들을 정확히 지적하고 있다. 앞서 언급했듯이 김성경은 (김기태와 함께) 한국 군종에 대한 최초의 박사학위논문을 작성한 장본인이었다. 그의 연구는 '최초'라는 타이틀뿐 아니라, 미국과의 '비교연구'라는 점에서도 선구적이었다. 한국의 군종제도가 미국의 강한 영향에 의해, 미국의 제도를 모방하여 성립되었다는 점에서, 미국 군종제도야말로 매우 적절한 그리고 최선의 비교대상이었다. 더욱이 처음부터 비교라는 접근방법과 시각으로 한국의 군종 연구를 방향지음으로써, 김성경은 이 주제와 관련된 온갖 분야의 사회과학적·인문과학적 상상력을 해방시키는 역할까지 수행했다. 불행히도 김성경의 이런 '비교 기획'은 후학들에 의해 거의 계승되지 않았지만 말이다.[28]

한편 정진홍은 1985년 간행된 『군진신학』에 「군진신학에 대한 비교종교학적 고찰: 타종교와의 대화를 위하여」라는 논문을 기고했다. 필자가 아는 범위에서 그는 한국에서 군종에 대한 연구를 시도한 유일한 종교학자이다. 그는 군대사회의 독특한 정황 속에서 '바람직한 타종교와의 만남'을 위해서는 (1) '행위적인' 차원에서 타종교와 더불어 '사랑/봉사의 공동체'를 형성하는 한편, (2) '이념적인' 차원에서 타종교와 더불어 '평화의 공동체'를 지향해야 한다고 주장했다. 특히 '평화의 공동체'와 관련한 그의 주장은 30여 년이 지난 지금 시점에서도 깊이 숙고할 가치가 있다고 생각된다.

군대사회 안에 있다고 해서 자기 군대의 승전만을 위하여 기도하는 그러한 종교 기능은 이미 2차 대전 때 심각한 딜레마를 겪은 바 있다. 그것은 전쟁 당사자 간에서 있을 수 있는 자기 입장의 정당성에도 불구하고 그렇다. 물론 우리는 적의 부당함과 우리의 정당함에 대한 신념을 가져야 한다. 그러나 그렇다고 해서 관념적인 이상론을 맹목적으로 따르는 비현실성을 살아서는 안 된다. 그러한 태도는 마치 죄의 현실성에 대한 고백이 없이 구원의 희열만을 읊조리는 것과 같이 우스운 일이다. 우리의 군대가 거룩한 전쟁에서의 승전만을 위해 있다고 판단하든가 우리의 입장이 불가피하게 정당하다는 논리만으로는 아직 부족하다. 보다 현실적이고 우선해야 할 중요한 것은 평화를 위한 군대, 평화를 보장하기 위한 군대라고 하는 이념을 정립해야 하는 일이다. 그러한 것이 군대 내의 종교 기능에서 여러 종교가 함께 이루려는 목표가 될 때 전쟁은 선택될 수 있을 것이고 적어도 선택되고 결단된 전쟁일 때 그것은 "보다 덜한 악"일 수가 있는 것이다.[29]

1984~1985년의 김성경과 정진홍 이후 '비신학적' 군종 연구는 다시 오랜 침묵 속으로 빠져들었다. 이들 이후 비신학적 군종 연구의 흐름을 잇는 새로운 연구자가 나타나기까지 12년이라는 긴 단절의 시간이 필요했다. 연구의 맥을 다시 이은 이들은 원재홍과 박균열과 윤선자였다. 원재홍은 1997년에 『군종 활동의 현황과 발전방향』이라는 연구보고서를 발간했고, 박균열은 2000년에 「한국군의 신앙전력 연구」라는 제목의 논문을 발표했으며, 윤선자는 2001년에 「6·25 한국전쟁과 군종 활동」이라는 논문을 발표했다.[30] 스페인어와 중남미 정치 전문가이자 육군사관학교의 교수인 원재홍은 보고서 제목에 나타난 대로 1990년대의 시점에서 '천주교 군종 활동'의 현황을 충실하게 정리하고 그에 기초하여 실천적 제언들을 도출하는 데 주력했다. 당시 육군3사관학교 교수였던 윤리학자 박균열은 1999년 전기사회학대회에서 「통일한국의 군(軍)문화와 군종」이라는 일종의 연구노트를 발표하게 되는데,[31] 이를 2000년 논문으로 발전시킨 것으로 보인다. 한국 최초의 군종장교는 신라의 승려 혜량이라는 것, 그리고 종교다원주의 현실을 고려하고 군인들의 종교자유를 보장하기 위해 한국 군종 활동의 목표 내지 지향을 기존의 '신앙전력화'에서 '신앙복지화'로 전환할 것을 제안하는 등 박균열의 논문은 몇 가지 흥미로운 주장을 담고 있다. 역사학자인 윤선자는 1999년에 천주교 군종교구의 의뢰로 군종교구사 집필 작업을 진행한 바 있고, 이때 수집된 자료들을 기초로 2001년 논문을 완성했던 것으로 보인다. 그런 만큼 윤선자의 글은 군종제도의 창립 과정 그리고 그 직후의 주요 군종 활동과 관련된 역사적 사실들을 꼼꼼하게 재구성하는 데 초점을 맞추고 있다.

오랜 공백기를 넘어 1997~2001년 사이에 재활성화 조짐을 보이던 비신학 분야의 군종 연구는 2002년 이후 다시 두 번째의 긴 공백기를 맞았다. 이미 은퇴기로 접어든 1세대 연구자들은 논외로 하더라도, 2세대 연구자들이라 할 원재홍·박균열·윤선자 역시 2002년 이후에는 군종에 관한 연구 성과를 더 이상 내놓지 않았다.[32] 결국 신학계/종교계 바깥의 군종 연구는 (1) 미국학자인 김성경과 종교학자인 정진홍이 주도한 1984~1985년의 태동기, (2) 1986~1996년의 첫 번째 공백기, (3) 스페인어/정치학 전공자인 원재홍, 윤리학자인 박균열, 역사학자인 윤선자에 이끌린 1997~2001년의 재활성화 시기를 거쳐, (4) 2002년 이후의 두 번째 공백기를 보내고 있는 셈이다. 이처럼 짧은 노동과 긴 휴식의 주기가 반복되는 와중에 의미 있는 학문적 발전을 기약하기란 정말 어려울 것이다. 김성경을 제외하면 군종 주제를 오랜 시간에 걸쳐 끈질기게 탐구하는 연구자가 없다는 것도 비신학적 군종 연구의 특징 아닌 특징이 되고 있다. 이 역시 향후 전망을 어둡게 만드는 요인이다.

한 가지 특기할 만한 일은 2015년 말에 오슬로대 한국학과의 박노자(Vladimir Tikhonov) 교수가 불교 군종에 대한 연구논문을 발표한 것이다. 2013년 여름에 이루어진 9명의 전·현직 불교 군종장교들에 대한 심층면접조사에 기초한 이 글은 (불교 쪽의 군종 연구가 전반적으로 부진한 가운데) 교학(불교학) 영역 바깥에서 이루어진 '최초의' 불교 군종 연구이다. 군종 선택의 동기가 세대에 따라 달리 나타나는 점, 군법사들이 '군종과 불살생 계율의 충돌'을 재해석하고 정당화하는 방식, 군법사들이 군대 권력자들의 '사고예방'에 대한 관심에 부응하기 위해 기존 불교교리를 변형해가면서까지 '남자다운 자기규율'을 강조하는 방식 등이 특히 흥미롭다. 아울러 군종이 국가기구와 종교시장을 맺어주는 주요한 연계 장치로 기능한다는 통찰도 주목할 만하다.[33]

3. 새로운 가능성으로서의 군종사 연구

한 가지 희망적인 징후는 1990년대 이후 군종사, 즉 군종 제도 및 활동에 대한 역사적 연구를 집대성한 비중 있는 저작들이 간헐적으로 나타나고 있다는 사실이다. 무엇보다 '군종의 역사'야말로 서로 겹도는 모습을 보여 온 종교계/신학계의 군종 연구와 비신학적 군종 연구의 '가교' 역할을 담당하기에 적절한 분야로 보인다. 연구서와 자료집의 성격이 중첩되는 경향이 있는 군종사 저작들은 신학계-비신학계, 종교계-학계 사이의 생산적인 만남과 수렴을 매개하는 학문적 광장을 제공해줄 수 있다.

1990년대 이전에는 육군, 해군, 공군의 군종감실들이 발간한 각 군 군종 역사서들이 군종사의 전부이다시피 했다. 이 시기에 군종사 분야는 전문적 연구자가 아닌 현직 군종장교들의 독무대나 다름없었다. 1990년대 들어 군대가 아닌 민간 종교계에서도 군종사 저작들이 나오기 시작하면서 이런 일방적인 상황이 조금씩 개선되는 조짐을 보였다.

1963년에 발간된 국방부 군종위원회의 『군종약사』를 필두로, 공군본부 군종감실이 발행한 『공군군종사』 제1집(1973년)과 제2집

(1986년), 육군본부 군종감실이 1975년에 발행한 『육군군종사』와 2003년에 발간한 『군종 50년사』 등이 군대 측에서 간행한 주요 역사서들이었다.[34] 아울러 육군과 공군에 비해 해군 쪽이 군종사 편찬에 가장 적극적이었음을 반드시 언급해야 할 것이다. 해군본부 군종감실은 1966년과 1976년에 『해군군종사』 제1집과 제2집을 각각 발간한 데 이어, 1993년에는 1975~1991년 시기를 다룬 『해군군종사』 제3집을, 2005년에는 1992~2003년 시기를 다룬 『해군군종사』 제4집을 발행했다. 이 책들은 신종선(1집), 안광춘(2집), 장내성(3집) 등 현역 해군 군종장교들에 의해 집필되었다. 한국기독군인연합회가 2007년에 발간한 『한국 OCU/MCF 50년사: 1956~2006』도 넓은 의미에서 군대 측의 군종사 성과물 목록에 포함시킬 수 있을 것이다.[35]

특히 '군종 병과 창설 25주년'을 기념하여 육군본부 군종감실이 기획하고 김기태 군목이 대부분을 집필했던 『육군군종사』의 영향력은 1990년대까지도 거의 절대적이었다. 1990년대까지 군종사 관련 서술들은 대개 각군 군종감실이 발행한 공식 역사서들을 벗어나지 못한 채, 그 한계 안에서 맴돌면서 거기에 기술된 사실들을 천편일률적으로 반복하곤 했다. 따라서 한국 군종사 연구의 수준과 한계는 군(軍) 당국이 발간한 공식 역사서들의 그것과 정확히 일치할 수밖에 없었다. 한 예로, 군종장교 출신인 박성원 목사가 1990년 발행된 『군선교 신학』의 부록으로 작성한 적잖은 분량의 「군종 약사」 역시 기존의 각군 군종사들을 단순히 종합한 수준에 머물렀다.[36]

각 군 군종사들의 영향력은 지금도 여전히 막강하다. 그러나 군부가 편찬 과정을 주도하고 군 당국의 검열과 인가를 받아 발행하는 각

군 군종사의 한계 역시 뚜렷하다. 역대 군종감 중심의 서술 방식도 문제라 할 만하지만, 무엇보다 이 책들은 군 당국 및 군종장교들의 입장과 이해관계를 우선적으로 반영하며, 그런 관점에서 일정하게 편집된 것일 수밖에 없다. 때문에 어떤 대목은 불필요할 정도로 과도하게 부각된 반면, 어떤 대목은 고의적으로 모호하게 처리되어 있다. 예컨대 1962년에 군종감을 포함하여 10여 명의 영관급 군종목사들이 한꺼번에 예편을 하고 군종 병과가 아닌 보병 장교가 군종감직을 일시적으로 대리하는 엄청난 사태가 발생했는데도, 『육군군종사』는 "여러 가지 인사관리 면에서의 불미스러운 일", "군종장교 후보생 선발과정에서 불미스러운 사건", "각 교파 간의 계속되는 분쟁" 등으로 지극히 간략하고도 모호하게 서술했을 뿐이다.[37] 1961년 당시 육군 전체에 군종신부가 단 2명만이 남아 있던 상태에서 한꺼번에 18명의 육군 군종신부가 충원되는 기이한 일이 벌어졌는데도 『육군군종사』는 이에 대해 아무런 언급도 하지 않았다. 2002년에 『천주교 군종교구사: 군사목 50년사』가 발간되어 이런 일들의 상세한 내막이 밝혀지기까지 27년이라는 긴 세월이 필요했다.[38]

한편 교단 차원의 군종사 편찬 작업에서 가장 앞서간 곳은 오히려 군종 참여의 후발주자였던 불교 쪽이었다. 1986년에 군법사단이 『불교군종사』를 펴냈던 것이다. 이 책은 교단 차원의 군종사로는 최초의 성과였다. 불교의 군종 참여 40주년이 되는 2008년에도 조계종 군종특별교구가 『불교군종사: 군승 40년사』를 발간했다.[39] 불교 군종사는 군종을 둘러싼 종교정치, 특히 국가를 가운데 두고 군종에 진입하려는 시도와 진입을 차단하려는 시도가 갈등적으로 교차하는 과정, 그리고 (이런 종교정치도 하나의 배경으로 작용하면서) 군종 참여 종교의 다원화가 제도 내부에서의 종교적 협력보다는 종교 간 경쟁을 촉진하는 결과로 이어지는 과정을 정밀하게 관찰하는 데 유용하다.

1987년에 정치학자인 홍순호 이화여대 교수는 '천주교 군종사' 연구의 부진함을 강조하면서 귀중한 사료들의 방치나 망실을 개탄하는 소논문을 쓴 바 있다.[40] 그는 정확히 3년 후인 1990년에『씨앗이 열매로: 성당축성 30주년기념 본당사』가 출간되었다는 사실로 다소의 위로를 받았을 것이다.[41] 「편찬 후기」에서 확인할 수 있듯이, 이 책은 육군사관학교 교수이자 국문학자인 이기윤에 의해 집필되었다. 더욱 중요한 저작은 2002년에 출간된『천주교 군종교구사: 군사목 50년사』였다. 이 책은 네 명의 각기 다른 전공분야에 속한 육군사관학교 교수들에 의해 집필되었다. 「군종교구사」 부분은 1990년에 육사본당사를 집필한 바 있던 이기윤이, 「본당사」는 1997년에『군종 활동의 현황과 발전방향』을 저술했던 원재홍이, 「군종후원회사」와 「부록」은 중문학자인 김경현이, 마지막으로 「연표」(年表)는 역사학자인 이현수가 각각 집필했다. 앞서 지적했듯이 비록 출간되지는 못했지만 윤선자 교수 역시 1999년에 군종교구사 집필 작업을 수행한 바 있다.

천주교의 군종사가 출간된 이듬해인 2003년에 개신교 교단 중 처음으로 대한예수교장로회 고신 교단이『총회(고신) 군선교 48년사』를 발간했다.[42] 그러나 이 책은 제목과는 어울리지 않게 고신 교단 군선교의 '역사'보다는 '현황' 정리에 대부분의 지면을 할애하고 있다. 따라서 개신교 최초의 본격적인 교단 군종사는 역사학자인 이덕주 교수가 집필하여 2015년 초에 발간한『한국 감리교회 군선교 66년사:

1948~2014』라고 보아야 할 것 같다.[43] 아마도 이를 계기로 군종제도에 참여하고 있는 다른 개신교 교단들도 속속 '교단 군종사' 집필 작업을 서두를 것으로 예상된다. 역시 2015년에 백창현 목사가 엮고 저술한 『대한민국 군종목사 67년사』가 한국군목회에 의해 출간되었다.[44] 육군·해군·공군 군목들에 관한 정보가 한군데에 집대성되어 있다는 점이 이 책의 장점이다.

물론 교단·종교 및 개별 군대교회·군대사찰의 역사 서술에서도 학문 외적인 요인들의 과도한 개입, 그로 인한 학문적 타협에의 유혹은 무시할 수 없는 걸림돌이다. 그러나 군 당국을 대신한 교회·교단 당국의 간섭과 압력, 그리고 (이해당사자로서 자신들의 행적이 어떻게 서술되고 평가될지에 예민한 관심을 가질 수밖에 없는) 전직·현직 군종장교와 후원조직 관계자들의 온갖 간섭·압력 속에서도 다양한 분야의 전문 연구자들이 교단·교회·사찰 군종사 작업에 참여하여 의미 있는 결실들을 산출하고 있다. 최근의 교단 군종사 연구들을 통해 보조군목제도, (군종장교가 아닌) 민간인 성직자들의 군종 활동, 전도사·수녀와 같은 여성 종교인들의 군종 활동이 보다 세밀하게 밝혀지는 등 가시적인 성과들이 속속 나타나고 있다. 앞으로 다른 개신교 교단들과 원불교 쪽에서도 '교단 군종사' 작업을 전개하게 된다면, '군종 연구 르네상스' 의 도래를 기대할 수도 있는 튼실한 사료적 기반이 구축될 것이다.

군대의 직접적인 영향권에서 벗어난 전문적인 민간인 연구자들에 의해 집필된 군종사 저작들이 하나씩 공개되면서, 그리고 이를 통해 사실 관계 자체가 불분명했거나 의견이 분분했던 쟁점들이 상당 부분 정돈되어가는 모습을 보면서, 우리는 '역사적 사실들'의 내실 있는 발굴과 축적이 없이는 어떠한 의미 있는 학문적 발전도 가능할 수 없음을 새삼 깨닫게 된다. 기존의 군종사들은 국방부·육군·해군·공군·해병대 등을 먼저 구분하고, 다음으로는 각 군 내부에서 본부로부터 시작하여 예하 부대별로 나눠 연대기적으로 주요 활동이나 업적을 기술하는 방식으로 이루어졌다. 이 때문에 '주제'와 '쟁점'을 중심으로 파고들다보면 허술한 부분들이 수없이 노출되곤 했다. 예를 들어 초기의 '무보수 촉탁' 시절이나 '문관' 시절에 군종들은 어떤 복장을 하고 있었을까? "당시는 군복을 입지 못한 무보수 촉탁"이었다는 주장,[45] "군목의 복장 통일도 없이 십자가 뺏지 하나를 달고 일하는데"라는 언급,[46] "목사님들이 입었던 / 최초의 군복 속엔 / 그토록 흔한 계급장도 없었습니다"라는 시구(詩句)[47] 가운데 과연 어떤 것이 정확한 표현일까? 천주교와 감리교의 군종 역사서에 수록된 여러 장의 군종 초창기 사진들이 이 논란을 일거에 해결해주었다. 민간인 신분(무보수 촉탁, 문관)임에도 불구하고 초기 군종들은 모두 통일된 군복을 착용했으며, 군모(철모와 전투모 모두)에 십자가 휘장을 달았고, 군복 상의(上衣) 칼라의 휘장이나 견장은 없었고, 천주교의 군종신부는 군복 안에 로만칼라가 포함된 사제복을 착용했음을 확인할 수 있는 것이다.

두 가지만 예를 더 들어보자. 『육군군종사』에는 "무보수 촉탁 시대의 1년 3개월 만에 1952년 6월 16일 국인명(國人命) 제58호로 4명이 문관 2급 4호로, 59명이 2급 6호로, 76명이 3급 8호로, 계 139명이 문관으로 정식 임명되어 최초로 유급(有給) 군목으로 일하게 되었다"는 대목이 나온다.[48] 그런데 "2급 4호"나 "2급 6호", "3급 8호" 등이 현역 군인에 견주어 어느 정도의 계급에 해당되는 것인지에 대해서는 아무런 설명도 없다. 우리는 (천주교 군종교구사 집필 작업을 수행한) 윤선자의 2001년 논문을 통해 신부와 목사인 '정군목'에게는 현역 중령 대우인 2급이, 신학생이나 전교회장인 '보조군목'에게는 현역 대위 대우인 3급이 주어졌음을 비로소 확인할 수 있게 된다.[49]

역시 『육군군종사』에는 "1971년 1월 15일부로 병과장 T/D가 준장으로 결정되게 되었다"고 기술하고 있지만,[50] 왜 이 결정이 실제로 이행되지 못했는지에 대해선 설명이 없다. 그러다 1990년대 들어 "군의 하부구조 강화 차원에서 군 조직 개편에 의해 군종 병과장을 장군에서 대령으로 하향조정"했다고 한다.[51] 그러나 이런 모호한 서술은 드러내는 정보보다 감추는 정보가 더 많은 법이다. 이후 이명박 정부 시기에 (아마도 군종장교들에 의해) 군종 병과장 계급의 장군 진급 요청이 또 이루어졌다고 하나,[52] 우리도 알고 있듯이 이 요구는 받아들여지지 않았다. 결국 군종장교들의 진급 상한, 즉 군종 병과장(군종감)의 계급이 서류상으로만 승강(昇降)을 했을 뿐 실제로는 한 번도 장군(준장)으로 올라가보지 못한 채로 지금도 대령 수준에 머물러 있는 셈인데, 그 흥미로울 내막을 알려주는 문헌은 찾을 수 없는 것이다.

이처럼 단순한 연대기적 서술을 넘어 '주제별/쟁점별 연구'의 영역으로 들어가면, 여전히 불명확하게 남아 있는 '중요한 세부사항들'(significant details)과 자주 마주치게 된다. 위에서 언급한 복장과 계급 문제 역시 나라별 군종제도의 특징을 잘 보여주는 지표이자 군종 연구의 주요 초점들에 속한다. 군종들의 신분이 민간인인지 현역 장교인지, 후자일 경우 그들에게 어떤 계급이 주어지는지, 군종장교들의 진급과 관련된 주요 결정들―기간, 심사 과정·주체 등―은 누구에 의해 어떻게 내려지는지, 군종들이 통일된 제복을 착용하는지, 그것은 현역 군인들의 군복과 얼마나 유사한지, 군복에 부착하는 휘장은 어떤 것인지, 특히 계급장을 부착하는지 등이 복장 및 계급과 관련된 주요 쟁점들이다. 한국에서도 그러하듯이, 군종제도에 참여하는 종교와 교단의 범위가 어디까지인지, 참여자격 내지 선정 기준은 무엇이고 그것이 어떻게 변화되어왔는지도 군종 연구의 뜨거운 쟁점으로 남아 있다. 아울러 위계적이고 관료화된 군종조직이 발전된 정도, 전체 군대조직 내부에서 군종조직이 누리는 상대적 자율성의 정도, 군종장교단의 규모와 종교·교단별 비율(쿼터), 군종장교의 선발 과정·기준과 배치, 군종의 질적 심화를 위한 전문적 교육기관·프로그램 및 정기적·부정기적 출판물, 교단과 군종장교의 관계(예컨대 교단이 특정 군종장교에 대해 소환권을 행사할 수 있는지 여부), 군종 활동에 대한 교단의 관심과 참여·후원의 정도 등도 중요하고 흥미로운 주제들이다. 앞으로 이런 쟁점·주제 중심의 역사적 연구 성과들이 더 많이 산출되어야 군종 연구의 실질적인 도약이 가능해질 것이다.

4. 대안: 비교연구, 평화학적 지향, 조직−제도적 접근

필자는 신학·교학 외부의 군종 연구, 즉 비신학적 군종 연구가 1980년대 중반에 매우 '이상적인' 출발을 했다고 생각한다. 앞서 보았듯이 김성경과 정진홍이 바로 그 주역들이었다. 필자는 이들이 각각 '비교 접근'과 '평화학적 접근 혹은 지향'의 가능성을 개척했다는 점에서 군종 연구에 중요하게 기여했다고 판단한다. 이 책의 1장에서도 설명했다시피, 필자가 제안하는 대안적 군종 연구의 방향은 (1) 평화학적 접근 혹은 지향, (2) 동시화·역사화된 비교연구, (3) 조직-제도적 접근의 세 가지로 압축된다.

우선, 정진홍은 군대라는 공간을 '종교 간의 만남·대화·협력의 장'으로 재해석할 수 있는 전망을 제시했다. 나아가 그는 (앞서 제시한 인용문에서도 확인할 수 있듯이) 군종 연구가 '평화학/평화연구'와 수렴될 수 있는 새로운 지평을 열어 보이고 있기도 하다. 필자는 특히 후자의 잠재력을 강조하고 싶다. 역시 1장에서 언급했듯이 평화학적 지향을 갖게 될 때 군종 연구는 '비판적 학문'으로 새롭게 자리매김 될 수 있을 것이다.

둘째, 김성경은 미국과 한국의 군종에 대한 '비교연구'를 시도했다는 점에서 모범적이었다. 앞서 기술했듯이 "한국의 군종제도가 미국의 강한 영향에 의해, 미국의 제도를 모방하여 성립되었다는 점에서, 미국 군종제도야말로 매우 적절한 그리고 최선의 비교대상"이었기 때문이다. 필자는 군종 연구에 대한 김성경의 이런 방법론적 제안이 지금도 여전히 유효하다고 판단하지만, 아울러 그의 비교방법을 더욱 정교하게 다듬을 필요가 있다고 생각한다. 1장에서도 간략히 소개했지만 필자가 생각하는 대안적 접근의 요체는 비교분석 자체를 '동시화'(synchronization)와 '역사화'(historicization)의 방향으로 발전시키는 것이다.

셋째, 군종들이 자신들만의 고유한 '제도적·조직적 이익'을 발전시키는 경향이 있음을 강조하는 접근, 즉 필자가 '조직-제도적 접근'이라고 부르는 접근을 앞의 두 가지 접근과 결합시키면 군종 연구를 위한 방법론적 완성도가 한결 높아질 것이라고 생각한다. '조직적/제도적 접근'에 대해서도 1장에서 소개한 바 있다. 이 접근의 요체는 다음과 같이 정리될 수 있다. 군종은 (1) 교단 지도자와 군대 지휘관이라는 '두 상전'만이 아니라 군종단의 상급자까지 포함하는 '세 상전'을 섬겨야 하는 복잡한 조직적·제도적 맥락 안에 놓이며, (2) 군대라는 특수한 환경 속에서 생존하고 적응하기 위해 '제도적 성장 욕구'와 '제도적·인간적 인정 욕구'에 강하게 이끌리는 가운데, (3) 자신들만의 '독자적인 조직적·제도적 이익 관념'을 발전시키는 경향을 보인다는 것이다.

1장 서장: 군종의 역사성과 보편성

1. Ralph W. Mathisen, "Emperors, Priests, and Bishops: Military Chaplains in Roman Empire," Doris L. Bergen ed., *The Sword of the Lord: Military Chaplaincy from the First to the Twenty-First Century*, Notre Dame: University of Notre Dame Press, 2004, pp. 31-35.

2. David S. Bachrach, "The Medieval Military Chaplain and His Duties," *The Sword of the Lord*, pp. 69-84.

3. 이욱, 「조선 전기 유교국가의 성립과 국가제사의 변화」, 『한국사연구』 118집, 2002, 186-187쪽.

4. 조지 L. 모스, 『전사자 숭배: 국가라는 종교의 희생제물』, 오윤성 역, 문학동네, 2015, 16쪽.

5. 신양섭, "세계의 군종업무", 《기독교사상》, 1971년 2월호, 52쪽; 오덕교, 「군복음화 50년의 역사: 한국기독교군선교연합회를 중심으로」, 『신학정론』 39집, 2002, 484쪽.

6. 신양섭, 「세계의 군종업무」, 52쪽; 《불교신문》, 2004.11.30.

7. 박응규, 「한국의 군종제도와 기독교」, 『성경과 신학』 66권, 2013, 230쪽;

이힘, "군인 신자, 그리스도의 증거자로 이끌어야", 《가톨릭평화신문》, 2016.6.15.

8. 이종인·최광현, 『장병 종교 활동 제도 개선방안 연구』(연구보고서), 한국 국방연구원, 2003, 34쪽에서 재구성. 지역 분류가 잘못된 나라들(그리스, 트리니다드토바고)이나 중복 분류된 사례(잠비아)를 필자가 조정했다.

9. L. A. Benjamin, "Opening of the First International Military Chief of Chaplains Conference," http://www.navy.mil.za/archive/0902/090204_Chaplains_conference/article.htm(2014.2.10 출력).

10. 다음 글은 이 회의에 리투아니아, 체코, 덴마크, 네덜란드, 노르웨이, 캐나다, 폴란드, 독일, 이탈리아, 미국의 군종 대표들이 참가했음을 밝히고 있다. Brian R. Van Sickle, "NATO chaplains work to be Stronger Together," June 28, 2010. 유럽 주둔 미군사령부(United States European Command: EUCOM)의 군종책임자가 직접 쓴 이 글은 EUCOM 공식 블로그에 게시되어 있다. http://www.eucom.mil/blog-post/22195/nato-chaplains-work-to-be-stronger-together(2014.2.10 출력).

11. 이석우, 「종교다원화 군(軍) 문화권에서 본 군선교에 대한 선교신학적 고찰」, 『선교와 신학』 26호, 2010, 150-151쪽.

12. Peter G. Moll, "Military Chaplaincy and Unjust Wars," *Journal of Theology for Southern Africa*, vol. 53, 1985, p. 15.

13. 따지고 보면, '군종단의 상관'이란 것도 '소속 교단이 같은 군종단의 상급자'와 (대체로 소속 교단이나 종교가 다른) '군종 병과 자체의 상급자'로 다시 나뉜다.

14. 그리스도교 전쟁교리의 역사적 변화에 대해서는 이 책 5장과 7장에서

다시 다루게 될 것이다.

2장 독점에서 준(準)독점으로: 특권으로서의 군종

1. 문화체육관광부 편, 『한국의 종교현황』, 문화체육관광부, 2008, 23쪽.

2. 김관식, 「한국의 기독교회」, 김흥수 편, 『해방 후 북한교회사』, 다산글 방, 1992[1947], 319쪽.

3. 조선예수교장로회 총회, 『조선예수교장로회 총회 제35회 회의록』, 조선 예수교장로회 총회, 1949.4.19~4.23, 68쪽.

4. 김순권, 「목회학적으로 조명해본 군대목회와 민간목회」, 대한예수교장 로회총회 군선교부 편, 『군선교신학』, 대한예수교장로회총회 출판국, 1990, 316쪽.

5. 손은혜 편, 『우리들은 이 바다 위해: 손원일 제독 회고록』, 가연기획, 1990, 167-168쪽.

6. 해군본부 군종감실 편, 『해군군종사』(제3집), 해군본부, 1993, 12-17, 45, 461쪽.

7. 위의 책, 12-16, 18-19, 27, 45쪽.

8. 위의 책, 12쪽. 해군의 경우 해군본부 군종실이 설치된 1950년 12월 10일을, 해병대의 경우 해병대사령부 군목실이 설치된 1951년 5월 27일을 '비공식 활동'에서 '공식 활동'으로 넘어가는 기점으로 보고 있 다(같은 책, 18-19, 28쪽).

9. 캐롤 신부와 같은 미국 메리놀회 소속 선교사였다가 1950년 9월 7일 부터 문관 신분의 미군 군종으로 활동한 패트릭 클리어리 신부는 도 쿄에 있던 극동사령부 군종본부의 책임자인 베넷 대령과 함께 "가톨릭 군종단 책임자인 존 AG(대위, 볼티모어) 신부"에 대해 언급하는데, 아마

도 이 사람이 "존 단 신부"인 것으로 보인다. 패트릭 헨리 클리어리, 『흥남 부두의 군종신부: 메리놀회 클리어리(길) 신부의 6·25 종군기』, 최정오 역, 메리놀외방전교회, 1991, 39쪽 참조.

10. 김계춘, "군종 20년의 발자취와 전망", 《경향잡지》, 1973년 10월호, 22쪽.

11. 육군본부 군종감실 편, 『육군군종사』, 육군본부, 1975, 40쪽. 원문에는 캐롤 신부의 영문 표기가 'Jorgy N Carol'로 되어 있던 것을 'George N. Carroll'로 바꾸었다.

12. 육군본부 군종감실, 『육군군종사』, 40쪽. 원문에는 '거출'의 한자 표기가 '據出'로 되어 있던 것을 '醵出'로 바꾸었고, 같은 문장 서두의 '그러나'를 '그러니'로 고쳤다.

13. 박성원, 「군종 약사」, 대한예수교장로회총회 군선교부 편, 『군선교신학』, 예장총회 출판국, 1990, 393-394쪽.

14. 공군본부 군종감실 편, 『공군군종사』(제2집), 공군본부, 1986, 53-54쪽.

15. 해군본부 군종감실, 『해군군종사』(제3집), 21쪽.

16. 김계춘, "군종 20년의 발자취와 전망", 23쪽.

17. 해군과 공군 군종은 '무급(無給) 촉탁'이라는 단계를 아예 건너뛰어 처음부터 '유급(有給) 문관' 신분으로 시작했고, 육군 역시 군종 출범 후 불과 16개월 만에 유급 문관으로 전환했다. 제도 변화의 이런 엄청난 속도에 주목해보면, 그리스도교 독점 체제가 과연 순전히 불가피한 사정(즉 재정 부족) 때문이었나 하는 의구심이 들기도 한다.

18. 육군본부 군종감실, 『육군군종사』, 267-268쪽의 '기별 군종장교 명단' 참조.

19. 위의 책, 272, 274, 278쪽; 백창현 편저, 『대한민국 군종목사 67년사』, 한국군목회, 2015, 523-528쪽.

20. 김기태, 『군선교의 이론과 실제』, 보이스사, 1985, 289쪽.

21. 대한예수교장로회 총회, 『대한예수교장로회 총회 제39회 회의록』, 대한예수교장로회 총회, 1954.4.23~4.27, 288-289쪽.

22. 육군본부 군종감실, 『육군군종사』, 272-299쪽; 백창현, 『대한민국 군종목사 67년사』, 538-603쪽 참조.

23. 대한예수교장로회 대신총회 홈페이지(www.pckd1961.or.kr)의 '총회' 중 '총회 역사' 참조(2017.1.31 검색). 대신 교단 홈페이지의 '총회 역사'에서는 "국방부 군종실로부터 군목 후보생요원 추천교단으로 선정"된 시점을 1970년으로 기록하고 있다. 그러나 『육군군종사』와 『대한민국 군종목사 67년사』는 모두 이 시점을 1967년 11월 25일로 기록하고 있고, 필자 역시 이를 따르고자 한다.

24. 『육군군종사』에는 세 사람 모두 '예성'으로 분류되어 있지만, 『대한민국 군종목사 67년사』에는 김영훈 목사만 '예성' 소속으로, 나머지 두 사람은 '기성' 소속으로 분류되어 있다.

25. 『육군군종사』에 따르면, 1973년 1월 6일에 기독교대한하나님의성회(기하성) 교단에서는 처음으로 박인본이 군종 30기로 입대했다. 이처럼 『육군군종사』에서는 박인본이 '성회'(하나님의성회) 소속으로 간주되었지만, 『대한민국 군종목사 67년사』에서는 그가 '예장 대신' 소속으로 분류되어 있다. 기하성 소속의 육군 군종 요원 명단이 연속성을 갖고 등장하는 것은 2000년 7월 이후이고, 공군은 2001년 7월 이후, 해군은 2004년 7월 이후이다. 따라서 『육군군종사』의 기록이 오류일 가능성이 높아 보인다.

26. 불교군종사편찬위원회 편, 『불교군종사』, 군법사단, 1986, 56-65쪽.

27. 석림동문회 편, 『한국불교현대사』, 시공사, 1997, 182-183쪽.

28. 대한불교조계종 군종특별교구 홈페이지(www.gunindra.com)의 '군종특별교구소개' 중 '연혁'에서 재구성(2017.1.24 출력).

29. 불교군종사편찬위원회, 『불교군종사』, 69-71쪽.

30. 법제처 '국가법령정보센터' 홈페이지(www.law.go.kr)의 '군인사법' 항목 (2017.2.2 검색).

31. 군종교구사편찬위원회 편, 『천주교 군종교구사: 군사목 50년사』, 천주교군종교구, 2002, 72쪽.

32. 강인철, 『저항과 투항: 군사정권들과 종교』, 한신대학교출판부, 2013, 304-306쪽.

33. 위의 책, 74쪽.

34. 위의 책, 76쪽.

35. 최용호, 『한권으로 읽는 베트남전쟁과 한국군』, 국방부 군사편찬연구소, 2004, 135-146쪽; 유인선, 『새로 쓴 베트남의 역사』, 이산, 2002, 383쪽.

36. 박태균, 『베트남전쟁: 잊혀진 전쟁, 반쪽의 기억』, 한겨레출판, 2015, 23쪽.

37. 윤충로, 「베트남전 참전의 안과 밖」, 오제연 외, 『한국현대생활문화사, 1960년대: 근대화와 군대화』, 창비, 2016, 167-168쪽.

38. 강인철, 『저항과 투항』, 318-322쪽.

39. 위의 책, 64-72, 307-322쪽; 강인철, 『한국의 종교, 정치, 국가: 1945~2012』, 한신대학교출판부, 2013, 75-83쪽 참조.

40. 불교군종사편찬위원회, 『불교군종사』, 74, 77쪽. 첫 번째 인용문에서 '유준호'를 '유호준'으로 바로잡았다. 『불교군종사』에서 유호준 목사의 이름을 부정확하게 표기하는 바람에, 이 책에 의존하는 다른 대부분의 불

교계 문헌들에서도 같은 오류가 반복되고 있다. "한국기독교연합회 주최로 열린 기독교지도자협의회"라는 표현도 정확하지 않다. 한국기독교교회협의회(NCCK)의 전신인 '한국기독교연합회'(한기련)와 '한국기독교지도자협의회'(기지협)는 엄연히 다른 단체이다.

41. 불교군종사편찬위원회, 『불교군종사』, 78, 80-81쪽.

42. 위의 책, 85-86쪽.

43. 불교사학연구소 편, 『한국 현대불교사 일지』(《승가》12호 별책), 중앙승가대학, 1995, 194쪽.

44. 1998년의 참여 교단 내역은 파악하지 못했다. 1971년도의 정보는 한국기독교교회협의회 편, 『기독교연감: 1972』, 한국기독교교회협의회, 1972, 78쪽; 1990년 수치는 박성원, 「군종 약사」, 353쪽; 1998년 수치는 김창제, 『군선교: 21세기 한국교회 부흥의 유일한 돌파구』, 대서, 2009, 250쪽; 2003년 수치는 이종인·최광현, 『장병 종교 활동 제도 개선방안 연구』, 57, 73쪽; 2010년 수치는 박응규, 「한국의 군종제도와 기독교」, 250쪽; 2016년 수치는 한국기독교군선교연합회 홈페이지(www.v2020.or.kr)의 '군선교사역' 중 '교단 및 유관기관'(2017.1.24 출력) 참조.

45. 우세관, "군종장교 승인받다", 《원불교신문》(온라인판), 2006.3.31.

46. 장하열, 「원불교 군교화 전략의 새로운 모색」, 『원불교사상과 종교문화』 35호, 2007, 189쪽.

47. 우세관, "군종 관계법 개정의 의미와 전망", 《원불교신문》(온라인판), 2002.11.29.

48. 법제처 '국가법령정보센터' 홈페이지(www.law.go.kr)의 '군인사법'과 '병역법' 항목(2017.2.2 검색).

49. 장하열, 「원불교 군교화 전략의 새로운 모색」, 189-190쪽.

50. 위의 글, 190쪽.

51. 《원불교신문》(온라인판), 2011.11.18.

52. 순서대로, 《원불교신문》(온라인판), 2006.5.12, 2009.3.13.

53. 법제처 '국가법령정보센터' 홈페이지(www.law.go.kr)의 '군인사법' 항목 (2017.2.2 검색).

54. 우세관, "군종교무 길 열었다", 《원불교신문》(온라인판), 2002.11.29.

55. 군종교구사편찬위원회, 『천주교 군종교구사』, 72쪽.

56. 불교군종사편찬위원회, 『불교군종사』, 80쪽.

57. 육군본부 군종감실, 『육군 군종사』, 91쪽.

58. 강인철, 『민주화와 종교: 상충하는 경향들』, 한신대학교출판부, 2012, 107-109, 192쪽.

59. 이종인·최광현, 『장병 종교 활동 제도 개선방안 연구』, 43쪽.

60. 법제처 '국가법령정보센터' 홈페이지(www.law.go.kr)의 '병역법 시행령' 항목(2017.2.2 검색).

61. 이종인·최광현, 『장병 종교 활동 제도 개선방안 연구』, 47쪽.

62. 박응규, 「한국의 군종제도와 기독교」, 249쪽.

63. 그런데 '국내 신자 수 2%, 군내 신자 수 1%' 기준이 실제로 잘 준수되고 있는지는 더 확인해봐야 할 것 같다. 한 예로, 2009년 9월 조계종의 '신흥불교 군종장교 파견 관련 대책위원회' 위원장인 정범 스님은 "국방부에서 정한 진입 대상 종교 선정 기준 국민 전체 신자 수 0.2%(약 8만 명), 군내 신자 수 0.1%(약 500명)에 준할 경우 소수 종교도 군종 장교의 배치를 승인할 수 있다"고 《법보신문》 기자에게 말했다고 한다[최승현, "천태-진각도 원불교처럼 군종장교 독자 파송", 《법보신문》(온라인판), 2009.9.15]. 100만 명 대 8만 명(국내 신자 수), 5천 명 대 5백 명(군

내 신자 수)의 차이는 엄청난 것이다. 그런데 다음 기사를 보면, '군내 신자 수 약 5천 명'이 군종장교 1명을 배정받을 수 있는 기준이 맞을 가능성이 높다고 판단된다(같은 이유로 군내 신자 수 5천 명이 넘어야 군종 참여자격을 얻을 수 있다는 얘기가 되는 셈이다). "국방부 군종실은 2008년 말 신자 수 기준, 원불교 군종장교 배정 가능 인원이 1.75명임에도 1명을 추가 배정하려는 것은 수용 곤란하다는 입장을 밝혔다.……논산훈련소와 육군 부사관학교에서 입교해 확보한 신자 수만 해도 6천 2백 명이 넘는다. 원불교 교립 학교를 통해 한 해에 1만 명이 넘는 학생들이 졸업하는 것을 볼 때 군종실의 주장은 기득권 보호로밖에 안 보인다"[나세윤, "군종 승인 3주년, 해결 과제 산적", 《원불교신문》(온라인판), 2009.3.13]. 원불교 측은 2008년 말 현재 군내의 원불교 신자 수가 5천 명을 넘어 1만 명에 가까우니 "원불교 군종장교 배정 가능 인원이 1.75명"이라고 주장하고 있는 것으로 보인다. 그러나 위에서 인용한 《법보신문》 기사에서 정범 스님은 2009년 당시 원불교의 "군내 신자 수가 700여 명에 채 미치지 못하고" 있다고도 말했고, 원불교 교단이 2004년 10월 "1,700여 명의 군복무 중인 원불교 군교도 명단"을 제출하며 원불교의 군종 참여를 국방부 장관에게 청원했던 사실(장하열, 「원불교 군교화 전략의 새로운 모색」, 189쪽)을 고려하면, 원불교 군종 참여가 승인된 2006년 3월 당시 군내 원불교 신자 수는 5천 명에 미달했을 가능성이 높아 보인다. 만약 그렇다면 군내 신자 수 5천 명이 군종 참여자격 기준으로 정해져 있을지라도, 이것이 반드시 준수해야만 하는 필수 규정은 아니었다는 얘기가 되는 것이다.

64. 법제처 '국가법령정보센터' 홈페이지(www.law.go.kr)의 '병역법' 및 '병역법 시행령' 항목(2017.2.2 검색).

65. 박응규, 「한국의 군종제도와 기독교」, 249쪽.

66. 《연합뉴스》, 2006.3.24; 장하열, 「원불교 군교화 전략의 새로운 모색」, 189쪽.

67. 이종인·최광현, 『장병 종교 활동 제도 개선방안 연구』, 16-17쪽에 나오는 표현들인데, 기존 군종장교들의 인식을 비교적 잘 대변하고 있다는 판단에서 인용한 것이다. 같은 보고서의 25-26, 46, 56-57쪽도 볼 것.

68. 《연합뉴스》, 2006.3.24.

69. 주5일 근무제가 정착됨에 따라 종교의례와 관련된 문제제기, 예컨대 "토요일에 종교행사를 해 군 훈련과 중복"된다는 주장도 설득력을 잃을 수밖에 없다.

70. 이종인·최광현, 『장병 종교 활동 제도 개선방안 연구』, 73쪽.

71. 김범태, "군종장교 운영심사위 열린 국방부 현장 스케치", 《재림마을뉴스》(온라인판), 2006.3.27.

72. 이학종, "국방부 군법사 파송 거부에 천태종 뿔났다", 《미디어붓다》, 2014.12.11.

73. '세계평화통일가정연합 분당교회'의 다음 카페(cafe.daum.net/familyuni) 중 2009년 7월 14일 작성한 "통일교 군종 추진을 위한 군 입대자 및 군입대 대상자 파악 요청"이라는 글(2017.2.4 출력). http://cafe.daum.net/familyuni/Otqk/60?q=%C5%EB%C0%CF%B1%B3%20%B1%BA%C1%BE

74. 《세계일보》(온라인판), 2014.7.1.

3장 공동운명체: 교단과 군종의 관계

1. 한국기독교사료수집회 편, 『한국기독신교연감: 1964년도판』, 경천애인

사, 1964, 400-401, 618-620쪽; 한국기독교사료수집회 편, 『한국기독교연감: 1967년도판』, 백합출판사, 1967, 407-408쪽 참조.

2. 한국기독교교회협의회, 『기독교연감: 1972』, 78쪽 참조.

3. 서경룡, 「한국 가톨릭교회와 군사목」, 가톨릭대학교 석사학위논문, 1990, 45-51쪽; 군종교구사편찬위원회, 『천주교 군종교구사』, 798-800쪽; 공덕종, "보다 튼튼한 그물을: 교회발전을 위해 군종후원회 참여를 바란다", 《경향잡지》, 1977년 10월호, 33-34쪽.

4. 한국가톨릭군종후원회 편, 『평화의 파수꾼: 군종신부들의 글모음』, 한국가톨릭군종후원회, 1990, 9, 38쪽.

5. 천주교 군종교구 홈페이지(www.gunjong.or.kr)의 '교구' 중 '교구 연혁'에서 재구성(2017.1.24 검색).

6. 이석우, 「종교다원화 군(軍) 문화권에서 본 군선교에 대한 선교신학적 고찰」, 152쪽.

7. 《한국기독공보》, 1972.2.26.

8. 《크리스챤신문》, 1972.9.2.

9. 백창현, 『대한민국 군종목사 67년사』, 672-673쪽; 한국기독교군선교연합회 홈페이지(www.v2020.or.kr)의 '군선교 사역' 중 '교단 및 유관기관'(2017.1.24 검색).

10. 한국기독교군선교연합회 홈페이지(www.v2020.or.kr)의 'MEAK' 중 '군선교연합회 연혁'과 '군종 연혁'에서 재구성(2017.1.24 검색).

11. 대한불교조계종 군종특별교구 홈페이지(www.gunindra.com)의 '군종특별교구 소개' 중 '연혁'에서 재구성(2017.1.24 검색).

12. 석림동문회, 『한국불교현대사』, 186, 189쪽; 《원불교신문》, 2011.11.18.

13. 양현수, 「원불교」, 원광대학교 원불교사상연구원 편, 『원불교대사전』, 원

불교출판사, 2013, 792-793쪽.

14. 한국가톨릭군종후원회, 『평화의 파수꾼』, 321, 234쪽.

15. 위의 책, 282쪽.

16. 위의 책, 237-238쪽.

17. 불교군종사편찬위원회 편, 『불교군종사: 군승 40년사』, 대한불교조계종 군종특별교구, 2008, 181쪽.

18. 최승현, "공관병 갑질 박찬주 대장, 교회 간증서 '3,700만 복음화 비전'", 《뉴스앤조이》, 2017.8.4; 김유민, "박찬주 간증 영상 '초코파이 전도로 3700만 복음 가능'", 《서울신문》(온라인판), 2017.8.6.

19. 이덕주, 『한국 감리교회 군선교 66년사: 1948~2014』, 한들출판사, 2015, 104쪽.

20. 최문희, "군복음화 작업의 어제와 오늘: 제17회 군종의 날을 맞으며", 《기독교사상》, 1968년 3월호, 107-108쪽.

21. 대한예수교장로회 총회, 『대한예수교장로회 총회 제39회 회의록』, 대한예수교장로회 총회, 1954.4.23~4.27, 288-289쪽.

22. 최문희, "군복음화 작업의 어제와 오늘", 107쪽.

23. 육군본부 군종감실, 『육군군종사』, 236-257쪽. 여기서 천주교회는 육사천주교회, 2관구사령부 성당, 제2훈련소본부천주교회, 수용연대천주교회 등 네 곳이었다.

24. 1970~1974년의 통계는 육군본부 군종감실, 『육군군종사』, 236, 304쪽; 1975~1983년의 통계는 육군본부 군종감실 편, 『육군군종사』(제2집), 육군본부, 1984, 492쪽 참조.

25. 육사본당 30년사 편찬위원회 편, 『씨앗이 열매로: 성당축성 30주년기념 본당사』, 천주교육군사관학교교회, 1990, 90-108쪽.

26. 한국가톨릭군종후원회, 『평화의 파수꾼』, 7, 98쪽.

27. 군종교구사편찬위원회, 『천주교 군종교구사』, 990–1008쪽 참조.

28. 한국가톨릭군종후원회, 『평화의 파수꾼』, 153쪽.

29. 이종인·최광현, 『장병 종교 활동 제도 개선방안 연구』, 14쪽.

30. 위의 책, 42쪽.

31. 위와 같음.

32. 박성원, 「군종 약사」, 376쪽.

33. 대한불교조계종 군종특별교구 홈페이지(www.gunindra.com)의 '군종 특별교구 소개' 중 '연혁' 참조(2017.1.24 검색). 개신교 쪽에선 120억 원 이 소요되는 3군 본부교회 예배당 건축을 위해 군종에 참여하는 교단 들이 힘을 합쳤다고 한다[한국군종목사단·한국기독교군선교연합회, 『좋은 군사: 군인 신자 양육 교재』(개정판), 쿰란출판사, 2004, 412쪽].

34. 한국기독교군선교연합회 홈페이지(www.v2020.or.kr)의 'MEAK' 중 '군 선교연합회 역사'(2017.1.24 검색).

35. 군복음화후원회 편, 『하나님, 나의 하나님: 예비역 장군 17인 신앙수기 모음집』, 쿰란출판사, 1992, 9쪽.

36. 대한불교조계종 군종특별교구 홈페이지(www.gunindra.com)의 '군종 특별교구 소개' 중 '교구 현황'(2017.1.24 검색). 필자가 일부 수치의 오류 를 수정했다.

37. 《법보신문》(온라인판), 2009.8.16.

38. 이종인·최광현, 『장병 종교 활동 제도 개선방안 연구』, 15, 21쪽. 같은 보고서의 75쪽에는 천주교의 군종 후원금 규모가 연간 20억 원에 이 른다고 적혀 있다. 이 경우 2003년 무렵의 연간 군종 후원금 규모는 130~140억 원 정도로 늘어나게 된다.

39. 한국기독교군선교연합회 홈페이지(www.v2020.or.kr)의 'MEAK' 중 '군선교연합회 역사'(2017.1.24 검색).

40. 최승현, "조계종 군종특별교구 출범 4주년 성과와 과제", 《법보신문》(온라인판), 2009.6.15.

41. 이학종, "국방부 군법사 파송 거부에 천태종 뿔났다", 《미디어붓다》, 2014.12.11.

42. 《원불교신문》(온라인판), 2003.3.7, 2006.11.3, 2010.6.25.

43. 《원불교신문》(온라인판), 2011.11.18.

44. 불교군종사편찬위원회, 『불교군종사: 군승 40년사』, 188쪽.

4장 동질화에서 이질화로: 한국과 미국의 비교

1. 홍순호 역, 「한국군종사 관계 자료」, 『교회와 역사』 150호, 1987, 8쪽.

2. 위의 글, 9쪽.

3. 조병직, 「한국 군종제도에 관한 연구」, 서울대학교 석사학위논문, 1965, 10쪽.

4. 육군본부 군종감실, 『육군군종사』, 42, 234쪽.

5. 해군본부 군종감실, 『해군군종사』(제3집), 466-476쪽 참조.

6. 위의 책, 49, 96쪽.

7. 조충원, "군종업무의 오늘과 내일", 《육군》 130호, 1969, 32쪽.

8. 육군본부 군종감실, 『육군군종사』, 50-51, 234-236쪽.

9. 최문희, "군복음화 작업의 어제와 오늘", 107쪽.

10. 육군본부 군종감실, 『육군군종사』, 42쪽.

11. 홍순호, 「한국군종사 관계 자료」, 8쪽; Sung-Gyung Kim, "Chaplains in Two Armies U.S. & Korea: A Study in Comparative Ideology,"

PhD dissertation, University of Minnesota, 1984, p. 9.

12. 육군본부 군종감실, 『육군군종사』, 42쪽; 박성원, "군종 약사", 374쪽.

13. Ann C. Loveland, "From Morale Builders To Moral Advocators: U.S. Army Chaplains in the Second Half of the Twentieth Century," Doris L. Bergen ed., *The Sword of the Lord: Military Chaplaincy from the First to the Twenty-First Century*, Notre Dame: University of Notre Dame Press, 2004, p. 234.

14. 육군본부 군종감실, 『육군군종사』, 43, 99-100쪽; 박성원, 「군종 약사」, 374쪽.

15. 육군본부 군종감실, 『육군군종사』, 46, 96-97쪽.

16. 위의 책, 96쪽.

17. 해군본부 군종감실, 『해군군종사』(제3집), 467쪽.

18. Richard M. Budd, *Serving Two Masters: The Development of American Military Chaplaincy, 1860~1920*, Lincoln and London: University of Nebraska Press, 2002, pp. 121-158.

19. John M. Swomley, Jr., "Government Chaplaincies and the Separation of Church and State," James E. Wood, Jr. ed., *Religion and the State*, Waco: Baylor University Press, 1985, pp. 235-236.

20. Charles L. Greenwood, "Constitutionality of the Military Chaplaincy: A Historical Study," *Church and Society*, vol.64 no.4, 1974, pp. 26-30.

21. 도널드 해들리, 제럴드 리차즈, 『21세기를 위한 군종교역론』(개정판), 김영철 역, 도서출판 아침, 2013, 46-47쪽.

22. Scott R. Borderud, "Book Review. Serving Two Masters: The

Development of American Military Chaplaincy, 1860-1920,"
Journal of Church and State, vol.45 no.1, 2003, p. 181.

23. Moll, "Military Chaplaincy and Unjust Wars," pp. 13, 18.

24. Doris L. Bergen, "Introduction," Doris L. Bergen ed., *The Sword of the Lord: Military Chaplaincy from the First to the Twenty-First Century*, Notre Dame: University of Notre Dame Press, 2004, pp. 10-11.

25. Doris L. Bergen, "German Military Chaplains in the Second World War and the Dilemmas of Legitimacy," *The Sword of the Lord*.

26. Moll, "Military Chaplaincy and Unjust Wars," p. 15.

27. Bergen, "Introduction," p. 11.

28. Moll, "Military Chaplaincy and Unjust Wars," p. 13.

29. Bergen, "Introduction," p. 23.

30. Loveland, "From Morale Builders To Moral Advocators," pp. 236-238; Swomley, "Government Chaplaincies and the Separation of Church and State," p. 238 참조.

31. Joseph F. O'Donnell, "Clergy in the Military: Vietnam and After," Doris L. Bergen ed., *The Sword of the Lord: Military Chaplaincy from the First to the Twenty-First Century*, Notre Dame: University of Notre Dame Press, 2004, p. 227; 리차드 허치슨, 『교회와 군선교』, 박상칠 역, 실로암, 1988, 184쪽; 김성경, 「군대와 종교: 한국과 미국의 경우」, 『한국문화인류학』 16집, 1984, 55쪽.

32. L. William Yolton, "Review: The Abuses of the Military

Chaplaincy," *Church and Society*, vol.64 no.4, 1974, pp. 180-181; Swomley, "Government Chaplaincies and the Separation of Church and State," p. 243.

33. Greenwood, "Constitutionality of the Military Chaplaincy," pp. 34-35.

34. 리차드 허치슨, 『교회와 군선교』, 3쪽.

35. Charles P. Lutz, "What Now for the Military Chaplaincy?," *The Christian Century*, February 28, 1973, p. 258.

36. 리차드 허치슨, 『교회와 군선교』, 3쪽.

37. Gardiner H. Shattuck, Jr., "Faith, Morale, and the Army Chaplain in the American Civil War," Doris L. Bergen ed., *The Sword of the Lord: Military Chaplaincy from the First to the Twenty-First Century*, Notre Dame: University of Notre Dame Press, 2004, pp. 105-106; Greenwood, "Constitutionality of the Military Chaplaincy," p. 25.

38. Martin Siegel, "Revamping the Military Chaplaincy," *The Christian Century*, August 8, 1962.

39. Swomley, "Government Chaplaincies and the Separation of Church and State," pp. 243-244. 여기서 '제도 혹은 기관'은 군종만이 아니라 교도소, 병원 등까지 포함한다.

40. Lutz, "What Now for the Military Chaplaincy?," p. 258.

41. 리차드 허치슨, 『교회와 군선교』, 254, 256쪽 참조.

42. Loveland, "From Morale Builders To Moral Advocators," 특히 pp. 239-245를 볼 것.

43. 리차드 허치슨,『교회와 군선교』, IV, 73, 78, 239쪽 참조.

44. Michael McCormick, "The Liturgy of War from Antiquity to the Crusades," Doris L. Bergen ed., *The Sword of the Lord: Military Chaplaincy from the First to the Twenty-First Century*, Notre Dame: University of Notre Dame Press, 2004, pp. 46-54 참조.

45. Bergen, "Introduction," p. 3.

46. 김기태,「한국전쟁과 군선교」,『선교와 신학』 26호, 2010, 58쪽.

47. 손은혜,『우리들은 이 바다 위해』, 168-169쪽.

48. 박창원,「어머니의 기도 그리고 그 열매」, 군복음화후원회 편,『하나님, 나의 하나님: 예비역 장군 17인의 신앙수기 모음집』, 쿰란출판사, 1992, 74-75쪽.

49. 여운건,「군인의 사생관」,『하나님, 나의 하나님』, 103-104쪽.

50. 정득만,「맹호 신앙공동체와 안케패스작전」,『하나님, 나의 하나님』, 147-148쪽.

51. George T. Brown, *Mission to Korea*, Seoul: Department of Education, The Presbyterian Church of Korea, 1984[1962], p. 197.

52. 김양선,『한국기독교 해방 10년사』, 대한예수교장로회총회 종교교육부, 1956, 109쪽.

53. 김흥수,『한국전쟁과 기복신앙 확산 연구』, 한국기독교역사연구소, 1999, 88쪽.

54. 한국기독교교회협의회,『기독교연감: 1970』, 498쪽.

55. 위와 같음.

56. 장하열,「원불교 군교화 전략의 새로운 모색」, 187쪽.

57. 김기태,「한국전쟁과 군선교」, 42쪽.

58. 김기태,『군선교의 이론과 실제』, 267쪽.

59. 문은식, "군종병과 창설 25주년을 맞으며",《새가정》, 1976년 2월호, 73쪽.

60. 김기태,『군선교의 이론과 실제』, 296-297, 306쪽.

61. 이현식, "군종제도와 그 활동에 대하여",《새가정》, 2003년 1월호, 56쪽.

62. 유병조, "군종병과의 임무와 역할: 신앙전력화, 사생관 확립",《육군》 297호, 2009, 25쪽.

63. Vladimir Tikhonov, "Militarized Masculinity with Buddhist Characteristics: Buddhist Chaplains and Their Role in the South Korean Army," *The Review of Korean Studies*, vol.18 no.2, 2015.

64. 강인철, 「종교계의 민주화운동」, 민주화운동기념사업회 연구소 편,『한국민주화운동사(2): 유신체제기』, 민주화운동기념사업회, 2009, 359-423쪽; 강인철, 「종교계의 민주화운동」, 민주화운동기념사업회 연구소 편,『한국민주화운동사(3): 서울의 봄부터 문민정부 수립까지』, 민주화운동기념사업회, 2010, 487-541쪽.

5장 압축성장과 무성찰성

1. Harry A. Rhodes and Archibald Campbell eds., *History of the Korea Mission, Presbyterian Church in the U.S.A.: 1935-1959*, New York: Commission on Ecumenical Mission and Relations, United Presbyterian Church in the U.S.A, 1965, p. 345.

2. 실제로 개신교와 천주교의 많은 군종들이 전쟁 종료 직후 군대를 떠났다.

3. Budd, *Serving Two Masters*, p. 154.

4. 박성원, 「군종 약사」 참조.

5. 도널드 해들리, 제럴드 리차즈, 『21세기를 위한 군종교역론』, 48쪽.

6. Budd, *Serving Two Masters*, pp. 121-131.

7. *ibid.*, pp. 28, 122-124.

8. Greenwood, "Constitutionality of the Military Chaplaincy", pp. 25-26.

9. Budd, *Serving Two Masters*, pp. 25-26.

10. *ibid.*, pp. 150-156.

11. *ibid.*, 146-150.

12. 한국기독교군선교연합회 홈페이지(www.v2020.or.kr)의 'MEAK' 중 '군선교 역사'의 '군종 활동 발전과정'(2017.1.24 검색).

13. 육군본부 군종감실, 『육군군종사』, 48, 50쪽.

14. 군종교구사편찬위원회, 『천주교 군종교구사』, 25-28, 987쪽; 윤선자, 「6 · 25 한국전쟁과 군종 활동」, 『한국기독교와 역사』 14호, 2001, 164-165쪽.

15. 해군본부 군종감실, 『해군군종사』(제3집), 466-470쪽 참조.

16. 군종교구사편찬위원회, 『천주교 군종교구사』, 53쪽. 2004년부터는 '군종부사관제도'가 도입되었고, 이들은 사단급 이상 군종참모부에 배치되었다. 이전까지는 기존 부사관(하사관) 중에서 자원한 이들 가운데 '특기 전환'을 통해 군종부사관을 선발했지만, '군종부사관제도' 도입 이후에는 민간인들 가운데서 각 종교별로 선발하게 되었다. 2004년의 경우 불교 4명, 천주교 3명, 개신교 5명 등 12명의 군종부사관 정원이 종교별로 배분되었다. 《법보신문》(온라인판), 2004.8.10의 "육군, 군종부사관제 신설" 기사 참조.

17. 리차드 허치슨, 『교회와 군선교』, 288쪽, 아울러 11-16, 289-293쪽도 볼 것.

18. 도널드 해들리, 제럴드 리차즈, 『21세기를 위한 군종교역론』, 46쪽.

19. 한국기독교연합회 편, 『한국기독교연감: 1957년판』, 대한기독교서회, 1957, 69쪽.

20. 리차드 허치슨, 『교회와 군선교』, 2-3, 18쪽을 볼 것.

21. 이종인·최광현, 『장병 종교 활동 제도 개선방안 연구』, 38쪽.

22. Swomley, "Government Chaplaincies and the Separation of Church and State," pp. 238-239 참조.

23. 신양섭, "세계의 군종업무", 51-52쪽.

24. 이종인·최광현, 『장병 종교 활동 제도 개선방안 연구』, 36-38쪽.

25. Moll, "Military Chaplaincy and Unjust Wars," pp. 14-15.

26. Bergen, "Introduction," pp. 18-19.

27. 해들리와 리차즈는 이를 "협동 모델"로 통칭하면서 지교회 모델, 교회 연합 모델, 교역자연합 모델 등의 하위 유형들을 소개하고 있다. 이 유형 및 모델 모두가 노스캐롤라이나 주의 몇몇 교회들에서 실행된 실제 사례에 기초하고 있다. 도널드 해들리, 제럴드 리차즈, 『21세기를 위한 군종교역론』, 65-106쪽 참조.

28. 육군본부 군종감실, 『육군군종사』, 54쪽.

29. 김기태, 「한국전쟁과 군선교」, 63-64쪽; 《국민일보》(온라인판), 2013.9.25 등 참조.

30. 군종교구사편찬위원회, 『천주교 군종교구사』, 78-79쪽 참조.

31. Moll, "Military Chaplaincy and Unjust Wars," pp. 15-16.

32. Budd, *Serving Two Masters*, pp. 157-158.

33. Swomley, "Government Chaplaincies and the Separation of Church and State," pp. 237-238.

34. 《대한불교》, 1966.11.27;《불교신문》, 2004.12.28.

35. 《대한불교》, 1967.2.12;《불교신문》, 2005.1.11.

36. 육군본부 군종감실, 『육군군종사』, 87-88쪽.

37. 장하열, 「원불교 군교화 전략의 새로운 모색」, 189-192쪽.

38. 육군본부 군종감실, 『육군군종사』, 85쪽.

39. 오경환, 『종교사회학』(개정판), 서광사, 1990, 특히 323-324쪽. 아울러 강인철, 『한국의 종교, 정치, 국가』, 제2부를 볼 것.

40. McCormick, "The Liturgy of War from Antiquity to the Crusades," p. 47.

41. Bergen, "Introduction," p. 8.

42. 강인철, 『전쟁과 종교』, 한신대학교출판부, 2003, 235-260쪽.

43. 세계교회협의회 편, 『정의로운 평화 동행』, 기독교평화센터 편역, 대한기독교서회, 2013; 강인철·박정경수, 「정의로운 전쟁 vs 정의로운 평화」, 전쟁없는세상 편, 『저항하는 평화: 전쟁, 국가권력에 저항하는 평화주의자들의 대담』, 오월의봄, 2015 참조.

44. Bergen, "Introduction," p. 20.

45. Shattuck, "Faith, Morale, and the Army Chaplain in the American Civil War," p. 120.

46. Budd, *Serving Two Masters*, p. 158.

47. 김동춘, 『전쟁정치: 한국정치의 메커니즘과 국가폭력』, 도서출판 길, 2013, 68쪽.

48. 강인철, 「한국 개신교와 양심적 병역거부: '정통'과 '이단'을 넘어서」, 『한

신인문학연구』 6집, 2005, 107-111, 117-124쪽; 강인철, 「양심적 병역 거부에 대한 한국 주류 종교들의 태도 및 대응: 천주교, 불교를 중심으로」, 『우리신학』 4호, 2006.

49. 김기태, 「한국전쟁과 군선교」, 59쪽.

50. 이광순, 「여성 군종목사제도 신설을 위한 제안」, 『장신논단』 36호, 2009, 247쪽.

6장 황금어장의 신화: 도구주의, 종교경쟁, 정교유착

1. 강인철, 「종교가 '국가'를 상상하는 법: 정교분리, 과거청산, 시민종교」, 『종교문화연구』 21호, 2013, 91-92쪽.

2. 《원불교신문》(온라인판), 2009.3.6.

3. 한국군종목사단·한국기독교군선교연합회, 『좋은 군사』, 412쪽.

4. 김양선, 『한국기독교 해방 10년사』, 109쪽.

5. 《한국기독공보》, 1972.6.17의 "좌담"; 한국기독교사료수집회, 『한국기독신교연감: 1964년도판』, 441쪽.

6. 장병욱, 『6·25 공산남침과 교회』, 한국교육공사, 1983, 340쪽; 《국민일보》, 1996.6.20.

7. 한국기독교연합회, 『한국기독교연감: 1957년판』, 70쪽.

8. 대한예수교장로회 총회, 『대한예수교장로회 총회 제39회 회의록』, 대한예수교장로회 총회, 1954.4.23~4.27, 288-289쪽.

9. 육군본부 군종감실, 『육군군종사』, 70쪽; 장하열, 「원불교 군교화 전략의 새로운 모색」, 187쪽.

10. 김기홍, 「군선교의 역사와 신학」, 대한예수교장로회총회 군선교부 편, 『군선교신학』, 대한예수교장로회총회 출판국, 1990, 143쪽.

11. 오덕교, 「군복음화 50년의 역사」, 492쪽.

12. 육군본부 군종감실, 『육군군종사』, 58, 69, 78쪽.

13. 강인철, 『한국의 개신교와 반공주의: 보수적 개신교의 정치적 행동주의 탐구』, 도서출판 중심, 2007, 359-360쪽.

14. 김창제, 『군선교』, 255쪽.

15. 한국군종목사단·한국기독교군선교연합회, 『좋은 군사』, 412쪽.

16. 박응규, 「한국의 군종제도와 기독교」, 238쪽.

17. 오덕교, 「군복음화 50년의 역사」, 499쪽.

18. 김창제, 『군선교』, 16, 250쪽; 한국기독교군선교연합회 홈페이지(www.v2020.or.kr)의 'MEAK' 중 '군선교연합회 연혁'(2017.1.24 검색).

19. 김창제, 『군선교』, 258쪽.

20. 이석우, 「종교다원화 군(軍) 문화권에서 본 군선교에 대한 선교신학적 고찰」, 145쪽.

21. 《크리스천투데이》(온라인판), 2017.2.22.

22. 강인철, 『한국 천주교회의 쇄신을 위한 사회학적 성찰』, 우리신학연구소, 2007, 42쪽.

23. 위의 책, 42-43쪽.

24. 최승현, "조계종 군종특별교구 출범 4주년 성과와 과제", 《법보신문》(온라인판), 2009.6.15.

25. 도널드 해들리, 제럴드 리차즈, 『21세기를 위한 군종교역론』, 25쪽.

26. 1993년 통계는 《연합뉴스》, 1993.10.4("군장병 79%가 종교신자"); 2003년 통계는 이종인·최광현, 『장병 종교 활동 제도 개선방안 연구』, 47쪽 참조.

27. 박성원, 「군종 약사」, 377쪽.

28. 강인철, 『한국의 개신교와 반공주의』, 362-364쪽.

29. 강인철, 『민주화와 종교』, 113-117쪽.

30. 김양선, 『한국기독교 해방 10년사』, 139쪽.

31. 한국기독교연합회, 『한국기독교연감: 1957년판』, 70-71쪽.

32. 김영관, 「군인 중의 군인」, 군복음화후원회 편, 『하나님, 나의 하나님: 예비역 장군 17인 신앙수기 모음집』, 쿰란출판사, 1992, 20쪽.

33. 강인철, 『한국의 개신교와 반공주의』, 355-356쪽.

34. 군복음화후원회 편, 『하나님, 나의 하나님: 예비역 장군 17인 신앙수기 모음집』, 쿰란출판사, 1992, 6-7, 130쪽.

35. 강인철, 『종속과 자율: 대한민국의 형성과 종교정치』, 한신대학교출판부, 2013, 120쪽.

36. 정하중, "군 개신교 신자 51%는 허구", 《법보신문》(온라인판), 2009.3.17.

37. 《원불교신문》(온라인판), 2009.3.6.

38. 박응규, 「한국의 군종제도와 기독교」, 227, 254쪽; 유병조, 「군종 병과의 임무와 역할」, 25쪽. 2005년 10월에도 국방부는 군 구조개편안을 만들면서 "육·해·공군 참모총장 직속인 군종감실을 육군 인사사령부와 해·공군 인사운영단 예하 부대로 축소하는 방안"을 마련했다가 교단들의 반대로 철회한 바 있다(《국민일보》, 2005.11.15, 2005.11.24, 2005.12.1 참조).

39. 이종인·최광현, 『장병 종교 활동 제도 개선방안 연구』, 47쪽.

40. 위의 책, 15, 21, 45, 52쪽.

41. 위의 책, 44쪽.

42. 대한불교조계종 군종특별교구 홈페이지(www.gunindra.com)의 '군종특별교구소개' 중 '연혁' 참조(2017.1.24. 검색).

43. 강인철, 『한국기독교회와 국가·시민사회: 1945~1960』(개정판), 한국기독교역사연구소, 2003; 강인철, 『종속과 자율』, 61-141쪽.

44. 한국기독교사료수집회, 『한국기독교연감: 1967년도판』, 516-517쪽.

45. 강인철, 『저항과 투항』, 69쪽.

46. Samuel Z. Klausner, "Violence," Mircea Eliade ed., *The Encyclopedia of Religion*, vol.15, New York: Macmillan, 1987, p. 269.

47. 육군본부 군종감실, 『육군군종사』, 56쪽 참조.

48. 위의 책, 66쪽.

49. 강인철, 『한국의 개신교와 반공주의』, 257-258쪽.

50. 위의 책, 258-259쪽.

51. 박성원, 「군종 약사」, 375-376쪽.

52. 위의 글, 376-377쪽.

53. 이종인·최광현, 『장병 종교 활동 제도 개선방안 연구』, 42쪽.

54. 박성원, 「군종 약사」, 377-379쪽.

7장 몇 가지 성찰의 쟁점들

1. Swomley, "Government Chaplaincies and the Separation of Church and State," p. 240.

2. 도널드 해들리, 제럴드 리차즈, 『21세기를 위한 군종교역론』, 50쪽. 여기서 '설립 불가 조항'은 정교분리를 규정한 미국 수정헌법의 '국교 설립 금지' 혹은 '비(非)국교화' 조항(no establishment clause)을 가리킨다. 또 수정헌법의 '자유로운 행위 조항'(free exercise clause)은 종교의 자유를 보장하는 내용이다.

3. 백창현,『대한민국 군종목사 67년사』, 52쪽.

4. 김성경,「군대와 종교」, 47-48쪽.

5. 이광순,「여성 군종목사제도 신설을 위한 제안」, 251-252쪽. 2009년 10월에는 미군 역사상 첫 번째의 '불교 군종장교'도 등장했다(《불교신문》, 2009.11.18).

6. 군종교구사편찬위원회,『천주교 군종교구사』, 72-73쪽; 박응규,「한국의 군종제도와 기독교」, 249쪽; 장하열,「원불교 군교화 전략의 새로운 모색」, 189쪽.

7. 《서울신문》, 2013.8.1;《법보신문》, 2014.7.9;《노컷뉴스》, 2015.4.14.

8. 석림동문회,『한국불교현대사』, 182-184쪽; 육군본부 군종감실,『육군군종사』, 54쪽; 장하열,「원불교 군교화 전략의 새로운 모색」, 181, 193, 195-196쪽 등 참조.

9. 이덕주,『한국 감리교회 군선교 66년사』, 25, 113쪽; 육군본부 군종감실,『육군군종사』, 216-220쪽; 윤선자,「6·25 한국전쟁과 군종 활동」, 169-172쪽; 이광순,「여성 군종목사제도 신설을 위한 제안」, 241-242쪽.

10. 해군본부 군종감실,『해군군종사』(제3집), 21, 25쪽.

11. 육군본부 군종감실,『육군군종사』, 44-45쪽.

12. 오덕교,「군복음화 50년의 역사」, 495쪽.

13. 이덕주,『한국 감리교회 군선교 66년사』, 220-228쪽; 이광순,「여성 군종목사제도 신설을 위한 제안」, 238-241쪽.

14. 《국민일보》(온라인판), 2006년 1월 20일자의 관련 기사("남북대치 상황에 웬 병역대체"…軍선교연합 대체복무 권고 반대 성명) 참조.

15. 김도균, "군복 입으면 믿음도, 사랑도 처벌 대상",《오마이뉴스》, 2010.9.6

참조.

16. 강인철, 『민주화와 종교』, 71-72쪽. 여기 소개된 사례들에 대한 보다 상세한 정보는, 대한불교조계종포교원·종교편향대책위원회 편, 『종교편향백서』, 대한불교조계종포교원·종교편향대책위원회, 2000(특히 49-97, 336-347, 561-626, 640쪽)을 참조할 것.

17. Moll, "Military Chaplaincy and Unjust Wars," pp. 19-20.

18. 이광순, 「여성 군종목사제도 신설을 위한 제안」, 241, 247쪽.

19. 호인수, "군종제도를 다시 생각한다", 《한겨레》, 2013.3.23.

20. 박노자, 『당신들의 대한민국(1)』, 한겨레출판, 2001, 91-92쪽.

21. 이탈리아 군종교구, 『정의와 평화의 봉사자: 제1차 이탈리아 군종교구 시노드』, 이경상 역, 가톨릭대학교출판부, 2009, 225, 229, 232쪽.

22. 위의 책, 230쪽.

23. 위의 책, 231쪽.

24. 강한, "강정해군기지의 두 미사", 《가톨릭뉴스 지금여기》, 2016.6.30.

25. Bergen, "Introduction," pp. 20-21.

26. *ibid.*, p. 3.

27. Hartmut Lehmann, "In the Service of Two Kings: Protestant Prussian Military Chaplains, 1713-1918," Doris L. Bergen ed., *The Sword of the Lord: Military Chaplaincy from the First to the Twenty-First Century*, Notre Dame: University of Notre Dame Press, 2004, pp. 134-137.

28. Bergen, "Introduction," p. 23.

29. Max B. Wall, "'We Will Be: Experiences of an American Jewish Chaplain in the Second World War," Doris L. Bergen ed., *The*

Sword of the Lord: Military Chaplaincy from the First to the Twenty-First Century, Notre Dame: University of Notre Dame Press, 2004.

30. 맹대환, "전쟁고아 대부 '블레이즈델 목사' 동상 제막",《뉴시스》, 2009.12.17.

31. 도널드 해들리, 제럴드 리차즈,『21세기를 위한 군종교역론』, 47쪽.

32. Greenwood, "Constitutionality of the Military Chaplaincy", p. 34.

33. 홍순호 역,「한국군종사 관계 자료」, 9쪽.

34. 위의 글, 11쪽.

35. 패트릭 헨리 클리어리,『흥남 부두의 군종신부』, 34-41, 74-81쪽 참조.

36. Bergen, "Introduction," pp. 21-22.

37. 강인철,『저항과 투항』, 124-127, 246-247쪽.

38. 강인철,『민주화와 종교』, 222쪽.

39. 법제처 '국가법령정보센터'(www.law.go.kr)의 '징병 신체검사 등 검사 규칙' 항목의 '별표' 참조(2016.7.7 검색).

40. 법제처 '국가법령정보센터'(www.law.go.kr)의 '군인사법 시행규칙' 항목 참조(2016.7.7 검색).

41. 법제처 '국가법령정보센터'(www.law.go.kr)의 '군형법' 항목 참조 (2016.7.7 검색). "계간 기타 추행을 한 자는 1년 이하의 징역에 처한다" 는 내용의 군형법 '92조(추행)'는 2009년 11월 2일 개정 당시 '92조의 5항(추행)'으로 바뀌었고, 내용도 "계간(鷄姦)이나 그 밖의 추행을 한 사람은 2년 이하의 징역에 처한다"고 하여 위반행위에 대한 처벌을 강화 했다. 그러다 2013년 4월 5일 개정 때 '계간'이라는 가치평가적 용어가 '항문성교'라는 중립적인 표현으로 바뀌면서, 조항의 위치도 '92조 6항

(추행)'으로 바뀌었다.

42. 《연합뉴스》, 2010.10.27; 《뉴시스》, 2011.3.31. 현재의 군형법 92조 6항에 대해 헌법재판소는 2002년과 2011년 두 차례에 걸쳐 합헌 결정을 내린 데 이어, 2016년 7월 28일에도 세 번째 합헌 결정을 내렸다(《한겨레》, 2016.8.2).

43. 교황청, 『가톨릭교회 교리서』, 주교회의 교리교육위원회 역, 한국천주교 중앙협의회, 2003, 840쪽.

44. Samuel Kobia, "Letter to the President of Uganda, Mr Yoweri Kaguta Museveni: Raising Concerns Regarding the Anti Homosexuality Bill, 2009," December 22, 2009, http://www.oikoumene.org/en/resources/documents/general-secretary/messages-and-letters/letter-to-the-uganda-president(2016.7.13 검색).

8장 한국에서 '새로운 유형의 군종'이 출현할 수 있을까?

1. 최문희, "군복음화 작업의 어제와 오늘", 109쪽.

2. 육군본부 군종감실, 『육군군종사』, 51쪽.

3. 김기태, 「한국전쟁과 군선교」, 63쪽. 군종제도에 참여하고 있던 개신교 교단들은 1963년에 '공동고시제'를 도입한 바 있다. "각 교단별로 선별 기준이 달랐던 군목 모집제도를 연합군목위원회에서 공동고시제로 채택하여 선출하기로 결정"했던 것이다. 1963년의 경우 공동 시험의 과목은 사회생활, 국사, 영어, 논문(제목: 군목 생활의 소명감), 5분 설교(자유주제), 면접 등이었다. 이덕주, 『한국 감리교회 군선교 66년사』, 106-107쪽.

4. 육군본부 군종감실, 『육군군종사』, 60, 93쪽.

5. 군종교구사편찬위원회, 『천주교 군종교구사』, 85쪽.

6. 김계춘, 「군종 20년의 발자취와 전망」, 23쪽.

7. 군종교구사편찬위원회, 『천주교 군종교구사』, 79-80, 86쪽.

8. 위의 책, 75쪽.

9. 위의 책, 83-86쪽.

10. 위의 책, 86쪽.

11. 박성원, 「군종 약사」, 352-353쪽.

12. 박부영, "군부(軍部)가 만든 '비상기구'…종단 수호 노력", 《불교신문》, 2011.9.10.

13. "해방50년 불교50년: 군승제도(5)", 《법보신문》(온라인판), 2004.8.10.

14. 《현대불교》(온라인판), 2016.2.16.

15. 《불교신문》, 2013.12.11.

16. "해방50년 불교50년: 군승제도(끝)", 《법보신문》(온라인판), 2004.8.10.

17. 석림동문회, 『한국불교현대사』, 189쪽.

18. 《불교신문》, 2012.10.17.

19. 《법보신문》(온라인판), 2004년 8월 10일자의 "군법사 수급 6년째 차질"(김형규 기자), "군법사 적체난 심각하다 — 응시요원도 부족"(이만섭 기자) 기사 참조.

20. 한국가톨릭군종후원회, 『평화의 파수꾼』, 277쪽.

21. 백창현, 『대한민국 군종목사 67년사』, 53-54쪽.

22. 한국가톨릭군종후원회, 『평화의 파수꾼』, 303-304쪽.

23. 김성경, 「군대와 종교」, 49쪽.

24. 이종인·최광현, 『장병 종교 활동 제도 개선방안 연구』, 36쪽.

1. Doris L. Bergen ed., *The Sword of the Lord: Military Chaplaincy from the First to the Twenty-First Century*, Notre Dame: University of Notre Dame Press, 2004, pp. 271-286 참조.

2. 리차드 허치슨, 『교회와 군선교』, 3쪽.

3. Budd, *Serving Two Masters*, p. 147.

4. 1975년에 『교회와 군종』(*The Churches and the Chaplaincy*)을 출간한 허치슨은 자신의 책을 두고 "군목회(軍牧會)에 대한 사회학적 연구로서는 최초"라고 했을 정도였다. 리차드 허치슨, 『교회와 군선교』, XII쪽.

5. Kim, "Chaplains in Two Armies U.S. & Korea," p. 1.

6. 앞으로 이 장에서 '신학'이나 '신학적'이라는 용어는 '교학'이나 '교학적'이라는 의미까지 포괄하는 것으로 사용된다.

7. 김기태, 「군선교의 이론과 실제에 관한 연구: 한국 군종 활동을 중심으로」, 아세아연합신학대학교 및 풀러신학대학교 박사학위논문, 1984; 김기태, 『군선교의 이론과 실제』, 보이스사, 1985. 그리고 박상칠, 「군목회신학 정립과 효과적인 선교전략」, 아세아연합신학대학교 및 풀러신학대학교 박사학위논문, 1996; 박상칠, 『소그룹 활동을 통한 군선교 전략: 군목회신학의 정립과 효과적인 군선교 전략』, 쿰란출판사, 2004.

8. 《국민일보》(온라인판), 2003.2.20.

9. 조병직, 「한국 군종제도에 관한 연구」, 서울대학교 행정대학원 석사학위논문, 1965.

10. 백창현, 『대한민국 군종목사 67년사』, 704쪽 참조.

11. 여기에 언급되지 않은 다른 '비신학적' 석사논문 8편 중 5편도 군종 활동이 '정신전력'이나 '전투력', '군생활 적응'에 어떻게 기여할 수 있는

가에 초점을 맞추고 있다. 「군종 활동이 정신전력에 미치는 영향」(추연수, 연세대 행정대학원, 1992), 「군종 활동이 장병들의 정신전력에 미치는 영향」(최승균, 동국대 지역개발대학원, 1996), 「군종 활동이 전투력 향상에 미치는 영향에 관한 연구」(장성수, 한남대 경영대학원, 2002), 「비언어 커뮤니케이션이 상담에 미치는 영향에 관한 연구: 군종장교의 병사 상담을 중심으로」(홍창우, 동국대 언론정보대학원, 2005), 「군 종교 활동과 군생활 적응도와의 관계: EQ(정서지수)를 매개변수로」(구자현, 고려대 경영정보대학원, 2008) 등이 그런 사례들이다.

12. 오덕교, 「군복음화 50년의 역사」, 495쪽.

13. 육군본부 군종감실 편, 『군진신학』, 군복음화후원회, 1985, 3쪽.

14. 육군본부 군종감실 편, 『군진신학』, 군복음화후원회, 1996.

15. 대한예수교장로회총회 군선교부 편, 『군선교신학』, 대한예수교장로회총회 출판국, 1990. 이 책의 필진은 서정운(장신대 교수), 맹용길(장신대 교수), 강사문(장신대 교수), 곽선희(신학박사, 소망교회 담임목사, 군복음화후원회 이사장), 성종현(장신대 교수), 김기홍(아세아연합신대 교수), 이수영(장신대 교수), 오성춘(장신대 교수), 고용수(장신대 교수), 김기태(목회학박사, 국방부 군종실장 역임, 육군 대령 예편), 강창희(아세아연합신대 교수), 김순권(목회학박사, 수도사단 및 1군단 군종참모 역임, 육군 중령 예편), 박성원(2군단 군종참모 및 육군종합행정학교 군종학 과장 역임, 육군 중령 예편) 등이었다.

16. 대한예수교장로회총회 군선교부 편, 『군선교신학』, 한국장로교출판사, 1993.

17. 《국민일보》(온라인판), 2002.2.22, 2002.5.18, 2002.7.11, 2006.2.24 등 참조.

18. 김재성,『미래의 군선교 전략』, 쿰란출판사, 2002.

19. 김창제,『군선교: 21세기 한국교회 부흥의 유일한 돌파구』, 대서, 2009; 박기영,『군선교와 상담』, 미션월드라이브러리, 2015.

20. Richard G. Hutcheson, Jr., *The Churches and the Chaplaincy*, Atlanta: John Knox Press, 1975.

21. Richard G. Hutcheson, Jr., "Should the Military Chaplaincy Be Civilianized?", *The Christian Century*, October 31, 1973.

22. Donald W. Hadley and Gerald T. Richards, *Ministry with the Military: A Guide for Churches and Chaplains*, Grand Rapids: Baker Book House Company, 1992.

23. 이수영,「군선교의 제문제와 조직신학의 과제들」,『장신논단』 6집, 1990; 오덕교,「군복음화 50년의 역사: 한국기독교군선교연합회를 중심으로」,『신학정론』 39집, 2002; 이광순,「여성 군종목사제도 신설을 위한 제안」,『장신논단』 36집, 2009; 이석우,「종교다원화 군(軍) 문화권에서 본 군선교에 대한 선교신학적 고찰」,『선교와 신학』 26집, 2010; 김기태,「한국전쟁과 군선교」,『선교와 신학』 26집, 2010; 박응규,「한국의 군종제도와 기독교」,『성경과 신학』 66권, 2013; 장하열,「원불교 군교화 전략의 새로운 모색」,『원불교사상과 종교문화』 35집, 2007; 임양순,「군포교에 대한 발전방안 고찰: 대한불교조계종단을 중심으로」,『대학원 연구논집』 1집, 중앙승가대학교 대학원, 2008; 함현준,「Image Making을 통한 군포교의 발전방안 연구」,『전법학연구』 3호, 2013.

24. 김성경,「군대와 종교: 한국과 미국의 경우」,『한국문화인류학』 16집, 1984.

25. 김성경,「군대와 종교」, 한국문화인류학회 편,『민족과 문화(I): 민속·종

교』, 정음사, 1988.

26. 김성경·전광수·신경식, 「한·미 육군의 군종제도: 종교적 이념과 군대 윤리의 조화와 상충에 관한 비교연구」, 『육사논문집』 42집, 1992.

27. Grace Y. Kao, "Mission Impossible: "Nonsectarian" Prayer in the Military Chaplaincy," *Political Theology*, vol.11 no.4, 2010 참조.

28. 그의 박사학위논문이 한국어로 번역·출판되지 않았던 것도 한 요인일 것이다.

29. 정진홍, 「군진신학에 대한 비교종교학적 고찰: 타종교와의 대화를 위하여」, 육군본부 군종감실 편, 『군진신학』, 군복음화후원회, 1985, 231-232쪽.

30. 원재홍, 『군종 활동의 현황과 발전방향』, 가톨릭신앙생활연구소, 1997; 박균열, 「한국군의 신앙전력 연구」, 『정신전력연구』 27집, 2000; 윤선자, 「6·25 한국전쟁과 군종 활동」, 『한국기독교와 역사』 14호, 2001.

31. 박균열, 「통일한국의 군문화와 군종」, 『한국사회학회 1999년 전기사회학대회 논문집』, 한국사회학회, 1999.

32. 다만 윤선자가 2013년 6월에 "한국 군종 활동의 어제와 오늘 그리고 내일"이라는 글을《기독교사상》에 게재했으나, 엄격한 논문 형식을 갖춘 글도 아니었을 뿐더러 2001년 논문에 비해 크게 새로운 내용을 담고 있는 것도 아니었다.

33. Vladimir Tikhonov, "Militarized Masculinity with Buddhist Characteristics: Buddhist Chaplains and Their Role in the South Korean Army," *The Review of Korean Studies*, vol.18 no.2, 2015.

34. 국방부 군종위원회, 『군종약사』, 국방부, 1963; 해군본부 군종감실 편, 『해군군종사』(제1집), 해군본부, 1966; 해군본부 군종감실 편, 『해군군

종사』(제2집), 해군본부, 1976; 해군본부 군종감실 편, 『해군군종사』(제 3집), 해군본부, 1993; 해군본부 군종감실 편, 『해군군종사』(제4집), 해군본부, 2005; 공군본부 군종감실 편, 『공군군종사』(제1집), 공군본부, 1973; 공군본부 군종감실 편, 『공군군종사』(제2집), 공군본부, 1986; 육군본부 군종감실 편, 『육군군종사』, 육군본부, 1975; 육군본부 군종감실 편, 『군종 50년사』, 육군본부, 2003.

35. OCU/MCF 50년사 편찬위원회 편, 『한국 OCU/MCF 50년사: 1956~ 2006』, 한국기독군인연합회, 2007.

36. 박성원, 「군종 약사」, 대한예수교장로회총회 군선교부 편, 『군선교신학』, 예장총회 출판국, 1990.

37. 육군본부 군종감실, 『육군군종사』, 49쪽.

38. 군종교구사편찬위원회 편, 『천주교 군종교구사: 군사목 50년사』, 천주교군종교구, 2002, 66-73쪽 참조.

39. 불교군종사편찬위원회 편, 『불교군종사』, 군법사단, 1986; 불교군종사 편찬위원회 편, 『불교군종사: 군승 40년사』, 대한불교조계종 군종특별교구, 2008. 약사(略史) 수준의 불교 군종사는 석림동문회가 편찬한 『한국불교현대사』에도 정리되어 있다(석림동문회 편, 『한국불교현대사』, 시공사, 1997, 182-191쪽).

40. 홍순호, 「한국 군종사 연구의 당면과제」, 『교회와 역사』 150호, 1987.

41. 육사본당 30년사 편찬위원회 편, 『씨앗이 열매로: 성당축성 30주년기념 본당사』, 천주교육군사관학교교회, 1990.

42. 대한예수교장로회총회 군선교위원회 편, 『총회(고신) 군선교 48년사』, 대한예수교장로회총회, 2003.

43. 이덕주, 『한국 감리교회 군선교 66년사: 1948~2014』, 한들출판사,

2015.

44. 백창현 편저, 『대한민국 군종목사 67년사』, 한국군목회, 2015.

45. 박응규, 「한국의 군종제도와 기독교」, 234쪽.

46. 김순권 외, "특집좌담: 군종 활동의 오늘과 내일", 《새가정》, 1973년 11월호, 48쪽.

47. 정려성, "십자가와 군복", 《새가정》, 1976년 2월호, 74쪽.

48. 육군본부 군종감실, 『육군군종사』, 41쪽.

49. 윤선자, 「6·25 한국전쟁과 군종 활동」, 164쪽.

50. 육군본부 군종감실, 『육군군종사』, 57쪽.

51. 이종인·최광현, 『장병 종교 활동 제도 개선방안 연구』, 43쪽.

52. 박응규, 「한국의 군종제도와 기독교」, 237쪽.

| 참고문헌 |

강인철(2003), 『한국 기독교회와 국가·시민사회: 1945~1960』(개정판), 한국
　　기독교역사연구소.

_____ (2003), 『전쟁과 종교』, 한신대학교출판부.

_____ (2005), 「한국 개신교와 양심적 병역거부: '정통'과 '이단'을 넘어서」,
　　『한신인문학연구』 6집.

_____ (2006), 「양심적 병역거부에 대한 한국 주류 종교들의 태도 및 대응:
　　천주교, 불교를 중심으로」, 『우리신학』 4호.

_____ (2007), 『한국 천주교회의 쇄신을 위한 사회학적 성찰』, 우리신학연
　　구소.

_____ (2007), 『한국의 개신교와 반공주의: 보수적 개신교의 정치적 행동
　　주의 탐구』, 도서출판 중심.

_____ (2009), 「종교계의 민주화운동」, 민주화운동기념사업회 연구소 편,
　　『한국민주화운동사2: 유신체제기』, 민주화운동기념사업회.

_____ (2010), 「종교계의 민주화운동」, 민주화운동기념사업회 연구소 편,
　　『한국민주화운동사3: 서울의 봄부터 문민정부 수립까지』, 민주화
　　운동기념사업회.

_____ (2012), 『민주화와 종교: 상충하는 경향들』, 한신대학교출판부.

──── (2013), 『한국의 종교, 정치, 국가: 1945~2012』, 한신대학교출판부.

──── (2013), 『종속과 자율: 대한민국의 형성과 종교정치』, 한신대학교출판부.

──── (2013), 『저항과 투항: 군사정권들과 종교』, 한신대학교출판부.

──── (2013), 「종교가 '국가'를 상상하는 법: 정교분리, 과거청산, 시민종교」, 『종교문화연구』 21호.

강인철·박정경수(2015), 「정의로운 전쟁 vs 정의로운 평화」, 전쟁없는세상 편, 『저항하는 평화: 전쟁, 국가권력에 저항하는 평화주의자들의 대담』, 오월의봄.

공군본부 군종감실 편(1973), 『공군군종사』(제1집), 공군본부.

──── 편(1986), 『공군군종사』(제2집), 공군본부.

──── 편(2014), 『공군 군종 60년사』, 공군본부.

공덕종(1977), "보다 튼튼한 그물을: 교회발전을 위해 군종후원회 참여를 바란다", 《경향잡지》, 10월호.

교황청(2003), 『가톨릭교회 교리서』, 주교회의 교리교육위원회 역, 한국천주교중앙협의회.

국방부 군종위원회 편(1963), 『군종약사』, 국방부.

군복음화후원회 편(1992), 『하나님, 나의 하나님: 예비역 장군 17인 신앙수기 모음집』, 쿰란출판사.

군종교구사편찬위원회 편(2002), 『천주교 군종교구사: 군사목 50년사』, 천주교군종교구.

김계춘(1973), "군종 20년의 발자취와 전망", 《경향잡지》 10월호.

김관식(1992[1947]), 「한국의 기독교회」, 김흥수 편, 『해방 후 북한교회사』, 다산글방.

김기태(1984), 「군선교의 이론과 실제에 관한 연구: 한국 군종 활동을 중심으로」, 아세아연합신학대학교·풀러신학대학교 박사학위논문.

_____ (1985), 『군선교의 이론과 실제』, 보이스사.

_____ (2010), 「한국전쟁과 군선교」, 『선교와 신학』 26호.

김기홍(1990), 「군선교의 역사와 신학」, 대한예수교장로회총회 군선교부 편, 『군선교신학』, 대한예수교장로회총회 출판국.

김동춘(2013), 『전쟁정치: 한국정치의 메커니즘과 국가폭력』, 도서출판 길.

김성경(1984), 「군대와 종교: 한국과 미국의 경우」, 『한국문화인류학』 16집.

_____ (1988), 「군대와 종교」, 한국문화인류학회 편, 『민족과 문화(I): 민속·종교』, 정음사.

김성경·전광수·신경식(1992), 「한·미 육군의 군종제도: 종교적 이념과 군대 윤리의 조화와 상충에 관한 비교연구」, 『육사논문집』 42집.

김순권(1990), 「목회학적으로 조명해본 군대목회와 민간목회」, 『군선교신학』.

김순권 외(1973), "특집좌담: 군종 활동의 오늘과 내일", 《새가정》 11월호.

김양선(1956), 『한국기독교 해방 10년사』, 대한예수교장로회 총회종교교육부.

김재성(2002), 『미래의 군선교 전략』, 쿰란출판사.

김창제(2009), 『군선교: 21세기 한국교회 부흥의 유일한 돌파구』, 대서.

김흥수(1999), 『한국전쟁과 기복신앙 확산 연구』, 한국기독교역사연구소.

대한불교조계종 포교원·종교편향대책위원회 편(2000), 『종교편향백서』, 대한불교조계종 포교원·종교편향대책위원회.

대한예수교장로회 총회(각 년도), 『대한예수교장로회 총회 회의록』, 대한예수교장로회 총회.

대한예수교장로회총회 군선교부 편(1990), 『군선교신학』, 대한예수교장로회
　　　총회 출판국.

───── 편(1993), 『군선교신학』, 한국장로교출판사.

대한예수교장로회총회 군선교위원회 편(2003), 『총회(고신) 군선교 48년사』,
　　　대한예수교장로회총회.

도널드 해들리, 제럴드 리차즈(2013), 『21세기를 위한 군종교역론』(개정판),
　　　김영철 역, 도서출판 아침.

리차드 허치슨(1988), 『교회와 군선교』, 박상칠 역, 실로암.

문은식(1976), "군종 병과 창설 25주년을 맞으며", 《새가정》 2월호.

문화체육관광부 편(2008), 『한국의 종교현황』, 문화체육관광부.

문희석(1967), 『한국사관학교 생도들의 사회관 연구』, 동아출판사.

박균열(1999), 「통일한국의 군문화와 군종」, 『한국사회학회 1999년 전기사
　　　회학대회 논문집』, 한국사회학회.

───── (2000), 「한국군의 신앙전력 연구」, 『정신전력연구』 27호.

박기영(2015), 『군선교와 상담』, 미션월드라이브러리.

박노자(2001), 『당신들의 대한민국(1)』, 한겨레출판.

박상칠(1996), 「군목회신학 정립과 효과적인 선교전략」, 아세아연합신학대
　　　학교·풀러신학대학교 박사학위논문.

───── (2004), 『소그룹 활동을 통한 군선교 전략: 군목회신학의 정립과 효
　　　과적인 군선교 전략』, 쿰란출판사.

박성원(1990), 「군종 약사」, 대한예수교장로회총회 군선교부 편, 『군선교신
　　　학』, 예장총회 출판국.

박응규(2013), 「한국의 군종제도와 기독교」, 『성경과 신학』 66호.

박태균(2015), 『베트남전쟁: 잊혀진 전쟁, 반쪽의 기억』, 한겨레출판.

백창현 편저(2015), 『대한민국 군종목사 67년사』, 한국군목회.

불교군종사편찬위원회 편(1986), 『불교군종사』, 군법사단.

_____ 편(2008), 『불교군종사: 군승 40년사』, 대한불교조계종 군종특별교구.

불교사학연구소 편(1995), 『한국 현대불교사 일지』(《승가》 12호 별책), 중앙승가대학.

서경룡(1990), 「한국 가톨릭교회와 군사목」, 가톨릭대학교 석사학위논문.

석림동문회 편(1997), 『한국불교현대사』, 시공사.

세계교회협의회 편(2013), 『정의로운 평화 동행』, 기독교평화센터 편역, 대한기독교서회.

손은혜 편(1990), 『우리들은 이 바다 위해: 손원일 제독 회고록』, 가연기획.

신양섭(1971), "세계의 군종업무", 《기독교사상》 2월호.

양현수(2013), 「원불교」, 원광대학교 원불교사상연구원 편, 『원불교대사전』, 원불교출판사.

오경환(1990), 『종교사회학』(개정판), 서광사.

오덕교(2002), 「군복음화 50년의 역사: 한국기독교군선교연합회를 중심으로」, 『신학정론』 39호.

OCU/MCF 50년사 편찬위원회 편(2007), 『한국 OCU/MCF 50년사: 1956~2006』, 한국기독군인연합회.

원재홍(1997), 『군종 활동의 현황과 발전방향』, 가톨릭신앙생활연구소.

유병조(2009), "군종 병과의 임무와 역할: 신앙전력화, 사생관 확립", 《육군》 297호.

유인선(2002), 『새로 쓴 베트남의 역사』, 이산.

육군본부 군종감실 편(1975), 『육군군종사』, 육군본부.

───── 편(1984), 『육군군종사』(제2집), 육군본부.

───── 편(1985), 『군진신학』, 군복음화후원회.

───── 편(1996), 『군진신학』, 군복음화후원회.

───── 편(2003), 『군종 50년사』, 육군본부.

육군본부 군종실 편(2013), 『군종 병과 10년 발전사』, 육군본부.

───── 편(2013), 『군종 병과 해외파병사』, 육군본부.

육사본당 30년사 편찬위원회 편(1990), 『씨앗이 열매로: 성당축성 30주년
　　　기념 본당사』, 천주교육군사관학교교회.

윤선자(2001), 「6·25 한국전쟁과 군종 활동」, 『한국기독교와 역사』 14호.

───── (2013), "한국 군종 활동의 어제와 오늘 그리고 내일", 《기독교사상》
　　　6월호.

윤충로(2016), 「베트남전 참전의 안과 밖」, 오제연 외, 『한국현대생활문화사,
　　　1960년대: 근대화와 군대화』, 창비.

이광순(2009), 「여성 군종목사제도 신설을 위한 제안」, 『장신논단』 36호.

이덕주(2015), 『한국 감리교회 군선교 66년사: 1948~2014』, 한들출판사.

이석우(2010), 「종교다원화 군(軍) 문화권에서 본 군선교에 대한 선교신학
　　　적 고찰」, 『선교와 신학』 26호.

이수영(1990), 「군선교의 제문제와 조직신학의 과제들」, 『장신논단』 6호.

이욱(2002), 「조선 전기 유교국가의 성립과 국가제사의 변화」, 『한국사연구』
　　　118호.

이종인·최광현(2003), 『장병 종교 활동 제도 개선방안 연구』(연구보고서),
　　　한국국방연구원.

이탈리아 군종교구(2009), 『정의와 평화의 봉사자: 제1차 이탈리아 군종교
　　　구 시노드』, 이경상 역, 가톨릭대학교출판부.

이현식(2003), "군종제도와 그 활동에 대하여", 《새가정》 1월호.

임양순(2008), 「군포교에 대한 발전방안 고찰: 대한불교조계종단을 중심으로」, 『대학원 연구논집』(중앙승가대학교대학원) 1집.

장병욱(1983), 『6·25 공산남침과 교회』, 한국교육공사.

장하열(2007), 「원불교 군교화 전략의 새로운 모색」, 『원불교사상과 종교문화』 35호.

정려성(1976), "십자가와 군복", 《새가정》 2월호.

정주성·정원영·안석기(2003), 『한국 병역정책의 바람직한 진로』, 한국국방연구원.

정진홍(1985), 「군진신학에 대한 비교종교학적 고찰: 타종교와의 대화를 위하여」, 육군본부 군종감실 편, 『군진신학』, 군복음화후원회.

조병직(1965), 「한국 군종제도에 관한 연구」, 서울대학교 석사학위논문.

조선예수교장로회 총회(각 연도), 『조선예수교장로회 총회 회의록』, 조선예수교장로회 총회.

조셉 사이츠(1988), 『격류를 헤치고: 나찌의 군종신부 골드만』, 조문숙 역, 성바오로출판사.

조지 L. 모스(2015), 『전사자 숭배: 국가라는 종교의 희생제물』, 오윤성 역, 문학동네.

조충원(1969), "군종업무의 오늘과 내일", 《육군》 130호.

지학순(1973), "군인주일(軍人主日)을 맞이하여", 《경향잡지》 10월호.

최문희(1968), "군복음화 작업의 어제와 오늘: 제17회 군종의 날을 맞으며", 《기독교사상》 3월호.

최용호(2004), 『한권으로 읽는 베트남전쟁과 한국군』, 국방부 군사편찬연구소.

패트릭 헨리 클리어리(1991), 『흥남 부두의 군종신부: 메리놀회 클리어리 (길) 신부의 6·25 종군기』, 최정오 역, 메리놀외방전교회.

한국가톨릭군종후원회 편(1990), 『평화의 파수꾼: 군종신부들의 글모음』, 한국가톨릭군종후원회.

한국군종목사단·한국기독교군선교연합회(2004), 『좋은 군사: 군인 신자 양육 교재』(개정판), 쿰란출판사.

한국기독교교회협의회 편(1970), 『기독교연감: 1970』, 한국기독교교회협의회.

_____ 편(1972), 『기독교연감: 1972』, 한국기독교교회협의회.

한국기독교사료수집회 편(1964), 『한국기독신교연감: 1964년도판』, 경천애인사.

_____ 편(1967), 『한국기독교연감: 1967년도판』, 백합출판사.

한국기독교연합회 편(1957), 『한국기독교연감: 1957년판』, 대한기독교서회.

함현준(2013), 「Image Making을 통한 군포교의 발전방안 연구」, 『전법학연구』 3호.

해군본부 군종감실 편(1966), 『해군군종사』(제1집), 해군본부.

_____ 편(1976), 『해군군종사』(제2집), 해군본부.

_____ 편(1993), 『해군군종사』(제3집), 해군본부.

_____ 편(2005), 『해군군종사』(제4집), 해군본부.

홍순호(1987), 「한국 군종사 연구의 당면과제」, 『교회와 역사』 150호.

_____ 역(1987), 「한국군종사 관계 자료」, 『교회와 역사』 150호.

Bachrach, David S.(2004), "The Medieval Military Chaplain and His Duties," Doris L. Bergen ed., *The Sword of the Lord: Military*

Chaplaincy from the First to the Twenty-First Century, Notre Dame: University of Notre Dame Press.

Bergen, Doris L.(2004), "Introduction," The Sword of the Lord.

_____ (2004), "German Military Chaplains in the Second World War and the Dilemmas of Legitimacy," The Sword of the Lord.

Bergen, Doris L. ed.(2004), The Sword of the Lord: Military Chaplaincy from the First to the Twenty-First Century, Notre Dame: University of Notre Dame Press.

Borderud, Scott R.(2003), "Book Review. Serving Two Masters: The Development of American Military Chaplaincy, 1860-1920," Journal of Church and State, vol.45 no.1.

Brown, George T.(1984[1962]), Mission to Korea, Seoul: Department of Education, The Presbyterian Church of Korea.

Budd, Richard M.(2002), Serving Two Masters: The Development of American Military Chaplaincy, 1860~1920, Lincoln and London: University of Nebraska Press.

Greenwood, Charles L.(1974), "Constitutionality of the Military Chaplaincy: A Historical Study," Church and Society, vol.64 no.4.

Hutcheson, Richard G., Jr.(1973), "Should the Military Chaplaincy Be Civilianized?," The Christian Century, October 31.

Kao, Grace Y.(2010), "Mission Impossible: 'Nonsectarian' Prayer in the Military Chaplaincy," Political Theology, vol.11 no.4.

Kim, Sung-Gyung(1984), "Chaplains in Two Armies U.S. & Korea: A

Study in Comparative Ideology," PhD dissertation, University of Minnesota.

Klausner, Samuel Z.(1987), "Violence," Mircea Eliade ed., *The Encyclopedia of Religion*, vol.15, New York: Macmillan.

Lehmann, Hartmut(2004), "In the Service of Two Kings: Protestant Prussian Military Chaplainsm 1713-1918," *The Sword of the Lord*.

Loveland, Ann C.(2004), "From Morale Builders To Moral Advocators : U.S. Army Chaplains in the Second Half of the Twentieth Century," *The Sword of the Lord*.

Lutz, Charles P.(1973), "What Now for the Military Chaplaincy?," *The Christian Century*, February 28.

Mathisen, Ralph W.(2004), "Emperors, Priests, and Bishops: Military Chaplains in Roman Empire," *The Sword of the Lord*.

McCormick, Michael(2004), "The Liturgy of War from Antiquity to the Crusades," *The Sword of the Lord*.

Moll, Peter G.(1985), "Military Chaplaincy and Unjust Wars," *Journal of Theology for Southern Africa*, vol.53.

O'Donnell, Joseph F.(2004), "Clergy in the Military: Vietnam and After," *The Sword of the Lord*.

Rhodes, Harry A., and Archibald Campbell eds.(1965), *History of the Korea Mission, Presbyterian Church in the U.S.A.: 1935-1959*, New York: Commission on Ecumenical Mission and Relations, United Presbyterian Church in the U.S.A.

Shattuck, Gardiner H., Jr.(2004), "Faith, Morale, and the Army Chaplain in the American Civil War," *The Sword of the Lord*.

Siegel, Martin(1962), "Revamping the Military Chaplaincy," *The Christian Century*, August 8.

Swomley, John M., Jr.(1985), "Government Chaplaincies and the Separation of Church and State," James E. Wood, Jr. ed., *Religion and the State*, Waco: Baylor University Press.

Tikhonov, Vladimir(2015), "Militarized Masculinity with Buddhist Characteristics: Buddhist Chaplains and their Role in the South Korean Army," *The Review of Korean Studies*, vol.18 no.2.

Wall, Max B.(2004), "We Will Be: Experiences of an American Jewish Chaplain in the Second World War," *The Sword of the Lord*.

Yolton, L. William(1974), "Review: The Abuses of the Military Chaplaincy," *Church and Society*, vol.64 no.4.

인터넷 문헌과 사이트

Benjamin, L. A.(2009), "Opening of the First International Military Chief of Chaplains Conference," http://www.navy.mil.za/archive/0902/090204_Chaplains_conference/article.htm.

Kobia, Samuel(2009), "Letter to the President of Uganda, Mr Yoweri Kaguta Museveni: Raising Concerns Regarding the Anti Homosexuality Bill, 2009," December 22, http://www.

oikoumene.org/en/resources/documents/general-secretary/
messages-and-letters/letter-to-the-uganda-president.

Van Sickle, Brian R.(2010), "NATO chaplains work to be Stronger
Together," June 28, http://www.eucom.mil/blog-post/22195/
nato-chaplains-work-to-be-stronger-together.

다음 카페 '세계평화통일가정연합 분당교회'(cafe.daum.net/familyuni).
대한불교조계종 군종특별교구 홈페이지(http://www.gunindra.com).
대한예수교장로회 대신총회 홈페이지(http://www.pckd1961.or.kr).
법제처 국가법령정보센터 홈페이지(http://www.law.go.kr).
천주교 군종교구 홈페이지(http://www.gunjong.or.kr).
한국기독교군선교연합회 홈페이지(http://www.v2020.or.kr).

종교와 군대

군종, 황금어장의 신화는
어떻게 만들어졌나?

ⓒ 강인철 2017
첫 번째 찍은 날   2017년 9월 15일

지은이   강인철
펴낸이   김수기
펴낸곳   현실문화연구

편집   김주원, 구준모
디자인   김재은
마케팅   최새롬
제작   이명혜

등록번호   제25100-2015-000091호
등록일자   1999년 4월 23일
주소   서울시 은평구 통일로 684 서울혁신파크 1동 403호
전화   02-393-1125
팩스   02-393-1128
전자우편   hyunsilbook@daum.net
             ⓗ hyunsilbook.blog.me ⓕ hyunsilbook ⓣ hyunsilbook

ISBN   978-89-6564-199-5 93330
가격은 뒤표지에 있습니다.

이 도서의 국립중앙도서관 출판예정도서목록(CIP)은 서지정보유통지원시스템 홈페이지
(http://seoji.nl.go.kr)와 국가자료공동목록시스템(http://www.nl.go.kr/kolisnet)에서
이용하실 수 있습니다.(CIP제어번호: CIP2017020837)